Diether Rudloff Freiheit und Liebe

Diether Rudloff

Freiheit und Liebe

Grundlagen einer Ästhetik der Zukunft

Verlag Freies Geistesleben

CIP-Kurztitelaufnahme der Deutschen Bibliothek

Rudloff, Diether:
Freiheit und Liebe: Grundlagen e. Ästhetik d. Zukunft /
Diether Rudloff. – Stuttgart:
Verlag Freies Geistesleben, 1986.

ISBN 3-7725-0878-2

Einbandgestaltung: Gerlinde Wendland
© 1986 Verlag Freies Geistesleben GmbH, Stuttgart
Satz und Druck: Greiser, Rastatt

Inhalt

Vorwort

Es schickt sich heute nicht und scheint fast ungehörig zu sein, dem Zeitgenossen zuzumuten, sich mit ästhetischen Fragen zu beschäftigen. Ihnen steht er fast verständnislos gegenüber, denn sie haben offenbar nichts mit seiner unmittelbaren Gegenwart zu tun, mit den ihn bedrängenden Lebensfragen. Wirtschaft und Politik sind heute die großen Leitsterne geworden, die das Leben des Zeitgenossen bestimmen. Von ihnen, aber niemals von Kunst und Schönheit erwartet er die Lösung der Zeitprobleme, die Heilung heillos gewordener Zustände.

Das war vor fast zweihundert Jahren, in der Zeit des deutschen Idealismus, gänzlich anders. Hier entfaltete sich ein souveränes Geistesleben, das den freien, kühnen Flug der Gedanken wagte und das darum die Menschen wahrhaft anzuregen vermochte. Damals standen ästhetische Fragen im Zentrum des individuellen und allgemeinen Interesses; an ihnen konnte kein Denkender vorübergehen. Da meinte HERDER, nur durch eine künstlerische Bildung könne der Mensch zu seinem wahren Wesen erzogen werden und seine ihm gemäße Aufgabe im Leben erfüllen. Und Schiller rang mit feurigem Enthusiasmus um die große Frage, wie der Mensch Freiheit verwirklichen könne, wo er doch überall von den Zwängen der Materie oder der Vernunft eingeengt werde. Es sei das Gebiet der Schönheit und Kunst, so meinte er, in dem der Mensch sich wahrhaft frei fühlen könne. Dieses Gebiet gälte es nur stetig zu erweitern, im Alltagsleben auszudehnen, um Mensch und Welt immer mehr zu verwandeln, zu veredeln.

Heute hingegen spielt die Schönheit kaum eine Rolle in unserem Leben, allenfalls als fragwürdige Attraktivität. Die unerbittlich scheinende Konsequenz, mit der sich die Häßlichkeit alles unterworfen hat, was sich ihr in den Weg stellte, ist aber in erschreckender

Weise schon wieder faszinierend. Häßlichkeit waltet in unserer Umgebung von Stadt und Land, im krebsartigen Wuchern der ökonomischen Zwänge von Technik und Industrie, in unseren sozialen Institutionen, vor allem aber in der ständig fortschreitenden Bürokratisierung des gesamten Lebens. Sie umstellt uns immer mehr mit Apparaten, die uns physisch wie seelisch den Atem rauben. Häßlichkeit waltet nicht zuletzt in unserem Erkenntnisleben, das, angeblich frei von jeder moralischen Verpflichtung, nur noch das Nützliche und Meßbare als wissenschaftswürdig anerkennt.

Mit der Kunst steht es nicht anders. Sowohl von ihrer sozialen Wirkung als auch vom individuellen Aspekt aus betrachtet, ergeben sich jeweils zwei extreme Positionen, die sich nicht mehr wie in der Vergangenheit ergänzen, sondern die einander vollständig ausschließen. So wird bei uns im Westen die Kunst oft immer noch als eine gesellschaftlich nicht relevante, im Grunde genommen überflüssige Angelegenheit im Sinne der Doktrin der *l'art pour l'art* angesehen, als bloße Randerscheinung des Lebens, als schmückende Beigabe des Feiertages, mit der sich im übrigen gute Geschäfte machen lassen. Im kommunistischen Ostblock dagegen siecht die Kunst als Magd der herrschenden marxistischen Staatsideologie dahin.

Vom individuellen Aspekt aus gesehen bedeutet das eine Extrem der Kunst manchmal nicht viel mehr als ein autistischer Selbstausdruck oder eine narzißtische Selbstbespiegelung des Künstlers, die eigentlich nur ihn allein interessiert. In ihrem anderen Extrem kann sie zum rational errechenbaren, manipulierbaren und beliebig austauschbaren technischen Produkt degenerieren. In allen vier Fällen – sowohl individuell wie gesellschaftlich – hat die Kunst aber ihre einstige Weltmission, ihre Mensch und Welt verwandelnde geistig-moralische Kraft vollständig eingebüßt. Selbst die Tatsache, daß noch nie soviel über Kunst geredet und geschrieben, noch nie so viele Kunstwerke geschaffen, reproduziert oder öffentlich ausgestellt wurden wie heute, ist kein Beweis des Gegenteils, sondern unterstreicht gerade höchst eindringlich dieses Phänomen.

Die Menschheit hat sich, seitdem sie mit der Renaissance und dem Zeitalter der Bewußtseinsseele das naturwissenschaftliche Denken und in seinem Gefolge Industrie und Technik immer einseitiger entwickelte, viel tiefer in das materielle Denken verstrickt, als es ihr eigentlich zukam; das geht aus Ausführungen RUDOLF STEINERS hervor. Weil aber jenes ausschließlich naturwissenschaftliche Denken nur die Welt des greisenhaft Erstarrten, des Toten erfassen kann, mußte nach und nach auch das naive, unmittelbare Verhältnis zur Kunst verlorengehen. Denn alles künstlerische Schaffen und Genießen lebt aus den unerschöpflichen Kräften der Kindheit und Jugend, aus dem ständig sich erneuernden und verjüngenden Quell der Phantasie.

Mit der Frage, wie der Sündenfall der Ästhetik sich überhaupt ereignen konnte, wie aus dem unbewußten, naiven, gleichsam paradiesischen Schaffen der Vergangenheit die bewußte theoretische Reflexion der Gegenwart werden konnte, die schließlich alle Kunst zunichte macht, hatte schon SCHILLER gerungen. Denn die Entstehung der Ästhetik und Kunstwissenschaft um 1750 zeigt an, daß der Mensch erst dann über eine Sache – hier die Kunst – nachzudenken beginnt, wenn er sie schon nicht mehr als selbstverständliche Lebensrealität besitzt. Die Notwendigkeit dieses historischen Prozesses möchte unsere Schrift deutlich machen: Wieso kam es dazu und warum mußte es dazu kommen?

Aber es geht nicht nur um den historischen Ansatz, sondern vor allem um den Aspekt der Hoffnung und damit der Zukunft: Wie werden Kunst und Schönheit einmal wieder im Großen möglich, und zwar in einer ganz neuen, bisher nie dagewesenen Weise? Wie lassen sich Kunst und Schönheit wieder in ihrer Weltmission begründen? Denn alle geschichtliche Betrachtung kann und darf kein Selbstzweck sein. Wenn sie nicht den Mut zur Zukunft weckt, wenn sie nicht selber von der Zukunft her inspiriert wird, wenn sie also nicht vom Epimetheischen zum Prometheischen vorzustoßen vermag, ist sie heute nicht nur unnütz, sondern eher sogar schädlich.

Ähnlich verhält es sich mit dem Streben nach wissenschaftlicher Vollständigkeit in der Beantwortung ästhetischer Fragen, das heute gänzlich fehl am Platze ist. Außerdem widerspricht dieses akademische Streben jeglicher künstlerischen Erfahrung. Ein umfassendes

9

Lehrbuch der Ästhetik zu schreiben, konnte sich wahrlich nur das unschöpferische und enzyklopädisch gesonnene 19. Jahrhundert von HEGEL bis zu FRIEDRICH TH. VISCHER und EDUARD VON HART-MANN vornehmen. Aber es bemerkte dabei nicht, daß es das lebendige Wesen von Kunst und Schönheit in trockenen und toten «Lehrbüchern» mumifizierte. Heute ist es notwendig, Fragen aus der unmittelbaren Gegenwart immer wieder neu zu stellen, von den verschiedensten Seiten aus zu beleuchten, um den gegenwärtigen wie zukünftigen Sinn von Kunst und Schönheit real erfassen zu können.

Dies ist gegenwärtig aber nur in einer fragmentarischen und essayistischen Form möglich, die weder den Leser noch den Autor entmutigt. Wichtig ist dabei vor allem, daß wir uns erst wieder jenen souveränen und universalen Blick bewußt erobern, den die Goethezeit noch in naiver und selbstverständlicher Weise besaß. Das aber ist heute möglich geworden durch eine fruchtbare und individuelle Begegnung mit der anthroposophischen Geisteswissenschaft.

Diese Schrift besteht aus vier Teilen: Ausgangspunkt ist die Schilderung der Gegenwartssituation. Es folgt ein historischer Abriß der Ästhetik unter dem Aspekt der Polarität von Platonismus und Aristotelismus. Den Beschluß bildet eine Interpretation der zukunftsweisenden Kunstphilosophien WLADIMIR SOLOWJEWS und RUDOLF STEINERS, in der Aristotelismus und Platonismus ihre Krönung erfahren. Daß dabei die universale Ästhetik RUDOLF STEINERS äußerlich den breitesten Raum einnimmt, kann nicht verwundern. Sie scheint auch, vielleicht gerade wegen ihres fragmentarischen Charakters, bisher in ihrer geistesgeschichtlichen Bedeutung kaum erkannt und gewürdigt zu sein. Von ihr lassen sich die historischen Linien weit in die Vergangenheit, aber auch in die Zukunft ziehen. Sie ist derart umfassend, daß nur einige Aspekte dargestellt werden können und vieles notgedrungen unberücksichtigt bleiben muß. Die dargestellten Themen sind jedoch selbst wiederum derart universal, daß jedes einzelne von ihnen eine besondere Würdigung verdient hätte.

Zwei Gedanken mögen als Grundmotiv der folgenden Betrachtungen gelten. Der erste stammt aus GOETHES *Sprüchen in Prosa:* «Die gegenwärtige Welt ist nicht wert, daß wir etwas für sie tun; denn die bestehende kann in dem Augenblick abscheiden. Für die vergangene und künftige müssen wir arbeiten: für jene, daß wir ihr Verdienst anerkennen, für diese, daß wir ihren Wert zu erhöhen suchen.»[1] Der andere Gedanke findet sich in der Einleitung von SCHELLINGS *Drei Weltalter:* «Das Vergangene wird gewußt, das Gegenwärtige wird erkannt, das Künftige wird geahnt. Das Gewußte wird erzählt, das Erkannte wird dargestellt, das Geahnte wird geweissagt.»[2]

Cunit/Tarragona, Sommer 1983   *Diether Rudloff*

Die sieben Entwicklungsstufen der Ästhetik

> Wem die Kunst ihr Geheimnis zu
> enthüllen beginnt, der findet eine fast
> unüberwindliche Abneigung gegen ihre
> unwürdigste Auslegerin, die ästhetisch-
> wissenschaftliche Betrachtung.
>
> *Rudolf Steiner*[3]

Müssen wir uns wirklich mit der resignierenden Feststellung von HELMUT KUHN, einem der führenden deutschen Ästhetik-Forscher, begnügen, der zu dem bitteren Ergebnis kommt, in ihrer zweihundertjährigen Geschichte habe sich die Ästhetik als ein brillanter und ergebnisreicher Mißerfolg erwiesen? Denn daran gibt es nichts zu deuteln: Die Ästhetik steckt heute in einer schweren Krise. Sie ist an ihrem Nullpunkt angekommen, wo sie sich zersplittern mußte in zahllose, kaum mehr überschaubare Richtungen und Methoden, die sich oft fremd und unversöhnlich gegenüberstehen. Sie hat den Blick für die großen Zusammenhänge, für die geschichtlichen Bedingungen, für die Wandlungen des Bewußtseins, damit aber für den Grund und das Wesen der Kunst und der Schönheit nahezu vollständig verloren. Diesen Blick, den zum Beispiel HERDER, SCHILLER, GOETHE um 1800 noch vollständig besaßen, gilt es heute auf neue, moderne Weise wiederzugewinnen; dann können sich Gleichgültigkeit, Resignation oder nostalgische Wehmut ob des Verlorenen in eine Hoffnung auf jene humane Zukunft verwandeln, die des schöpferischen Menschen harrt.

Im Jahre 1965 schrieb HELMUT KUHN im Rahmen eines Literatur-Lexikons einen Abriß über die Geschichte der Ästhetik, der durch seine Knappheit und Prägnanz eindrucksvoll die dramatische Entwicklung sowie ihre Symptomatologie dokumentiert.[4] Verschiedenes kann hieran deutlich werden. Einmal ist die Ästhetik als ein in sich geschlossenes und selbständiges wissenschaftliches Forschungsgebiet, das sowohl der Philosophie als auch der Kunstwissenschaft zugehört, eigentlich eine junge Disziplin, kaum zweihundertfünfzig Jahre alt. Zum anderen ist sie, von ihrer Begründung an, eine wesentlich deutsche Leistung. Gewiß empfing sie schon in ihren Anfängen wichtige Anregungen von England (HUME, SHAFTESBURY) und Frankreich (VOLTAIRE, DIDEROT); im 20. Jahrhundert dominieren dann italienische, amerikanische und französische Forschungen. Sie ist aber doch im Kern ein intimer, wesenhafter Ausdruck des deutschen Volksgeistes, der seine verborgensten Entwicklungen, seine Höhen und Tiefen getreulich widerspiegelt: seinen Aufstieg im späten 18. Jahrhundert, seinen glanzvollen Höhepunkt um 1800 in der Goethezeit, seinen tiefen Absturz im späten 19. Jahrhundert (der einem Sündenfall gleichkommt), schließlich aber auch seine weitgehend verborgen gebliebene Auferstehung im späten 19. und vor allem im frühen 20. Jahrhundert.

Betrachtet man den geschichtlichen Abriß von HELMUT KUHN mit symptomatologisch geschultem Blick, so lassen sich sieben große Entwicklungsmomente herauslesen.

Die Anfänge der Ästhetik

Am Beginn steht ALEXANDER GOTTLIEB BAUMGARTEN (1714–1762). Er war Professor der Philosophie an der pietistisch orientierten Universität Halle, der bedeutendste Schüler von CHRISTIAN WOLFF, dem Begründer der Kathederphilosophie, die sich noch von LEIBNIZ herleitete. Von 1750 bis 1758 veröffentlichte BAUMGARTEN ein zweibändiges Werk mit dem Titel *Aesthetica*, ein Wort, das aus dem Griechischen stammt: «aisthanestai» bedeutet «wahrnehmen». Hier sollte erstmals eine «Theorie der sinnlichen Erkenntnis» gegeben werden. Innerhalb dieser Theorie galt Schönheit, die vorher noch nie definiert worden war, als sinnliche Vollkommenheit, die dem niederen Erkenntnisvermögen zugeordnet werden mußte. Sie bezaubert nach BAUMGARTEN zwar unsere Sinne, wird jedoch vom höher einzustufenden Verstand lediglich als eine verworrene Darstellung der Wahrheit betrachtet.

Oberflächlich gesehen wirkt BAUMGARTENS Begründung der Ästhetik eher wie ein zufälliges Produkt einer philosophischen

13

Schule, doch fiel sie mit zwei geistesgeschichtlichen Tatsachen zusammen, die beide auf einen eindeutigen Bewußtseinswandel hindeuten – und eben dies kann kein Zufall sein. Zum einen erwachte die deutsche Literatur, die sich gerade zu ihrem Höhenflug erhob und sich in einer ständigen Reflexion ihrer poetischen Grundlagen zum Gipfel der Goethe-Zeit entwickelte. GOTTHOLD EPHRAIM LESSING wurde der große Befreier der deutschen Literatur von dem jahrhundertelangen Übergewicht der französischen Dichtung mit ihrer starren Regelhaftigkeit. Seine *Hamburgische Dramaturgie* (1767–1769), vor allem aber seine epochemachende Abhandlung *Laokoon oder über die Grenzen von Malerei und Poesie* (1766) versuchten erstmals, wenn auch mit unzureichenden Mitteln, aus dem Dogma der klassizistischen Ästhetik und ihrer unfruchtbaren Aristoteles-Interpretation auszubrechen.

JOHANN JOACHIM WINCKELMANN, den GOETHE enthusiastisch als einen neuen Kolumbus feierte, wurde zum Begründer der modernen Archäologie und Kunstwissenschaft, als er in seiner *Geschichte der Kunst des Altertums* (1764) erstmals den Entwicklungsgedanken in die Geschichtsbetrachtung einbrachte und vergleichende Kunstgeschichte betrieb. Sein Schüler war JOHANN GOTTFRIED HERDER, der erste wahrhaft geschichtliche Denker, der zugleich ein feinsinniger, künstlerisch empfindender Mensch war. Er sah Kunst und Poesie als Geschöpfe der inneren Notwendigkeit eines Volkes und seiner Geistigkeit an. So konnte er zum Initiator der Lehre vom Volksgeist werden, die die Romantik dann aufgriff und weiterbildete. In IMMANUEL KANTS *Kritik der Urteilskraft* (1790) wurde der Anstoß BAUMGARTENS dann systematisch aufgenommen und zu einem ersten philosophischen Abschluß gebracht.

Das zweite geistesgeschichtliche Phänomen ist dies: Die Ästhetik als selbständige wissenschaftliche Disziplin, als philosophische Lehre von der Kunst konnte erst in jenem historischen Augenblick entstehen, als die Kunst keine selbstverständliche Realität des Lebens mehr war, keine das Leben vom Größten bis ins Kleinste prägende Kraft mehr besaß; mit anderen Worten: als das Gesamtkunstwerk des Barock-Zeitalters und damit die letzte große Stileinheit des Abendlandes auseinanderbrach. Denn mit der Französischen Revolution von 1789–1793 wurden die letzten Kunst und Kultur tragenden Schichten, Adel und Kirche, aus ihrer gesellschaftlich und geistig führenden Rolle gedrängt. Die neuen Kreise, die nun an die Macht gelangten, das Bürgertum und später das Proletariat, hatten andere Interessen und besaßen nicht mehr die Fähigkeit und Kraft, die Künste sozial zu tragen und mäzenatisch zu fördern. Damit jedoch war geistig der Weg frei geworden zur Selbstfindung der Kunst als Ästhetik; die Kunst wurde nun eigentlich erst sich ihrer selbst bewußt. RUDOLF STEINER: «Zur Entstehung der Ästhetik war jene Zeit notwendig, in der der Mensch frei und unabhängig von den Fesseln der Natur den Geist in seiner ungetrübten Klarheit erblickte, in der aber auch schon wieder ein Zusammenfließen mit der Natur möglich ist.»[5] Das war weder im antiken Griechentum noch im dogmatisch gebundenen Mittelalter der Fall; das konnte erst nach dem Ausklang des Barock geschehen.

Die Goethe-Zeit als Höhepunkt der Ästhetik

Der Höhepunkt der Ästhetik wurde in der Weimarer Klassik erreicht und dauerte bis zum absoluten Idealismus der Romantik. SCHILLER und insbesondere HERDER versuchten – leider zunächst vergeblich –, die Kunsterkenntnis vor jener gefährlichen Wendung ins Subjektive zu bewahren, die ihr KANTS ästhetische Relativitätstheorie gegeben hatte. Ihr leidenschaftliches Ringen zielte darauf, die bedrohte Weltmission der Kunst neu zu begründen und im modernen Bewußtsein fest zu verankern. GOETHE hat seine eigene Kunstanschauung nirgends abstrakt und systematisch zusammengefaßt; dafür war sein Denken viel zu anschaulich. Es gibt drei oder vier Aufsätze von ihm, die über das Fragmentarische hinausgehen, jedoch läßt sich seine Ästhetik überall aus seinem wahrhaft enzyklopädischen und universalen Werk herauslesen. Sie läßt sich kurz folgendermaßen zusammenfassen: Der Mensch als Künstler erhebt sich vom passiven Geschöpf zum wahren Schöpfer, wenn er das Werk der Natur dort auf höherer Stufe fortsetzt und eigentlich erst vollendet, wo sie es aus den Händen gelegt hat. Daher ist das Kunstwerk zugleich natürlich und übernatürlich. Weil GOETHE den Kunstliebhaber und Kunsterkennenden, weil er Theorie und Praxis, künstlerische Intuition und denkerische Reflexion in einzigartiger und moderner Weise in sich vereinigte, konnte ihn RUDOLF STEINER mit Recht als den «Vater einer neuen Ästhetik» bezeichnen.

SCHELLING mit seinen Werken *Über das Verhältnis der bildenden Künste zur Natur* (1807–1808) und *Vorlesungen über die Philosophie der Kunst* (1859) und HEGEL mit seinen *Vorlesungen über die Ästhetik* (3 Bände, 1835–1836) dachten den kritischen Idealismus KANTS in einen absoluten Idealismus um. Im Mittelpunkt ihrer Ästhetik stand die Lehre vom Schönen in der Natur, vor allem aber in der Kunst. Es war die Zeit der großen, universalen Geschichtsentwürfe, die nur mit den ebenfalls umfassend angelegten Summen der Hochscholastik im Mittelalter verglichen werden können. Immer wieder gab es ehrgeizige Versuche, ein universales, Himmel und Erde gleichermaßen umspannendes System der Künste zu entwerfen. All dies geschah erstaunlicherweise noch ohne größere Kenntnis der vorhandenen Tatsachen der Kunst als solcher – oder vielleicht gerade deswegen. Die intellektuelle Spekulation, das Ideenvermögen, die denkerische Phantasie hatte eindeutig das Übergewicht. Das Schöne galt diesen Ästhetikern als die sinnliche Erscheinung der Idee, und die griechische Kunst war ihnen die Offenbarung der Schönheit schlechthin. – Beides sollte sich später jedoch als folgenschwerer Irrtum erweisen.

Das Streben nach Systematik bleibt auch in der folgenden Zeit noch erhalten, wenn auch die philosophische Gesinnung sich langsam vom Idealismus abzuwenden beginnt, so bei SCHLEIERMACHERS *Vorlesungen über die Ästhetik* (1842), HERBARTS Lehrbuch zur *Einleitung in die Philosophie* (1813 erstmals erschienen), SCHOPPENHAUERS *Die Welt als Wille und Vorstellung*, 3. Buch (1859), MORIZ CARRIERES *Ästhetik* (1859) oder CHRISTIAN HERMANN WEISSES *System der Ästhetik als Wissenschaft von der Idee des Schönen* (1830), ein Schüler HEGELS. Als letzter faßte der Hegelianer FRIEDRICH TH. VISCHER das klassische Erbe der deutschen Kunstanschauung in seinem umfangreichen, dreibändigen Werk

Ästhetik oder Wissenschaft des Schönen (1846–1857) in genialer und geistsprühender Weise zusammen, aber das Ganze war nun doch schon ein großer, tragisch anmutender Abgesang.

Der Abstieg um 1850

Das geistige Klima im Abendland, vor allem aber in Mitteleuropa, hatte sich fast unmittelbar nach HEGELS (1831) und GOETHES (1832) Tod, dann aber entscheidend und sehr rasch nach der Mitte des Jahrhunderts gewandelt. Der Idealismus mit seiner himmelsstürmenden spekulativen Philosophie, mit dem enthusiastischen Flug der Gedanken war ins vollständige Gegenteil umgeschlagen und machte einer immer nüchterneren, philiströseren Haltung Platz. Der lebenslang strebende Faust wurde vom selbstzufriedenen Spießbürger, dem «trockenen Schleicher» Wagner abgelöst. So setzte sich ein platter Materialismus, ein nivellierender Positivismus und Nominalismus durch, der nur noch der Macht der sinnlich feststellbaren Fakten und der vordergründigen physischen Beobachtung vertraute. Alles andere aber, was sich, weil zu sensibel, dem Gesetz mechanistischer Kausalität entzog, dem Gesetz von Ursache und Wirkung, wurde – als nicht wissenschaftswürdig – ins irreal scheinende Reich der Mythen und Märchen verwiesen. Ein geistiges Ereignis von ungeheurer Konsequenz hatte damals stattgefunden, das RUDOLF STEINER als «Sturz der Geister der Finsternis» bezeichnete und das sich im Abendland in verheerender Weise auf allen Lebensgebieten bemerkbar machte und noch heute bemerkbar macht.[6]

Ein Zwischenhalt bei diesem sonst bodenlosen Sturz vom Idealismus zum Materialismus auch in der Ästhetik war eine Art Bestandsaufnahme des Vorhandenen. Die Kunstphilosophen produzierten nun keine eigentlich neuen Ideen mehr, sondern sie schrieben nur noch resignierend die Geschichte der Ästhetik.[7] Diese Zwischenphase begann mit HERMANN LOTZES *Geschichte der Ästhetik in Deutschland* (1868) und schloß mit EDUARD VON HARTMANNS

Deutsche Ästhetik seit Kant (1886). Charakteristisch ist für HART-
MANN die rein subjektive Grundtendenz schon in der Auswahl
seines Stoffes, bei der so bedeutende Denker wie LESSING, WINCKEL-
MANN, HERDER, GOETHE, HUMBOLDT und JEAN PAUL als Popular-
ästhetiker verächtlich gemacht werden. In der Mitte steht J. SCHAS-
LERS *Kritische Geschichte der Ästhetik* (2 Bände, 1872). All diese
gelehrten Bücher von imponierendem Umfang sind für uns Heutige
beim besten Willen kaum noch lesbar und nur für Spezialisten von
einigem Interesse. Die Kunstphilosophie wurde, weil dem Leben
entfremdet, nach und nach in die rein deskriptive Kunstgeschichte
aufgelöst.

Der Sündenfall der Ästhetik nach 1850

Doch dies bedeutete schon einen neuen Schritt: Die Erbmasse der
idealistischen Kunstphilosophie wurde nun endgültig von der unter
dem Einfluß des Positivismus erstarkten Psychologie übernommen,
weil man stillschweigend alles Streben nach einer widerspruchslosen
und ideenerfüllten Ästhetik aufgegeben hatte. GUSTAV THEODOR
FECHNERS *Beitrag zur experimentellen Ästhetik* (1871) und seine
Vorschule der Ästhetik (1876) stellt nun der ideellen Ästhetik «von
oben» eine solche «von unten» entgegen, die von der reinen Sinnes-
empfindung, ja von der bloßen Lustempfindung ausgeht und von
dieser trivialen Erfahrung aus induktiv ein ästhetisches System
aufzubauen versucht. Kein Wunder, daß nun die ästhetische Diskussion immer mehr verflachte und schließlich ganz in der Banalität
zu versiegen drohte.

Nach BERGMANNS Forschungsbericht von 1914 ist seit den großangelegten historischen Darstellungen der Ästhetik, von denen
HARTMANNS Arbeit nur die herausragendste bedeutet, keine grundlegende Gesamtuntersuchung mehr erschienen. Dies galt ihm als
Beweis dafür, daß sich das damals so lebendige Interesse seither von
diesem Gebiet der Ästhetik vollständig abgewandt hat.[8] Diese Tatsache ist aber als symptomatisch für die geistige Ohnmacht anzuse-

hen, mit der atemberaubenden Entwicklung der modernen Kunst ästhetisch auch nur annähernd Schritt zu halten. Ästhetik und Kunst, Theorie und Praxis klaffen nun endgültig auseinander, beide haben kaum mehr etwas miteinander zu tun, befruchten sich nicht mehr gegenseitig. Das beginnt charakteristischerweise in den Jahren um 1880, als der Impressionismus von Paris aus seinen Siegeszug durch ganz Europa antrat: die erste, konsequent moderne Stilströmung, die dann im 20. Jahrhundert weitere Stilrevolutionen in unabsehbarer Folge auslösen sollte. Die herkömmliche philosophische Ästhetik aber zog sich als graue Theorie vor dem sprühenden Leben der Kunst schmollend in den akademischen Elfenbeinturm zurück. Sie betrachtete oft sehr befremdet die Praxis: die zahlreichen Experimente der modernen Stilströmungen vom Expressionismus bis zur Gegenwart.

Versuche zur Rekonstituierung der Ästhetik

Natürlich sind von verschiedenen Seiten aus zu Beginn des 20. Jahrhunderts immer wieder Versuche unternommen worden, die Ästhetik von ihren Grundlagen her neu zu überdenken und sie zu rekonstituieren. Da ist einmal WILHELM DILTHEY zu nennen, der den Begriff der Geisteswissenschaft im Unterschied zur Naturwissenschaft in seiner Eigenständigkeit neu zu erfassen strebte. Nach seiner *Einleitung in die Geisteswissenschaften* (Band 1, 1883) werden ihre Gegenstände durch das Verstehen begriffen, das seinerseits auf das Erleben zurückgeht. Die Kunst dieser wissenschaftlichen Deutung ästhetischer Erscheinungen bezeichnete DILTHEY als Hermeneutik, eine wissenschaftliche Methodik, die gewiß bedeutende Forschungen bis in die Gegenwart hervorgebracht hat. So unter anderem H. LIPPS *Untersuchungen zu einer hermeneutischen Logik* (1938) und HANS-GEORG GADAMERS *Wahrheit und Methode* (1960), das die Grundzüge einer philosophischen Methodik herausarbeitet, die gerade für die moderne Ästhetik von entscheidender Bedeutung sein kann. Von anderer Seite her versuchte EDMUND

HUSSERL mit seiner phänomenologischen Methode die Grundlagen der Ästhetik neu zu überdenken: *Die Idee der Phänomenologie* (1907/1950).

Doch auch Künstler, Kunstkenner und Kritiker waren bestrebt, von ihrem Ufer aus, nämlich aus dem praktischen Umgang mit Kunst, eine Brücke zur theoretischen Ästhetik zu schlagen, um die problematische Situation zu klären, in die die bildende Kunst, aber auch Dichtung und Musik seit dem Ende des Naturalismus geraten waren. Gerade weil die Ästhetik kaum noch etwas Nennenswertes zur Erhellung der Kunst im 20. Jahrhundert beitrug, fühlten sich immer mehr ausübende Künstler gedrängt, von sich aus Interpretationen ihrer Werke zu liefern. So schwoll seit den Tagen des Expressionismus die Flut der Künstler-Manifeste an, ohne die das Phänomen der modernen Kunst nicht mehr denkbar ist. Denn sie war nun, ohne die Hilfe der Ästhetik, in einem bisher ungekannten Maße kommentarbedürftig geworden; sie verstand sich keineswegs mehr von selbst.[9]

Von besonderem Interesse für die Anfänge der modernen Kunst sind die Schriften KONRAD FIEDLERS, der dem Maler HANS VON MARÉES und dem Bildhauer ADOLF VON HILDEBRANDT nahestand, der aber ebenso den Kunsthistoriker HEINRICH WÖLFFLIN maßgebend beeinflußte. In seinen *Schriften über die Kunst* (1896) betonte FIEDLER die Autonomie des Kunstwerks, damit jedoch die Eigenständigkeit des Erlebens und Erkennens im Kunstbereich gegenüber dem Gebiet wissenschaftlicher Erkenntnis. Symptomatisch will auch scheinen, daß MAX DESSOIR 1906 versuchte, die auseinanderstrebenden Tendenzen der philosophischen Ästhetik, die kaum Berührung mit der Kunst besaß, und der allgemeinen Kunstwissenschaft, die keinerlei Philosophie mehr in ihrem Bereich duldete, in einer Zeitschrift wieder zu gemeinsamem Gespräch zusammenzuführen.

Die Zersplitterung von Inhalt und Methode

Diese gutgemeinten Anstrengungen konnten jedoch nicht zu einer Konsolidierung der Ästhetik als einer einheitlichen und objektiven Kunstlehre führen, die aus dem Leben und für das Leben selbst notwendig entwickelt wäre. Im Gegenteil, die atomisierenden Tendenzen mußten sich zwangsläufig immer stärker durchsetzen, weil Materialismus und Nominalismus auf allen Lebensgebieten den Sieg davongetragen hatten. Deshalb fehlte die entscheidende Grundlage der Ästhetik: ein modernes Bild vom Menschen, das diesen in seinem vollen, ungeteilten Wesen nach Leib, Seele und Geist erfassen kann. Die Ästhetik hatte dadurch jede Orientierung verloren.

Das zeigt sich eindringlich an BENEDETTO CROCES *Grundriß der Ästhetik* (1913) und seiner *Ästhetik als Wissenschaft des Ausdrucks und allgemeiner Linguistik* (1905). CROCE erkennt grundsätzlich kein philosophisches System der Kunst mehr an; bei ihm erscheint die Wesenheit der Kunst faktisch völlig zersplittert in eine unendliche und unvorhersehbare Vielfalt von Einzelfällen, die keine sinnvolle Entfaltung sichtbar werden lassen. Die einzelnen Gattungen der Kunst sind nicht mehr Abbild des sinnvoll gegliederten Universums, sind nicht mehr auf den Menschen selbst bezogen; sie sind nichts als bloß äußerliche Namen für Gruppen, mit deren Hilfe Einzelfälle aus reiner Zweckmäßigkeit geordnet werden können.

Der Nominalismus, der in seiner Erkenntnis nicht mehr das Wesen eines Dinges ergreifen kann oder will, sondern nur noch die äußere Erscheinung mit willkürlichen Namen und Kennzeichen belegt, auf die man sich konventionell einigt, hatte auch in der Ästhetik restlos triumphiert. Das einstige Verständnis für den lebendigen Organismus und das geistige Wesen der Kunst war nun geschwunden; deshalb mußte die Ästhetik zwangsläufig in ihre Einzelteile zerfallen. Trotzdem: «Die Gebeine in dem von Croce eingezäunten Friedhof hören jedoch nicht auf, sich zu regen.»[10] Ein Hoffnungsschimmer also? Zunächst war jedoch der thematische Zerfall der Ästhetik im 20. Jahrhundert nicht aufzuhalten, und diesem entsprach ihre Aufsplitterung nach Methode und Schulzugehörigkeit. So finden wir eine Kunstpsychologie (ARNHEIM) und eine Kunstsoziologie (HAUSER und GEHLEN), eine neukantianistische Ästhetik (CASSIRER und SIMMEL), eine positivistische (WILHELM SCHERER), eine phänomenologische (HUSSERL), eine psychoanalytische (FREUD und JUNG), eine formalistische (RIEGL und WÖLFFLIN), eine strukturalistische (LÉVI-STRAUSS, BARTHÉS und FOUCAULD), eine existentialistische (HEIDEGGER und PONGS) und schließlich eine marxistische Ästhetik mit vielen Varianten (LUKÁCS, BLOCH, FISCHER usw.). Doch damit ist es längst noch nicht genug, denn auch diese Aufstellung umfaßt nur die wichtigsten Spielarten.

In Italien scheint sich gegenwärtig diese Situation des totalen Relativismus noch verschärft zu haben. So heißt es in einem Bericht vom Frühjahr 1983 über das Panorama der «Transavantgarde» und der Theoretiker der «Postmoderne» innerhalb der italienischen Kunstkritik und Ästhetik: Da es keine endgültigen Werte mehr gäbe, werde über Qualität nicht mehr gesprochen. Wo aber alles gleichwertig sei, werde auch alles gleichgültig. Das Publikum aber kann von solcher Kunstkritik und Ästhetik keine Vermittlungshilfe mehr erwarten, wenn diese alle theoretischen, methodischen und historischen Grundlagen leugnet, wenn sie alle geistigen Perspektiven der Stilbewegungen des frühen 20. Jahrhunderts als «überholte humanistische Bedürfnisse» abqualifiziert und nicht einmal mehr gewillt ist, eine sachliche Beschreibung des Kunstwerks zu geben.[11]

Die Bankrotterklärung der Ästhetik

Eine solche Aufsplitterung, die als «Methodenpluralismus» noch viel zu milde umschrieben wäre, konnte mit ihrer spezialistischen Einengung, mit ihrem Rückzug ins «Esoterische» eines rein akademischen Daseins nicht mehr kraftvoll auf Künstler und Publikum einwirken – und wollte es vielleicht in manchen Fällen auch gar nicht mehr. Einzig auf dem Boden des modernen Existentialismus hat in jüngstvergangener Zeit dank des Werks von ALBERT CAMUS und JEAN-PAUL SARTRE eine Begegnung zwischen künstlerischer Theorie und Praxis stattgefunden, ein löbliches Unternehmen, das leider in den ersten Anfängen steckengeblieben ist und kein größeres Echo gefunden hat.

In der Gegenwart ist PETER HANDKE einer der wenigen Schriftsteller, die versuchen, schöpferisch auf diese Bankrotterklärung der Ästhetik zu antworten. In Theorie und Praxis entwickelt er einen überraschend unbefangenen, in die Zukunft weisenden Kunst- und Schönheitsbegriff, und zwar aus ganz unkonventionellen, individuellen Voraussetzungen heraus, abseits aller ausgetretenen Pfade sowohl der linken als auch der rechten Kunstkritik, der engagierten wie der reinen Kunst. Die Kunst ist für ihn, der gewiß nicht zufällig in ganz moderner Weise immer wieder zu GOETHE zurückkehrt, ein Paradoxon: Sie tut der Seele wohl und weh zugleich, sie ist für die Existenz notwendig. Die Kunst bildet nicht Wirklichkeit ab, sondern stellt sie überhaupt erst her. Das Kunstwerk ist für HANDKE ein Teil der geschichtlichen und natürlichen Welt, aber weder als deren Zier, noch als deren Krönung oder Kritik, sondern immer wieder als eine gelungene Antwort des Menschen, die der Welt abgetrotzt wird. Die Kunst ist ihm der Beweis für die wirklich menschliche Existenz des Menschen.[12]

Trotz dieser Ausnahmen sprechen nachdenkliche Forscher in der Gegenwart mit Recht von der «Bankrotterklärung der Ästhetik», und das Wort vom «Ende der Ästhetik» ging um, besonders in Deutschland, wo sie ins Leben gerufen wurde und ihren Gipfelpunkt erreicht hatte.[13] Die Wissenschaft, so meinte man, könne nur noch ihrer letzten Pflicht genügen und nach den Gründen dieses Bankrotts fragen. So kommt JOST HERMAND zu einem vernichtenden Urteil über seine eigenen Fachkollegen, denen er ein gerüttelt Maß an Schuld an dieser Misere zuweist, weil ihre Forschungsarbeiten nur noch «die mit äußerstem Ballast überfrachtete Beschränkung auf die Minimaleffekte» realisieren: «Wie selbstverständlich empfinden es die meisten Geisteswissenschaftler heutzutage, auf einer akademischen Insel gelandet zu sein, wo man sich bloß noch mit Kollegen unterhält und daher einen Jargon gebraucht, der lediglich einigen Eingeweihten verständlich ist. Verglichen mit der Wirkung

eines HETTNER, GERVINUS, GRIMM oder SCHERER, die noch als
‹Anwälte der Nation› auftraten, wirken die gegenwärtigen Geisteswissenschaftler, und zwar selbst die berühmtesten, wie reine Fach-
gelehrte, deren Forschungsergebnisse lediglich den akademischen
Blätterwald zum Rauschen bringen, ja manchmal nicht einmal
den.»[14]

So schließt auch HELMUT KUHN seinen Abriß der Geschichte der
Ästhetik mit einer resignierenden Bemerkung ab: «In ihrer zweihundertjährigen Geschichte von der Mitte des 18. Jahrhunderts bis
zur Mitte des 20. Jahrhunderts hat sich die Ästhetik als ein brillanter
und ergebnisreicher Mißerfolg erwiesen.»[15] In der Tat bleibt wohl
kaum mehr als bloße Resignation, wenn man, wie KUHN, nur jene
siebenstufige Entwicklung ins Auge faßt. So gesehen muß der
Absturz der Ästhetik im 19. Jahrhundert desto jäher empfunden
werden, je mehr man den Gipfelpunkt betrachtet, den sie in der
Goethe-Zeit erklommen hatte. Alle nachfolgende Entwicklung muß
gegenüber dieser einzigartigen Höhe als Dekadenz, als unaufhaltsa-
mer Niedergang erscheinen.

Bei HERDER, GOETHE und SCHILLER wurde die Kunst geistig groß
gesehen, als Erzieherin der Menschheit und geeignet, eine wahre
Humanitas zu stiften. Kunst wurde mit Geschichte verbunden,
jedoch blieb die letztere nicht auf die Betrachtung einer längst
abgestorbenen Vergangenheit beschränkt, die den Menschen im
existentiellen Sinne nichts mehr angeht. Man sah im Gegenteil
Geschichte von der Zukunft her, als unmittelbaren Ansporn für das
eigene schöpferische Tun. Das geschichtliche Denken erfuhr seine
letzte Steigerung durch HEGEL, und bei ihm blieb alle Kunstentwicklung noch zielgerichtet und sinnvoll. Ein letztes Mal machte
HEGEL den grandiosen Versuch, den Aufbau des Universums im
System der Künste wiederzufinden, aber es war doch eher ein
elegischer Abgesang. Denn nach seinem Tode wurde alle philosophische Spekulation verworfen und die Universalität restlos aufgegeben. Im Positivismus trat nicht nur der Bruch von Ästhetik und
Geschichte ein, auch die Geschichte selbst verlor ihren Zukunfts-
elan, sie verkam zu einer reinen Dokumentation der Vergangenheit.
Im 20. Jahrhundert vollendete sich der Niedergang durch den Bruch

von Ästhetik und Kunst, durch den Verlust jeglicher geschichtlichen Dimension, wobei es nicht mehr möglich schien, den geistigen Ort der Kunst überhaupt noch begrifflich zu bestimmen.

Vergangenheit, Gegenwart und Zukunft der Ästhetik

Wir stehen heute vor einem riesigen Trümmerfeld der Ästhetik. Bei einer radikalen Neubesinnung gilt es zwei Grundfragen zu stellen:

1. Wie konnte es zu diesem Niedergang, zu diesem Verlust der Erkenntnis von Kunst und Schönheit, bis zu diesem geistigen Nullpunkt kommen? Wo liegen die geistesgeschichtlichen Voraussetzungen für diese folgenreiche Entwicklung?

2. Wie kann es uns gelingen, diese Entwicklung bewußt so in den Griff zu bekommen, daß sie in eine andere, aufwärts führende und zukunftsweisende Richtung gelenkt wird? Anders ausgedrückt: Wessen bedarf es, um die Weltmission von Kunst und Schönheit in modernem Sinne wieder zu begründen, um derart auch die verlorengegangene Einheit von Kunst und Leben wiederherzustellen?

Durch diese weitgespannte Fragestellung wird klar, daß es niemals genügen kann, bei der Ästhetik als solcher, wie sie heute geläufig ist, einfach stehenzubleiben; wir sind heute gezwungen, über sie hinauszugehen. Denn selbst jener höchste Kunstbegriff der Goethezeit hatte ja, wie sich zeigte, nicht mehr die Würde und Kraft, das Leben selbst souverän zu gestalten, ihm einen wirklichen Stil zu geben. Und gerade deshalb, wegen des Auseinanderklaffens von Kunst und Leben, konnte auch die Ästhetik erst entstehen.

Erweitern wir also zeitlich den Blick über die Gegenwart der etwa zweihundertjährigen Entwicklung der Ästhetik hinaus, sowohl in die Vergangenheit als auch in die Zukunft, so sehen wir, daß die Ästhetik selbst innerhalb der Gesamtentfaltung der Kunst nur als ein relativ winziger Ausschnitt dasteht. Sie ist nämlich die Mitte zwischen einer vorangehenden, zeitlich viel länger dauernden vorästhetischen Phase und einer nachfolgenden nachästhetischen Epoche. Die vorästhetische Phase reicht von der ältesten Vorgeschichte der Eiszeit-Kultur bis zum Ende des Barock-Zeitalters; die eigentlich ästhetische Phase umfaßt die Zeit von 1750 bis 1950; die nachästhetische beginnt gerade erst in unseren Tagen. Alle drei Epochen sind Ausdruck höchst unterschiedlicher Bewußtseinsstrukturen, die sich mit JEAN GEBSERS Begriffen trefflich charakterisieren lassen: Das traumhafte, magisch-mythische Bilderbewußtsein bestimmt die erste Phase; die zweite ist Ausdruck des bildlosen, auf die Sinnesbeobachtung und das rationale Begriffsdenken gestützten mentalen Bewußtseins; während die dritte Phase eines wiederum umfassenden integralen Bewußtseins sich in der Zukunft von der Bildlosigkeit und Abstraktion zu lösen beginnt, in neue geistige Räume vorstößt und zu unbekannten Ufern aufbricht.[16]

Vorästhetische Phase	*Ästhetische Phase*	*Nachästhetische Phase*
Vergangenheit	Gegenwart	Zukunft
Antike bis Barock	Klassizismus bis Moderne	ab Moderne
bis 1750	1750–1950	ab 1950
Platon, Aristoteles	Goethe, Herder	Steiner, Solowjew
alte Einheit von Kunst und Leben	Zerfall der Einheit von Kunst und Leben	neue Einheit von Kunst und Leben
unbewußte Bilder	Bildlosigkeit	bewußte Bilder
magisch, mythisch	mental	integral

Die erste und dritte Phase weisen nun erstaunliche Ähnlichkeiten auf, während die mittlere Phase für sich steht. Das hat der Ästhetiker ERNESTO GRASSI in einer Untersuchung über die Kunstanschauung der Antike erstmals herausgearbeitet und mit vielen eindrucksvollen Beispielen belegt.[17] Das ergibt sich nicht nur aus der Geschichtsmorphologie JEAN GEBSERS, sondern auch aus der anthroposophischen Geschichtsbetrachtung, wie sie RUDOLF STEINER darstellt.[18] GRASSI sieht eindeutige Bezüge zwischen der Kunst des 20. Jahrhunderts und der antiken Ästhetik: In beiden Fällen wird der unverbindliche Luxuscharakter der Kunst im Sinne des *l'art pour l'art* konsequent abgelehnt. Kunst habe eigentlich keinen ästhetischen Wert an sich, sondern eine tief dem Leben selbst verpflichtete Seinsqualität. Und schließlich: Während HERDER, SCHILLER und GOETHE den Höhepunkt der mittleren Phase bezeichnen, reicht ihr ästhetisches Denken bis in die Zeit von PLATON und ARISTOTELES zurück, die beide am Übergang von der Vergangenheit zur Gegenwart der Ästhetik stehen. HERDERS, GOETHES und SCHILLERS ästhetische Gedanken aber werden abgelöst von den universalen Zukunftsentwürfen STEINERS und SOLOWJEWS, in denen sich Aristotelismus und Platonismus, die jahrtausendelang in der Geistesgeschichte getrennte Wege gingen, auf höherer Stufe wieder vereinigen können.

Zur Kunstanschauung der griechischen Antike

Platon fing an zu träumen
und Aristoteles zu schließen.

Lessing[19]

Schönheit und Kunst müssen nicht unbedingt immer dasselbe bedeuten; sie können, was der Gang der Geschichte mit vielen Beispielen belegt, weit auseinanderklaffen und bezeichnen dann ganz unterschiedliche geistige Qualitäten. Auch finden wir Schönheit nicht nur innerhalb der Kunst selbst, sondern auch in der Natur. Wiederum gestaltet die Kunst längst nicht mehr nur das Schöne, sondern, wie sich vornehmlich in unserem Jahrhundert oft in extremer Weise zeigt, sie wendet sich geradezu feindselig vom Schönen ab. Denn sie möchte sich ganz andere Bereiche der Gestaltung erobern, das Alltägliche, Banale, Unscheinbare und sogar das Häßliche. Darum steht uns heute die Kunst – wenn wir sie nicht überhaupt völlig aus dem Bewußtsein verloren haben – stets näher als die Schönheit, zu der wir erst wieder bewußt einen unbefangenen Zugang finden müssen. Doch wurde bereits in der Antike PLATON zum ersten großen Lehrmeister der Schönheit wie ARISTOTELES zu demjenigen der Kunst. Ihr beider Einfluß auf die Entwicklung des künstlerischen Schaffens in allen folgenden Jahrhunderten ist deshalb unübersehbar groß.

Platon und Aristoteles als Weltpolarität

Daß die antike griechische Philosophie in den beiden Gestalten PLATON und ARISTOTELES kulminiert, haben spätere Zeiten immer erkannt, und diese Erkenntnis ging eigentlich bis in unsere Gegenwart nie ganz verloren. Man sah in beiden gleichsam zwei Dioskuren, die in ihrem Denken zwar absolute Gegensätze vertreten, die sich in einem tieferen Sinne aber doch ergänzen müssen und können.[20]

FRIEDRICH SCHLEGEL hat einmal gesagt, alle Menschen auf der Welt seien entweder als Platoniker oder Aristoteliker geboren. Er deutet mit dieser Aussage auf einen weltgeschichtlichen Gegensatz zwischen diesen beiden Haltungen.[21] LESSING aber war wohl der erste Denker im Zeitalter des deutschen Idealismus, der den Gegensatz der beiden großen hellenischen Philosophen klar erkannte und ihn in einem kurzen Satz auf die knappste Formel brachte: «PLATON fing an zu träumen und ARISTOTELES zu schließen.»[22] Hieraus erhellt, daß in ihrer beider Philosophie nicht nur ein Generationsunterschied waltete, sondern ein Unterschied zweier Zeitalter und zweier Bewußtseinsformen zum Ausdruck kommt; daß PLATON eine geschichtlich ältere, ARISTOTELES dagegen eine geschichtlich jüngere Haltung vertritt.

GOETHE sah in den beiden Philosophen die gegensätzlichen Repräsentanten von nicht leicht zu vereinenden Eigenschaften, in die sich die Menschheit teilt. Je nachdem, ob sie sich mehr empfindend oder denkend betrachte, würde sie sich entweder PLATON oder ARISTOTELES als Meister anschließen. Und wie die Völker, so teilen sich auch die Jahrhunderte in die Verehrung des einen oder anderen Philosophen. In einzigartiger Weise charakterisiert GOETHE die Wesensmerkmale der beiden in seiner *Geschichte der Farbenlehre:*

«PLATON verhält sich zu der Welt wie ein seliger Geist, dem es beliebt, einige Zeit auf ihr zu herbergen. Es ist ihm nicht sowohl darum zu tun, sie kennenzulernen, weil er sie schon voraussetzt, als ihr dasjenige, was er mitbringt und was ihr so nottut, freundlich mitzuteilen. Er dringt in die Tiefen, mehr um sie mit seinem Wesen auszufüllen, als sie zu erforschen. Er bewegt sich nach der Höhe, mit Sehnsucht, seines Ursprungs wieder teilhaftig zu werden. Alles, was er äußert, bezieht sich auf ein ewig Ganzes, Gutes, Wahres, Schönes, dessen Forderung er in jedem Busen aufzuregen strebt. Was er sich im einzelnen von irdischem Wissen zueignet, schmilzt, ja man kann sagen, verdampft in seiner Methode, seinem Vortrag.

ARISTOTELES hingegen steht zu der Welt wie ein Mann, ein baumeisterlicher. Er ist nun einmal hier und soll hier wirken und schaffen. Er erkundigt sich nach dem Boden, aber nicht weiter, als bis er Grund findet. Von da bis zum Mittelpunkt der Erde ist ihm das übrige gleichgültig. Er umzieht einen ungeheuren Grundkreis für sein Gebäude, schafft Materialien von allen Seiten her, ordnet sie, schichtet sie auf und steigt so in regelmäßiger Form pyramidenartig in die Höhe, wenn Platon einem Obelisken, ja einer spitzen Flamme gleich, den Himmel sucht.»[23]

Ähnlich wie GOETHE sah auch HEINRICH HEINE in den beiden griechischen Philosophen nicht nur zwei Systeme, «sondern auch die Typen zweier verschiedener Menschennaturen, die sich, seit undenklicher Zeit, unter allen Kostümen, mehr oder weniger feindselig entgegenstehen.»[24] Der Kampf zwischen platonischer und aristotelischer Weltauffassung macht nach HEINE den wesentlichen Inhalt der christlichen Kirchengeschichte aus, sowohl im katholischen Mittelalter wie in der protestantischen Neuzeit: «Schwärmerische, mystische, platonische Naturen offenbaren aus den Abgründen ihres Gemütes die christlichen Ideen und die entsprechenden Symbole. Praktische, ordnende, aristotelische Naturen bauen aus diesen Ideen und Symbolen ein festes System, eine Dogmatik und einen Kultus.» Die Kirche aber umschließt beide Naturen, wovon die einen sich im Klerus, die anderen sich im Mönchtum verschanzen. Im Protestantismus finden wir denselben Kampf zwischen den Pietisten und den Orthodoxen, aber nach HEINE sind die Pietisten Mystiker ohne Phantasie, die Orthodoxen dagegen Dogmatiker ohne Geist. – Ironischer kann man es wohl kaum formulieren!

RUDOLF STEINER hat vom Gesichtspunkt der modernen anthroposophischen Geisteswissenschaft weitere wesentliche Hinweise zur Erkenntnis dieser beiden gegensätzlichen Geistesströmungen gegeben. In seinen *Rätseln der Philosophie*[25] interpretiert er das völlig verschiedene Verhältnis der beiden Philosophen zum Denken selbst, zur Welt der Ideen und zur Außenwelt: «ARISTOTELES versteht, den Gedanken als ein Werkzeug zu gebrauchen, das in das Wesen der Dinge eindringt. Für PLATON handelt es sich darum, das Ding oder Wesen der Außenwelt zu überwinden; und wenn es überwunden ist, trägt die Seele die Idee in sich, von welcher das Außenwesen nur überschattet war, ihm aber fremd ist und in einer geistigen Welt der Wahrheit über ihm schwebt. ARISTOTELES will in die Wesen und Vorgänge untertauchen, und was die Seele bei diesem Untertauchen findet, das ist ihm das Wesen des Dinges selbst . . . Für PLATON kommt in Betracht, was in der Seele lebt und als solches an der Geistwelt Anteil hat; für ARISTOTELES ist wichtig, wie die Seele sich im Menschen für dessen eigene Erkenntnis darstellt.»

Für RUDOLF STEINER gehört zum Wesen des Platonismus, daß das Bewußtsein des Menschen über die eigene physische Begrenztheit hinauswächst, daß er wie außerhalb seines Leibes zu träumen vermag: die Wahrträume von den geisterfüllten Reichen der Urbilder, der Ideen. Der Aristotelismus hingegen arbeitet mit Gedanken, die an das physische Gehirn gebunden sind; allerdings schafft er dieses zu einem individuellen Werkzeug um, damit es fähig werde, mit immer größerer Klarheit und Wachheit den Inhalt der Welt denkerisch zu erfassen.[26]

Für PLATON ist es die vornehmste Aufgabe im Leben, sich hingebend der Welt der Ideen zu öffnen und die finstere Welt der Materie fortwährend zu überwinden, um auf diese Weise Unsterblichkeit zu erlangen. Denn der Erdenleib erschien ihm als Kerker der Seele und des Geistes, die Sinneswelt als das Grab der gekreuzigten Weltenseele. Seine Lehre kulminierte deshalb in der Idee der Präexistenz und Anamnesis, der Erinnerungsfähigkeit der Seele an die vorgeburtliche Teilhabe an der Ideenwelt.[27] So empfand PLATON das Denken noch als eine gotterfüllte Tätigkeit: nicht «ich denke», sondern «es denkt in mir». Alles Denken war ihm noch ein Teilnehmen an der in sich ruhenden Harmonie der himmlischen Welt.

RUDOLF STEINER nennt deshalb die platonische Weltanschauung eine Denkgesinnung, «die durch ihre ganze Art Religion ist . . . Sie bringt die Erkenntnis in Beziehung zu dem Höchsten, was der Mensch mit seinen Gefühlen erreichen kann. Nur wenn in der Erkenntnis das Gefühl sich am vollständigsten befriedigen kann, vermag PLATON diese Erkenntnis gelten zu lassen. Sie ist dann nicht bildhaftes Wissen; sie ist Lebensinhalt. Sie ist ein höherer Mensch im Menschen. Derjenige Mensch, von dem die Persönlichkeit nur Abbild ist.»[28]

Eine Gegenüberstellung von platonischer und aristotelischer Weltanschauung ergibt folgende Gliederung:

Platonismus	Aristotelismus
träumendes Himmels-bewußtsein	waches Erdenbewußtsein
Ideen als lebendige Urbilder	Ideen in den Dingen
in der griechischen Antike:	in der griechischen Antike:
in die Vergangenheit weisend	in die Zukunft weisend
in der Scholastik:	in der Scholastik:
Universalia ante res	Universalia in rebus
Geistwelt ist Realität	Sinneswelt ist Realität
Sinneswelt ist Schein	Geistwelt ist Schein
Einheit von Ich und Welt	Trennung von Ich und Welt
künstlerisches Denken:	wissenschaftliches Denken:
religiös erfüllt	wertneutral
vom Kosmos zum Menschen	vom Menschen zum Kosmos

Ist die platonische Philosophie die Frucht einer langen Vergangenheit, so ist die aristotelische der erste Keim einer fernen Zukunft. ARISTOTELES unterschied erstmals zwischen Wesen und Erscheinung, Form und Stoff, Allgemeinem und Besonderem. Die Ideen erscheinen ihm nicht als Urbilder, sondern als Ziel des Erkennens. Geht PLATON vom Kosmos zum Menschen, von oben nach unten, so geht ARISTOTELES den umgekehrten Weg von unten nach oben, vom Menschen zum Kosmos. Für ihn existieren Ideen nicht außerhalb der Dinge, sondern nur in ihnen selbst. In der Ausbildung der Logik, die auf der Trennung von Sprache und Gedanke beruht, liegt die Stärke, aber auch die Einseitigkeit des Aristotelismus, der dadurch immer mehr die Neigung zum systematisierenden und analysierenden abstrakten Denken entwickelt. Den Platonismus aber kennzeichnet die Tendenz zur Vereinheitlichung; auf seinem Boden wird niemals in kalten, vom Leben abgezogenen Begriffen gedacht. Immer bleiben Sprache und Gedanke, Künstlerisches und Wissenschaftliches durch eine religiöse Grundstimmung innig miteinander verbunden.

Weist der Platonismus zurück in das bildhafte mythische Bewußtsein, so drängt der Aristotelismus machtvoll in die Zukunft des modernen mentalen Bewußtseins vor. Hier löst sich der Mensch konsequent aus dem göttlich-geistigen Mutterschoß und beginnt als irdisches Eigenwesen zu erwachen. Das aristotelische Denken wird ein unmittelbar menschliches, es ergreift persönlichen Besitz von den Einzeldingen dieser Welt. Diese Weltpolarität, die sich im antiken Denken bei PLATON und ARISTOTELES ausspricht, muß sich aber nun auch innerhalb der Ästhetik wiederfinden lassen.

Gibt es überhaupt eine antike Ästhetik?

Nicht unwesentlich ist die Frage, ob die Griechen der Antike, ob PLATON und ARISTOTELES überhaupt aus ihren eigenen Voraussetzungen heraus eine Ästhetik entwickeln konnten. Gewiß nicht in unserem modernen Sinne, war doch das griechische Bewußtsein ein ganz anderes als das unsrige. RUDOLF STEINER weist darauf hin, daß die Eigentümlichkeit des alten Griechen darin bestand, Leibliches und Seelisches noch in vollkommener Harmonie erleben zu können, so daß er im Anblick des Äußeren zugleich das Ätherisch-Formhafte gewahr wurde. Er trennte noch nicht Ich und Welt, Geist und Materie; Leibliches war zugleich Geistiges und umgekehrt. So brauchte er beim künstlerischen Schaffen keine Modelle, weil er sich noch in die ätherische Formgestalt einer Statue einleben konnte.[29] Aus diesem Grunde hatte er keinerlei Bedürfnis, theoretisch-abstrakt über die Kunst nachzudenken; er vermochte es wohl auch gar nicht.

Trotzdem ist es möglich und berechtigt, aus vielen, manchmal sehr verstreuten kunstphilosophischen Aussagen des PLATON und ARISTOTELES zwei grundverschiedene künstlerische Haltungen herauszulesen, die sich zu einer «vorästhetischen»Ästhetik ausgestalten lassen. Bei PLATON ist es allerdings sehr viel schwieriger als bei ARISTOTELES, denn er hat seine Bemerkungen über Kunst und Schönheit mehr wie absichtslos gemacht. (Außerdem ist für seine Äußerungen stets eine ganz zauberhafte Stimmung, eine seelische Atmosphäre kennzeichnend, die durch allzuviele Worte, durch zu scharfe Begriffe leicht zerstört werden kann.) Aber selbst der Logiker und Systematiker ARISTOTELES hat keine Wissenschaft der Kunst verfaßt. Schmerzlich fühlbar macht sich der Verlust vieler seiner Abhandlungen, die sich mit kunsttheoretischen Themen befassen; sie sind nach Berichten antiker Autoren alle verlorengegangen außer einer, nämlich der *Poetik*. Und selbst diese Schrift ist nicht vollständig erhalten. Trotzdem bleibt sie die älteste Schrift ästhetischen Inhalts mit allgemeinen Gedanken zur Kunst.

Drei große Begriffskomplexe kennzeichnen das ästhetische Bemühen der griechischen Antike:

1. kalon   = das Schöne
2. techne   = die Kunst (lateinisch: ars)
3. mimesis = die Nachahmung.

Bei PLATON steht eindeutig das Schöne im Zentrum seiner ästhetischen Überlegungen, während das Interesse des ARISTOTELES sich mehr der Kunst und der Nachahmung zuwendet. Schon darin spiegelt sich, wie im Nachfolgenden aufzuzeigen ist, ein geradezu urphänomenaler Gegensatz.

Doch fangen bereits die Schwierigkeiten bei der Interpretation dieser drei Begriffe (und überhaupt aller antiker Texte zur Kunst) an. Denn dieselben Begriffe, die wir auch heute noch benutzen, bedeuteten den Griechen sehr viel mehr, sie waren reicher und inhaltsgesättigter. Aber sie meinten dazu auch oft etwas wesentlich anderes. Das hat seinen Grund in der erwähnten völlig anders gearteten Bewußtseinssituation des griechischen Menschen, der mit PLATON gerade eben erst aus dem mythischen Dämmerdunkel der Mysterienkultur erwachte und mit ARISTOTELES die ersten tastenden Schritte im taghellen Reich des logischen Denkens und der Sinneswelt versuchte. Denn der Grieche erlebte die Welt der Ideen – wie eine Wahrnehmung von außen – als etwas derart Reales und Objektives, wie wir Heutigen die Sinneswelt sehen und erleben. Es wäre ihm niemals eingefallen, sie als etwas rein Subjektives, als Ausfluß seiner eigenen Seelentätigkeit anzusehen.[30]

PLATON ist nach BAEUMLER für Jahrtausende der Menschheitslehrer der Schönheit geworden, und zwar weder durch Naturbeobachtung noch durch liebevoll-kritische Betrachtung von Kunstwerken; überhaupt nicht in unserem modernen Sinne, wo der Mensch als Subjekt einem Objekt im Erleben und Erkennen distanziert gegenübertritt.[31] Er ist es geworden durch seinen Enthusiasmus für die Schönheit, der eins war mit seinem pädagogischen Eros. Dieser Enthusiasmus ist mehr als bloße Begeisterung, denn er bedeutet genau das, was das griechische Wort – en theos – aussagt, nämlich den Göttern nahe, ja in Gott selbst sein.

In einigen seiner Werke entwirft PLATON die Grundzüge seiner Schönheitsanschauung. Im *Symposion* wird die Schönheit als höchster Wert gefeiert, der in Mysterienuntergründen wurzelt und mit dem Guten gleichgesetzt wird. Zur Schönheit muß sich der Mensch erst sehr langsam hinentwickeln; vom Leiblichen zum Geistigen führt ihre Schau und damit von den unteren zu den oberen Weihen. In der *Politeia* schildert PLATON die Erziehung der Kinder und Jugendlichen durch die Schönheit, weil nur sie den Körper anmutig und den Geist edel machen kann. PLATON meint, wie zweitausend Jahre später wiederum SCHILLER, daß in der Kindheit, wenn der Verstand noch schläft, die ästhetische Erziehung einsetzen muß. Wenn dieser dann erwacht, wird ihm die Schönheit den rechten Weg gewiesen haben. Es gibt deshalb keine Alternative zur ästhetischen Erziehung, da nur sie in die Tiefe der menschlichen Seele dringt. In den *Nomoi* entwickelt PLATON eine Art Ästhetik der kosmischen Ordnung, bei der alles auf das uralt-heilige Maß der Götter und ihren Rhythmus gegründet ist. Der Mensch ist dann den Göttern nahe, wenn er den Rhythmus beherrscht. Im *Ion* gibt PLATON eine spirituelle, von den Göttern abgeleitete Theorie der Dichtung. Im *Philebos* analysiert er weitere ästhetische Erlebnisse und zeigt schließlich im *Hippias maior* die Schwierigkeiten auf, Schönheit überhaupt zu definieren.

Fassen wir PLATONS Schau der Schönheit zusammen: Kosmos und Welt sind nach ewigen Ideen erbaut, von unveränderlichen

Gesetzen regiert, deren Ordnung und Maß vollkommen sind.[32] Jedes Ding ist Teil dieser Ordnung und hat seine ihm zukommende Gestalt. Darin – und nur darin – besteht Schönheit. Der Mensch kann diese himmlische Schönheit erfassen, aber doch nur wie von ferne und getrübt durch seine Sinne. Nur der Mensch hat Sinn für Harmonie und Rhythmus: «Die übrigen Lebewesen hätten keinen Sinn dafür, ob in den Bewegungen jene Ordnung enthalten sei oder nicht, die Rhythmus und Harmonie heißt. Uns aber . . . hätten die Götter die Empfindung für das Rhythmische und Harmonische und die Freude daran mitgegeben» (*Nomoi* 653 e). Als Künstler aber hat der Mensch die Aufgabe, die einzigartige Gestalt, die in jedem Ding – wenn auch oft verborgen – ruht und die seine Schönheit ausmacht, zu entdecken und nachzubilden. Jedes Abweichen von dieser Vollkommenheit der Gestalt ist schon eine Verfehlung.

Die Kunst ist demnach keine Sache individueller Könnerschaft, sondern einzig eine Tatsache der Inspiration durch die Götter oder Musen: «Denn alle guten epischen Dichter geben alle diese ihre schönen Dichtungen nicht als Werke überlegter Kunst von sich, sondern sie tun dies in einem Zustande der Begeisterung und Verzückung . . ., denn diese schönen Dichtungen sind nicht menschlich noch Menschenwerk, sondern göttlich und Götterwerk, und die Dichter sind nichts anderes als Dolmetscher der Götter, jeder im Banne dessen, der sich ihn zum Werkzeug erkoren hat» (*Ion* 533 l–534 c). Die Kunst ist also kein Produkt einer menschlichen Entwicklung, sondern Darstellung der göttlichen Ordnung, Abbild des ewigen Urbilds. Darum ist die Tradition der Ägypter, die dieses Urbild am reinsten bewahrten, für PLATON absolut verehrungswürdig. Künstlerische Freiheit, Originalität und schöpferischer Ehrgeiz sind deshalb gänzlich undenkbar, sie erscheinen PLATON als geradezu absurd.

Schönheit ist für PLATON eine ontologische Qualität, somit also das Sich-Offenbaren oder Erstrahlen der Seinsvollkommenheit, der gegenüber subjektive Gefühle ohne jede Bedeutung sind, die sich aber dem hingebenden und entzückten Anschauen des Menschen zuwendet. Noch bis ins frühe Mittelalter besaß diese platonische Anschauung Gültigkeit. Die Schönheit galt hier als Glanz der

Wahrheit, als «Claritas», an dem sich die überirdische Liebe des Eros entzünden konnte. So bezeichnete ABT SUGER VON SAINT-DENIS (1081–1151) die Fassade seiner von 1124 an errichteten Kathedrale als «porta coeli», als Schwelle zum Jenseits. Eine Inschrift ermahnte den Besucher, seinen Geist durch den strahlenden Glanz dieses Werkes erleuchten zu lassen, auf daß er zu dem «wahren Licht» aufsteigen möge, «dessen Tor Christus ist».[33]

Weil die (platonische) Schönheit durch Ebenmaß und Harmonie vollkommen war, konnte die menschliche Seele mit ihr zusammenklingen, und das ergab die platonische «Consonantia». Die Schönheit mochte zugleich sinnlich wie übersinnlich erlebt werden, doch ihr Urbild lag im Übersinnlichen. Christus als Logos, der den Tod überwand, ist der Inbegriff der Schönheit. Durch ihn offenbart sich die Herrlichkeit in Gestalt der Schöpfung. Durch ihn wird die göttliche Vollkommenheit inmitten der unvollkommenen, durch den Sündenfall häßlich gewordenen Welt sichtbar. Die Schönheit ist das Unterpfand und die Vorwegnahme künftiger Vollkommenheit. Die säkularisierte Weiterbildung dieser platonisch-mittelalterlichen Ästhetik findet sich bei HÖLDERLIN, SCHELLING und HEGEL, schließlich sogar noch in einer modernen marxistischen Variante bei ERNST BLOCH.[34]

Aus alledem ergeben sich aber schon für PLATON zwei grundlegende Aufgaben der Kunst: Sie soll erstens stets in Übereinstimmung mit den ewigen Gesetzen der Götter geschaffen werden; zweitens ist sie dadurch, daß sie mit dem Guten identifiziert wird, in der Lage, Kinder und junge Leute zu Menschen zu bilden. Damit jedoch zieht PLATON zugleich die Konsequenzen aus der älteren Philosophie, nämlich aus der Kosmologie des PYTHAGORAS und der Ethik des SOKRATES.

Die Dreigliederungsidee als Kern der Kunstlehre des Aristoteles

ARISTOTELES wurde zum Begründer einer Kunstlehre, die in die Zukunft weist und die ästhetische Diskussion besonders in der

Neuzeit, seit der Renaissance, angeregt hat. Die Schönheitsmetaphysik, wie sie PLATON entwickelte, hat er mehr oder weniger beiseite geschoben. Sie interessierte ihn, «jenen großen Genialen, aber Erzphilister», wie ihn RUDOLF STEINER einmal charakterisierte, nicht.[35] Denn aus seiner nüchterneren, mehr den Erdendingen zugewandten Orientierung hatte er auch kein Verständnis mehr für sie.[36] Vielmehr erforschte er mit systematischem Eifer und logischer Konsequenz das Zustandekommen des Kunstwerks und die Grundbedingungen der Kunst selbst, soweit dies eben in der Antike möglich war. Das künstlerische Schaffen erscheint ihm als eine rein menschliche Tätigkeit, die bestimmte Voraussetzungen erfordert, die aber nicht mehr die göttliche Inspiration als Ursprung hat. Das Kunstwerk unterscheidet sich für ARISTOTELES aber auch schon dadurch von jedem Naturgebilde; es ist etwas ganz Eigenständiges und spezifisch Menschliches – aber eben keine Göttergabe mehr –, weil seinem Dasein ein Entwurf oder ein Bild in der Seele des Schaffenden vorausgeht.

«Kunst und Fertigkeit, etwas mit bewußter, richtiger Überlegung hervorzubringen, sind ein und dasselbe. Alle Kunst hat es zu tun mit dem Werden, mit dem künstlerischen Ausführen und mit der Betrachtung, wie etwas entsteht, was sowohl sein, als auch nicht sein kann und deren Quelle in dem Machenden und nicht in dem Gemachten liegt; denn die Kunst hat es weder mit den Dingen zu tun, die von der Notwendigkeit her sind oder werden, noch mit solchen, die von Natur aus sind oder werden» (*Nikomachische Ethik* 1140 a 9).

Zwei Begriffe spielen in seiner Ästhetik eine wesentliche Rolle: techne(ars) = Kunst, sowie mimesis = Nachahmung. Sie können allerdings in ihrer Bedeutung erst auf dem Hintergrund der aristotelischen Philosophie erkannt werden, die von drei Tätigkeitsformen des Menschen spricht. Diese «Dreigliederungsidee» taucht zwar ebenfalls schon bei PLATON auf, doch erst bei ARISTOTELES erscheint sie scharf umrissen und mit allen Konsequenzen für die Zukunft. Sie ist der Kern und die Mitte jeder wahren und zugleich wirklichkeitsgesättigten Idee der Kunst. Sie begründet die Weltmission und die Eigenständigkeit der Kunst für die Erkenntnis. Geht diese Dreigliederungsidee verloren (und dies begann mit KANT), macht sie also einer simplen Zweidimensionalität Platz, so verliert sie zwangsläufig auch die Mitte und damit das Wesen der Kunst selbst. Dann löst sich die schöpferische Trinität in einen unschöpferischen, weil unfruchtbaren Dualismus auf, dessen beide Pole – Theorie und Praxis – sich heftig befehden müssen, weil sie ohne ausgleichende Mitte unversöhnlich aufeinanderstoßen:

1. theoria   – Betrachten, Forschen
2. poiesis   – Machen, Schaffen, Gestalten
3. praxis   – Handeln, Ausüben, Wirken

Diese dreigegliederte Folge menschlicher Tätigkeitsformen ist auch Ausdruck der drei menschlichen Seelenfähigkeiten, indem die *theoria* dem wachen, bewußten Denken (Homo sapiens) die *poiesis* dem träumenden halbbewußten Fühlen (Homo ludens) und die *praxis* dem schafenden, ganz unbewußten Wollen (Homo faber) entspricht. Diese drei Seelenstufen finden wir auch bei PLATON:

1. logike   – die vernünftige Seele[37]
2. aisthetike – die sinnliche Seele
3. dreptike   – die vegetative Seele

Das künstlerische Schaffen ist also eine menschliche Tätigkeit, die ein Werk hinterläßt, und das unterscheidet sie von den beiden anderen Tätigkeiten. Sie beruht auf mehreren Voraussetzungen: auf dem Können des Künstlers, auf der bewußten Anwendung seiner Mittel, schließlich aber auch auf seinem Wissen darum. Und all dies wird mit dem Begriff *techne* umschrieben.[38] Der Gedanke des Werkes ruht also ursprünglich im Schaffenden selbst. Wohl gibt es in jeder Kunst erlernbare Regeln, aber die Regel aller Regeln ist doch die im Geist des Künstlers empfangene Konzeption. Darum geht alles Schaffen über das rein rationale Kalkül hinaus. In der Kunst gibt es demnach einen lernbaren und lehrbaren Teil und einen solchen, der es nicht ist und nicht sein kann, denn er betrifft die Fähigkeiten und das Können, das der Künstler als geniale Begabung mitbringt. Die Routine dagegen wird von ARISTOTELES streng abgelehnt als ein durch Einübung erworbenes leeres Tun, das unter dem Niveau der *techne* liegt.

Die *techne* ist nicht bloße Wissenschaft und Theorie *vom*

39

Machen, sondern eine solche *des* Machens, die das Schaffen von innen her erleuchtet und sich seinem Ziel unterordnet. Es ist ein Erkennen auf das Werk zu, denn der Schaffensvorgang als solcher soll begriffen werden. Die *techne* liefert dadurch auch die Grundlagen der Kunstkritik, durch die der Kritiker gut und schlecht, gelungen oder mißlungen zu unterscheiden lernt. Sie ist eine dem Schaffenden dienende Kunstwissenschaft und besaß noch bis in die Goethezeit Gültigkeit.

Der Bedeutungspluralismus des Begriffs *techne* umfaßt bei ARISTOTELES dreierlei: 1. das Schaffen selbst, also die Tätigkeit des Künstlers, 2. das Wissen um die Regeln und 3. das fertige Produkt. Im Altertum wurde das Schwergewicht auf das Schaffen gelegt, im Mittelalter dagegen auf das Wissen. So sprach man damals mit Recht vom Gesamtumfang des Wissens als den «Sieben Freien Künsten». In der Neuzeit ist der Begriff der Kunst viel enger gefaßt und meint meist nur noch das fertige Produkt.

In der Gegenwart finden wir bemerkenswerte Versuche, diesen universalen Begriff der *techne* wiederzugewinnen, den Aristoteles noch ganz naiv besaß. So charakterisiert MARTIN HEIDEGGER ganz in diesem aristotelischen Sinne die *techne* der Kunst als ein Hervorbringen. Sie ist für ihn keine praktische Tätigkeit, aber auch nicht die bloße Tätigkeit des Machens. Das Kunstwerk ist demnach das «Hervorbringen eines solchen Seienden, das vordem noch nicht war und nachmals nie mehr werden wird».[39] Für PETER HANDKE ist mit dem Begriff *poiein* nicht nur die Schönheit der Sprache als das altmodische Element gemeint, sondern vor allem das Schöpferische des Herstellens und Schaffens. Deshalb gleicht für ihn das unpoetische Leben der Nichtexistenz, und so plädiert er für die Re-Poetisierung unseres Daseins, «also die Wiederherstellung der Sorge, des Mitgefühls, der Gemeinsamkeit in der Entferntheit mit Hilfe einer Sprache, die, selber ohne Geheimnistuerei, auf dem Geheimnis der Wesen beharrt, gegen den mechanistischen Herrschaftsapparat der sie zu Tode definierenden Schreibtischtäter».[40] Und in seiner Büchner-Preisrede von 1973 betonte HANDKE «das hoffnungsbestimmte poetische Denken, das die Welt immer wieder neu anfangen läßt, die ich in meiner Verstocktheit schon für versiegelt hielt . . ».[41]

40

Die *mimesis* ist bei ARISTOTELES nicht mit neuzeitlichen Maßstäben meßbar und meint niemals das bloße sklavische Kopieren einer äußeren Wirklichkeit im Sinne des Naturalismus, sondern einen Begriff voller Sinnfülle, der eine innere Notwendigkeit bezeichnet. Ursprünglich, das heißt im Zusammenhang mit den Mysterien, bedeutet *mimesis* sogar einen heiligen Vorgang, einen inneren Zustand, nämlich: in der Weise des Mimus oder Tanzes darstellen oder wiedergeben. Bei ARISTOTELES soll sich der bildsame Geist des Dichters gleichsam in die von ihm dargestellten Charaktere verwandeln. Daher ist der Gegenstand künstlerischer *mimesis* die Wesensmöglichkeit, nicht aber das Faktische, und er bedingt somit eine schöpferische Einstellung des Künstlers.

Die Aufgabe der antiken Tragödie, damit aber zugleich die Aufgabe der Kunst schlechthin, besteht – nach der berühmten Stelle aus der *Poetik* (1449 b 24) – in der *Katharsis* des Zuschauers oder Betrachters, in einer Art seelischen Reinigung. Das bedeutet, daß durch die Erregung von Furcht und Mitleid in der künstlerischen Darbietung eine Reinigung der Gefühle erzeugt werden soll, und die Kunst damit eine therapeutische Mission besitzt. Dies geht ebenfalls auf die Mysterientradition zurück und stammt aus den kultischen Riten und der Medizin der Orphiker und Pythagoräer, die die Seelenreinigung durch Musik erreichten.

Zusammenfassender Vergleich

PLATON und ARISTOTELES stehen mit ihren so gegensätzlichen Philosophien am Übergang zweier Zeitalter, die auch einen Bewußtseinsumbruch bezeichnen. PLATONS Denken ist rückwärts gewandt und himmelwärts gerichtet; es trauert voller Sehnsucht einer Zeit nach, in der aus der Mysterienkultur heraus noch ein ungetrübtes Schauen der Urbilder möglich war. Es ist die Zeit der ägyptisch-babylonischen Kulturepoche, die Zeit der Empfindungsseele. In seiner Ästhetik ist PLATON ergriffen von der Erhabenheit des ewigen, unwandelbaren Seins. Darum nimmt er sich die ägyptische Kultur zum Vorbild (die dem Griechen allerdings unerreichbar scheint), darum entwickelt er eine enthusiastische Schönheitsmetaphysik von einzigartiger Höhe. Alles Schöpfertum erscheint ihm als ein göttlicher Anruf, dem der Mensch nur wie entrückt Folge leisten kann. Das künstlerische Schaffen wird damit zum Inkarnationsvorgang: Die Idee des Schönen senkt sich von oben liebevoll in die Sinneswelt herab und verkörpert sich in ihr, um sie mit ihrem Glanz zu erleuchten.

Das Denken des ARISTOTELES dagegen ist vorwärts gewandt, auf die Erde gerichtet. Es führt kraftvoll die Zeit der Gegenwart, ja der Zukunft herauf, in der der Mensch als eigenständiges, individuelles Wesen die Erde selbst ergreift und in Freiheit gestaltet, ohne auf die Hilfe einer göttlich-geistigen Welt angewiesen zu sein. Es ist die Zeit der Verstandes- und Gemütsseele, die von der Antike bis ins Mittelalter reicht und von dort in die Neuzeit der Bewußtseinsseele hineinführt. Aristoteles geht es deshalb nicht mehr um die Schönheit, sondern um die Kunst des Menschen, die ein bewußtes Gestalten der Materie ist, ein Hervorbringen durch die Möglichkeiten des schöpferisch gewordenen Menschen. Lag für PLATONS Schönheitsidee das Hauptgewicht auf dem Künden, dem Inspiriertsein durch die Götter oder Musen, so ist für den Kunstbegriff des ARISTOTELES das Können das Entscheidende. Kunst ist auf das Werden gerichtet und somit stets ein Vorgang der Transsubstantiation: die Sinneswelt, die harte und dunkle Erdenmaterie wird durch das Schaffen des Künstlers von unten nach oben durchgestaltet, durchlichtet und vergeistigt.

Wie die Schönheitsidee PLATONS auf die *Liebe* als das höchste Ziel hinorientiert ist, so ruht verborgen im Schoß der Kunstlehre des ARISTOTELES die Idee der *Freiheit*, die einst die Krönung der Kunst bedeuten wird. Beides aber wurde erst möglich durch das Christentum, konnte nach nahezu zweitausend Jahren christlicher Entwicklung überhaupt erstmals gedacht werden.

Fassen wir zusammen, so ergibt sich folgende Gliederung:

Platon	*Aristoteles*
Vergangenheit	Gegenwart und Zukunft
ägypt.-babylonische Epoche	Griechentum bis Neuzeit
Empfindungsseele	Verstandes- und Gemütsseele bis Bewußtseinsseele
Schönheitsmetaphysik	Kunstlehre
Inkarnation der Idee	Transsubstantiation der Materie
Inspiration	menschliches Machen
unbewußtes Ergriffensein	bewußtes Gestalten
Kunst als Künden	Kunst als Können
Keim zur Liebe	Keim zur Freiheit

Vom Aufstieg und Absturz der Ästhetik

> Herder und Schiller sollten Wundärzte
> werden, aber das Schicksal sprach: Es
> gibt tiefere Schäden und Leiden als die
> des Leibes; heilt solche! Und beide
> schrieben.
>
> *Jean Paul*[42]

Die Kunst ist etwas Universales. Niemals kann sie eingeschränkt werden auf einen bloß subjektiven Selbstzweck, denn sie ist eine Art Urtätigkeit des menschlichen Geistes, der die Welt zu wandeln und zu heilen vermag. Darum interessieren uns am Kunstwerk nicht nur bloße Stilfragen und Formprobleme. Es war auch der große Vorzug der klassischen deutschen Ästhetik von HERDER bis HEGEL, daß sie stets die Weltmission der Schönheit im Auge behielt und gleichzeitig immer auf das Leben selbst bezogen, also praxisorientiert blieb, weil sie aus der unmittelbaren Begegnung mit der Kunst ihrer Zeit erwachsen war. Das macht ihre bewundernswerte Lebendigkeit und ihren enthusiasmierenden Zauber aus, die für uns auch dort nichts von ihrer Kraft einbüßen, wo wir ihren Gedanken nicht mehr folgen können, weil wir heute zu anderen Erkenntnissen gekommen sind. Die Sterilität und Nichtlesbarkeit der Kant-Ästhetik und ihrer Nachfolge hat ihren Grund darin, daß diese beiden Voraussetzungen nicht mehr gegeben sind, daß sie oftmals sogar geleugnet werden. Freiheit und Liebe als Krönung der Kunst konnte oder wollte KANT nicht mehr erfassen: Der Tod der Ästhetik wurde damit unausweichlich.

Von Baumgarten bis Kant

Die Selbständigkeit der Kunst als eines eigenständigen Reiches zwischen dem der ungeistigen Sinnlichkeit und der unsinnlichen Geistigkeit ergibt sich erst aus der Dreigliedrigkeit des menschlichen

Seelenvermögens: Zwischen das praktische Wollen und das theoretische Denken stellen sich das künstlerische Vermögen und Empfinden, das Fühlen und die Phantasie. Das hatte zwar schon ARISTOTELES erkannt; es war aber zunächst für die philosophische Diskussion im Mittelalter, in der Renaissance und im Barock wieder vergessen worden. Hier sprach man nur von den zwei Möglichkeiten des Erkennens und Wollens, und zwar in Verbindung mit der Theologie als von dem Gegensatz der theoretischen *vita contemplativa* und der rein praktischen *vita activa*. Die Kunst in diesem Sinne sah man, namentlich seit der Renaissance, als bloße Nachahmung der Natur an, denn die Natur galt als das einzig Wirkliche. Die Kunst wurde dabei dem Verstand zugeordnet, damit war sie zugleich erlernbar. Um aber richtig nachahmen zu können, mußte der Künstler klare Regeln anwenden, die fertigen Kunstwerken entnommen waren, in späterer Zeit vor allem der französischen Klassik. Diese verstandesmäßige Regelhaftigkeit ist der durchgehende Grundzug des 18. Jahrhunderts in der Ästhetik, wie er sich bei JOHANN CHRISTOPH GOTTSCHED (1700–1766) zeigt.[43]

Dagegen revoltierte nun gewaltig das lange unterdrückte Gefühlsleben. Es rief im Abendland nach 1750 das Zeitalter des Sturm und Drang, die Epoche der Empfindsamkeit herauf, die das absolutistische Barock durch das verstärkte Auftreten des Bürgertums ablöste. Es brach sich die Überzeugung Bahn, daß durch die freie Entfaltung und Beherrschung der sinnlichen und der Gefühlswelt die Natur des Menschen in ihrer Totalität überhaupt erst hergestellt werden kann, daß sich also das Problem der Kunst unmittelbar mit dem der Humanität zusammenschließt. Denn alle humane Bildung vollzieht sich weder im theoretischen noch im praktischen, sondern einzig und allein in dem mittleren, dem ästhetischen Bereich.

Damit aber war die Ästhetik als selbständige Lehre der Kunst und der Erkenntnis des Schönen geboren. Sie konnte historisch erst in dem Augenblick entstehen, als das Gefühl sich emanzipierte. So sprach noch CHRISTIAN WOLFF (1679–1754) in der Leibniz-Nachfolge von zwei Erkenntnisvermögen: Der Verstand als oberes Vermögen erkennt das wahre Wesen der Dinge, er kommt zur intensiven Klarheit. Die Sinnlichkeit als unteres Vermögen erfaßt nur die undeutlichen Erscheinungen der Dinge ohne Bewußtsein der Gründe, sie kommt zur extensiven Klarheit, einer unvollkommenen Erkenntnis. Erst WOLFFS Schüler ALEXANDER GOTTLIEB BAUMGAR-TEN (1714–1762) brachte in seiner *Aesthetica* von 1750–1758 die große Umwälzung. Er befreite die Kunst vom Verstand und verwies sie an die Sinnlichkeit; er schuf eine regelrechte Logik der Sinnlich-keit, die es bisher nicht gab, eine Wissenschaft «von der Vollkom-menheit der Empfindung».

Dann folgt GOTTHOLD EPHRAIM LESSING (1729–1781) mit seiner Ästhetik-Schrift *Laokoon oder über die Grenzen von Malerei und Poesie* aus dem Jahre 1766, die erstmals eine Bestimmung der Grenzen der Künste versucht. Die regelhafte Ästhetik des französi-schen Klassizismus kannte nicht nur die Nachahmungstheorie, son-dern setzte unreflektiert die Malerei der Dichtung gleich. Die Male-rei galt ihr als eine stumme Poesie und die Dichtung als eine redende Malerei. LESSING jedoch, dank seiner genialen Fähigkeit zu De-finitionen und gedanklicher Analyse, erkannte als erster den funda-mentalen Unterschied dieser beiden Künste, indem er von den ihnen zugrundeliegenden Sinneserlebnissen ausging. Was der einen Kunstgattung als Beschränkung auferlegt ist, wird bei der anderen zur Freiheit: Die statischen Gegenstände der Malerei müssen vom Dichter in eine Folge von Handlungen aufgelöst werden. In der Malerei finden wir ein Nebeneinander der Körper im Raum, wäh-rend die Poesie Handlungen schildert, also ein Nacheinander in der Zeit.[44] Allerdings wies HERDER in seiner ästhetischen Abhandlung *Plastik* von 1778 nach, wie stark LESSING in seiner Ästhetik noch im klassizistischen Dogma befangen war, und unterschied selbst erst-mals zwischen dem plastischen und malerischen Stil, was LESSING noch nicht vermochte.[45]

Geschichtlich war mit der *Geburt der Ästhetik* als wissenschaftli-cher Disziplin erstmals die große Möglichkeit gegeben, die Eigen-ständigkeit der Kunst als die *wahre Mitte des Menschen*, die seine Freiheit garantiert, sowie die Weltmission der Schönheit, die aus Liebe die Erde retten möchte, zu erkennen und immer mehr heraus-zuarbeiten. Doch kaum war diese Erkenntnismöglichkeit geboren, da wurde sie in wahrhaft tragischer Weise schon wieder grundsätzlich geleugnet und verworfen durch das schneidende «Nein!» des «Alleszermalmers» aus Königsberg, wie seine Zeitgenossen den Philosophen KANT nannten.

IMMANUEL KANT (1724–1804) ist der riesige Fels, an dem sich die Entwicklung des neuzeitlichen Denkens bricht. Er trennt die alte Zeit, in der die Philosophie noch mit der Theologie vereint war, von der Moderne, wo sie, säkular geworden, sich auf ihre eigenen Füße stellen mußte.[46] Drei Fragen hatte sich die Vernunft in KANTS System des kritischen Idealismus zu stellen, und diese drei Fragen gingen wiederum von den drei Seelenvermögen des Aristoteles aus:

1. Was kann der Mensch wissen? Diese Frage beantwortete KANT in seiner *Kritik der reinen Vernunft* von 1781. Hier versuchte er philosophisch jene verhängnisvolle Spaltung zwischen außen und innen, Materie und Geist, Wissen und Glauben, Stoff und Form zu zementieren, die sich erstmals für das abendländische Geistesleben in der mittelalterlichen Scholastik aufgetan hatte. Um für den Glauben Platz zu schaffen, mußte KANT die Erkenntnis in ihre Schranken weisen und auf die Erscheinungswelt begrenzen, während er das ominöse «Ding an sich» für außerhalb der menschlichen Erkenntnismöglichkeiten stehend erklärte.

2. Was soll der Mensch tun? Diese Frage beantwortete er in seiner *Kritik der praktischen Vernunft* von 1788 und interpretierte durch den kategorischen Imperativ das sittliche Handeln derart rigoros als bloße Pflichterfüllung, daß Schiller schaudernd meinte, «dies schrecke die Grazien zurück».

3. Was darf der Mensch hoffen? Dies mittlere Gebiet zwischen Theorie und Praxis behandelte Kant 1790 in seiner *Kritik der Urteilskraft*. Es sind die Fragen der ästhetischen Urteile, des künstlerischen Geschmacks, der natürlichen und ästhetischen Zweckmäßigkeit. Kant definierte das Schöne als etwas, das durch seine mit dem menschlichen Erkenntnisvermögen übereinstimmende Form ein interesseloses, allgemeines und notwendiges Wohlgefallen erregt.

Durch diese blutleere, kalte und abstrakte Formulierung verrät sich der völlig kunstfremde KANT, der aber gerade dadurch SCHIL-

LER herausforderte, seinerseits eine alternative, auf den Menschen gegründete Ästhetik zu entwickeln. Durch sein Gewicht als Denker jedoch führte der Königsberger Philosoph die universale, gerade erst im Entstehen begriffene Erkenntnisfrage der Kunst in eine höchst gefährliche Sackgasse, in der sie eigentlich bis zum heutigen Tage immer noch steckengeblieben ist. Denn KANT sah das Geschmacksurteil als ein «nur» ästhetisches an, nicht aber als ein (logisches) Erkenntnisurteil. Es bringt nämlich «nur» das bloße Wohlgefallen des Subjekts zum Ausdruck, nicht aber eine Eigenschaft des Objekts. Damit aber wurde die Schönheit ihres Sinnes und Inhalts beraubt, der Erkenntnislosigkeit und dem Subjektivismus des modernen Kunstbegriffs aber zugleich Tür und Tor geöffnet. Nach GADAMER stieß KANT damit sogar den Erfahrungsbegriff des Geschmacks und die Tätigkeit der ästhetischen Urteilskraft konsequent aus dem Zentrum der Philosophie heraus.[47] Dies war ein folgenschwerer Schritt; denn KANT gab dadurch gerade das aus der Hand, was die Ästhetik als Kunstwissenschaft methodisch von der immer materialistischer werdenden Naturwissenschaft unterschied und ihr Selbstverständnis überhaupt erst begründete, nämlich den hermeneutischen Begriff der Geisteswissenschaft, wie ihn WILHELM DILTHEY später entwickelte.

RUDOLF STEINER drückt das so aus: «Endlich hat er (nämlich KANT) das Reich des Schönen und der Kunst völlig aus seinem Zusammenhange mit der übrigen Wirklichkeit herausgerissen. Denn die Zweckmäßigkeit, die im Schönen beobachtet wird, hat mit wirklichen Zwecken nichts zu tun. Wie ein schöner Gegenstand in den Weltzusammenhang hineinkommt, das ist gleichgültig. Es genügt, daß er in uns die Vorstellung der Zweckmäßigkeit errege und dadurch unser Wohlgefallen hervorrufe.»[48]

Weil der philiströse KANT zur Kunst auch nicht die geringste Beziehung hatte, konnte er sie nicht als Mitte des Menschen, als Zentrum der Welt empfinden. Deshalb jedoch konnte er mit leichter Hand das Band, durch das sie die sinnliche und ideelle Welt innig umschlungen hielt, für die Erkenntnis entzweireißen. Aus seinen eigenen geistigen Voraussetzungen, nämlich seinem preußisch-protestantischen Puritanismus heraus, mußte KANT drei Dingen grundsätzlich mißtrauen, wie dies deutlich in seinen drei Kritiken zum Ausdruck kommt: einmal der Erkenntnis als solcher, der er ewige, unübersteigbare Grenzen setzte; zum anderen der Sinneserkenntnis, die für ihn niemals schöpferisch war, sondern rein rezeptiv blieb; schließlich aber dem Kunstgenuß selbst. Deshalb konnte für ihn das Unsichtbare, die Idee im Sinnesschein, einfach nicht aufglänzen. Weder Schönheit, die Inkarnation des Geistigen im Sinnlichen, noch Kunst, die Vergeistigung des Sinnlichen war ihm aus diesem Grunde zu begreifen möglich. Und dasselbe gilt für die Beziehung des Betrachters zum Kunstwerk, die aufgrund dieser Erkenntnisohnmacht aus der objektiven Sphäre in eine bloß subjektive gestoßen wurde.

Zwei Denker und Dichter des deutschen Idealismus, HERDER und SCHILLER, empfanden besonders schmerzlich die individuellen wie die sozialen Konsequenzen einer solchen Erkenntnisohnmacht sowohl für die Kunst als auch für den Menschen. Sie erlebten, wie unversöhnlich sich nun Theorie und Praxis gegenüberstehen mußten; sie sahen, weil sie selbst zum Arztberuf vorbestimmt waren, die Heillosigkeit, in die die Kunst nun hineingeriet, da sie als objektive Weltmacht doch als einzige in der Lage ist zu versöhnen, was unversöhnlich war, zu heilen, was bisher unheilbar schien. Dies erkannte auch JEAN PAUL: «HERDER und SCHILLER sollten Wundärzte werden, aber das Schicksal sprach: Es gibt tiefere Schäden und Leiden als die des Leibes; heilt solche! Und beide schrieben.»[49] Und so protestierten sie mit ihren Werken leidenschaftlich gegen den heillosen KANT.

HERDER ging es dabei vor allem um die Einheit von Subjekt und Objekt, um die Anerkennung des Schöpferischen im Menschen, mit der alles in der Kunst – und nicht nur in ihr – steht oder fällt; es ging ihm auch um den strengen Erkenntnischarakter des Schönheitserlebnisses. Er dachte von der Kunst zu hoch, als daß er sie als subjektive Leistung, als willkürlich vom künstlerischen Genie Gesetztes ansehen konnte. Sie galt ihm als Verkörperung der höchsten Objektivität, die der Mensch als eine geistige Gesetzmäßigkeit erkennen konnte. SCHILLER sah zunächst Natur und Geist, Äußeres und Inneres, Sinnliches und Geistiges als Antinomien (wie Kant auch), aber er gab sich nicht damit zufrieden, sondern ersehnte einen höheren Zustand, der die von ihm als so schmerzlich erlebten Gegensätze versöhnen konnte. Und den fand er im ästhetischen Zustand, wo der Mensch ganz bei sich selbst war, wo er Freiheit erlebte.

Herders «Kalligone» und das Wesen des Schöpferischen

KANTS philosophische Tat, die das Wissen aufhob, um für den Glauben Platz zu bekommen, wurde von JOHANN GOTTFRIED HER-DER (1744–1803) viel schärfer durchschaut als von GOETHE und den meisten seiner Zeitgenossen. Dies verwundert nicht, besaß er doch die gleiche sensible Empfänglichkeit und Begeisterungsfähigkeit für alles Große wie sein Königsberger Lehrer JOHANN GEORG HAMANN (1730–1788); er hatte sich auch von Kindheit an ein tiefes Vertrauen zu den Erfahrungen bewahrt, die ihm die Sinne vermittelten. Nur deshalb konnte er sich so leidenschaftlich dem phantasielosen Dualismus KANTS widersetzen. HERDER war ein frühes Originalgenie von ebenso erstaunlicher Vielseitigkeit wie Einheitlichkeit, das seinesgleichen sucht. Trotzdem wurde er bis zum heutigen Tage verkannt, was in NIETZSCHES Fehlurteil gipfelte: er sitze nicht an der Tafel der eigentlich Schaffenden. Doch es geht von seinen Werken eine unermeßlich reiche Befruchtung aus, weil er am Schnittpunkt von Dichtung und Philosophie, Historie und Theologie wirkte. Die allgemeine Kunstgeschichte findet keinen Ähnlichen, meint deshalb KARL MUHS, die Kunstwerke besonders der alten Völker als Zeugnisse ihres Innenlebens zu deuten. Die Ästhetik aber dankt seiner Feinheit und Einfühlungsgabe vieles.[50]

Zwar hatte sich HERDER bereits früh mit ästhetischen Fragen beschäftigt, etwa in den *Kritischen Wäldern* von 1769 und in der Schrift über *Plastik* von 1778. Aber erst eines seiner spätesten Werke, die *Kalligone* aus dem Jahre 1800, entstand als erbitterter Protest gegen KANTS *Kritik der Urteilskraft*.[51] Diese Ästhetik ist im Ton oft heftiger Polemik und persönlicher Gereiztheit geschrieben, die viele Leser, unter ihnen auch GOETHE, abstieß. Aber HERDER spürte nun einmal hellsichtig voraus, welch geistigen Absturz es für die abendländische Menschheit bedeuten würde, wenn KANTS Agnostizismus und seine dualistische Auffassung siegen würde. Und ein größerer Gegensatz als zwischen diesem Dualismus, diesem künstlerischen Nominalismus und dem geisterfüllten Monismus und künstlerischen Realismus HERDERS, der tief übereinstimmt mit GOETHES geistiger Haltung, ist wohl kaum denkbar.

Bereits im Titel wird die entschiedene Wendung gegen KANT betont, denn «Kalligone» bedeutet die Schöngeborene oder das schöne Kind des Himmels. Damit ist das platonische Element der Schönheit angesprochen, das mit dem Guten gleichgesetzt wird. Die Kunst ist für HERDER aus der Schönheit entsprungen, sie ist Gestaltung von Schönem, und der Künstler schafft nach objektiven Gesetzen der Schönheit. Darum ist sie selber objektiver Ausdruck des Seins wie auch der besseren Bestrebungen der Menschheit. Aber nur das menschliche Individuum macht uns das Schöne empfindbar; darum sagt HERDER gegen KANT: «Nichts kann ohne Interesse gefallen, und die Schönheit hat für den Empfindenden gerade das höchste Interesse.»[52]

HERDER will in seiner Schrift «die Lineamente einer künftigen Ästhetik» herausarbeiten, also – im Gegensatz zu KANT – etwas, das es bisher noch nicht gab und dessen Realisierung ihm erst in der Zukunft vollkommen möglich erscheint. Und, ebenfalls im Gegensatz zu KANT, gelangt HERDER durch eine Fülle konkreter Kunsterfahrungen zu seinen grundlegenden ästhetischen Einsichten. Er ist wie GOETHE ein echter Kunstliebhaber, der genau weiß, daß kein anderer Weg zur Einsicht führt als die liebevolle Versenkung in die lebendige Wirkung, die ein Kunstwerk auf den Betrachter oder Zuhörer ausübt. HERDERS Überlegungen kreisen deshalb um einen Kerngedanken: um das *Schöpferische*. Der Künstler als der schöpferisch Tätige wird von HERDER in den Mittelpunkt gerückt; das ist seine entscheidende Leistung, die nicht hoch genug bewertet werden kann.

Das künstlerisch Schöpferische ist kein Vermögen, das neben oder gar unter dem Erkenntnisvermögen steht, sondern es ist selbst in seinem Ursprung Erkenntnis. Es ist die gestaltenbildende Kraft, die Einbildungskraft oder Phantasie. Sie vermag Neues, noch nie Dagewesenes zu schaffen, oder ein Altes, bereits früher Geschaffenes umzuschmelzen, ins Einmalige und Geistige, in ein gültiges Bild zu verwandeln. Diese schöpferische Kraft, die zugleich im Erkennen wirkt, vermag nun künstlerisch zur Wesensform vorzustoßen, zum Licht Gottes. Weil aber ihre Werke gereinigt und befreit sind von den dunklen Schlacken der Erdenmaterie, können sie auch den Menschen befreien.

Jeder Mensch ist im Kern seines Wesens schöpferisch, das heißt einmalig und unwiederholbar – diese heute von JOSEPH BEUYS vertretene Auffassung war bereits HERDERS tiefste Überzeugung. Das Schöpferische ist dem Menschen angeboren und unterscheidet ihn wesentlich vom Tier, das gänzlich unschöpferisch ist. Im Künstler aber erscheint das Schöpferische sogar noch gesteigert. Deshalb kann HERDER sagen: «Das gabenreichste Kunstprodukt der Natur, der Mensch, soll selbst Künstler sein; darauf ist bei ihm alles berechnet. Der Natur Erzeugnisse soll er nicht nur zu seinem Zwecke brauchen, sondern auch, wo diesem Zweck die Natur in den Weg tritt, ihre Hindernisse überwinden, ihre zu weite Bahn für sich beengen, ihren Schritt fördern.»[53]

Kunst und Natur sind deshalb im tiefsten Grunde eine Einheit, doch bedeutet für Herder die Kunst keine abgeleitete Natur, sondern sie steht, mit Eigengesetzlichkeit begabt, neben der Natur, sie ist eine gesteigerte, vermenschlichte, ins Geistige gehobene Natur. Das zeigt sich an der Schönheit, die in der Natur mit eherner Notwendigkeit wirkt, in der Kunst dagegen immer individuell verschieden und mit größter Freiheit auftritt. Aus diesem Grunde kennt HERDER auch keine wesentliche Unterscheidung von Materie und Form, die er KANT immer wieder vorwirft. Die Form erfaßt er ganz im aristotelischen Sinne als Gestalt, als «Wesenheit der Sache selbst», als die innere Wesenheit eines Dinges, die in die äußere Erscheinung tritt. Und Schönheit entsteht jeweils dort, wo eine Möglichkeit in den Zustand ihrer höchsten Verwirklichung eintritt, sei es in der Natur, sei es in der Kunst selbst. HERDER baut seine Ästhetik, wiederum aristotelisch, von unten her, von den Sinnen auf.[54] Hieraus entwikkelt er nun die Keime einer zukunftweisenden, höchst spirituellen Sinneslehre. Was die Sinne geben, ist für HERDER nicht tote Materie; was unser innerer Sinn aufnimmt, ist mehr als bloß Äußeres. Unsere Sinne sind nicht bloße Werkzeuge wie bei den Tieren, sondern Organe des Geistes. Deshalb können wir auch nur über die Totalität unserer Sinne Fertigkeit im Denken erlangen. Die Ästhetik selbst hat es vornehmlich mit drei Sinnen zu tun, nämlich dem Auge, dem Ohr und dem Tastsinn. Jeder von ihnen übt eine charakteristische Anziehungs- oder Abstoßungskraft auf uns aus, worauf wir mit Sympathie oder Antipathie reagieren, je nachdem, ob uns nämlich die (hier nicht physiologisch gedachte) Wirkung förderlich oder gar schädlich anmutet. Das ist das Gesetz der Werdespannung, die Objekt und Subjekt unmittelbar aufeinander bezieht.

Das Auge arbeitet stets simultan, es erfaßt das Neben- und Miteinander der Dinge im Raum mit einem Blick, das «Dasein» nach HERDER. Es ist der Grund der Malerei. Das Ohr nimmt die Welt der Töne auf, des Unsichtbaren, das sukzessive Nacheinander der Dinge in der Zeit, es ist die «Dauer». Dies ist der Grund der Poesie und Musik. Und schließlich erfaßt der Tastsinn, wohl am geheimnisvollsten, das Ineinander der Dinge, eben die «Kraft». Dies ist der Grund der Plastik. Dem sinnlichen Erkenntnisvermögen tritt also die Wirklichkeit des Seins, damit aber auch der Kunst, in drei Bereichen entgegen, die auch im Keim bereits die drei höheren Erkenntnisfähigkeiten enthalten, wie sie RUDOLF STEINER aus der anthroposophischen Geisteswissenschaft entwickelt hat:

Begriff:	Dasein	Dauer	Kraft
Erscheinung:	Raum	Zeit	Wirkendes
Erlebnisform:	Nebeneinander	Nacheinander	Ineinander
Sinn:	Auge	Ohr	Tastsinn
Kunst:	Malerei	Musik, Poesie	Plastik
höhere Erkenntnis:	Imagination	Inspiration	Intuition

In dem Wort «Schönheit» ist das «Scheinen» und das «Schauen» enthalten; denn schön ist das, was erscheint und als erscheinendes

Wesen angeschaut wird. Das Erscheinende ist das Wesen, die Gestalt, bei der es kein Innen oder Außen gibt. Deshalb ist auch das Verhältnis von Aufnehmendem (Betrachter oder Hörer) und Aufgenommenem (Kunstwerk) ein derart inniges und unauflösliches. Und nur deshalb ergibt sich die Möglichkeit, ja die Notwendigkeit, den Menschen durch Kunst zu erziehen und zu bilden. Er ist ein werdendes Wesen, dessen schöpferische Anlagen durch Kunst geweckt und dann geduldig gepflegt werden müssen: «Mit Anlagen kommen wir auf die Welt; ausgebildet werden diese Anlagen nur durch Übung. Unser ganzes Leben ist für uns Gymnasium; was aus uns werden soll, muß in uns durch Übung werden. Je edlere wir in uns erwecken, je zu einem besseren Zweck, in je besserer Leichtigkeit, Sicherheit und Kunst wir sie zu diesem Zweck üben und ausbilden, desto bessere Menschen sind wir.»[55]

Weil HERDER der große Entdecker des Schöpferischen war, konnte er auch das Wesen der Geschichte erfassen.[56] Bildende Kunst und Dichtung ist für ihn gleichermaßen geschichtlich bedingt wie ursprünglich. An der Geschichte hat er kein Gelehrteninteresse, sondern er sieht sie ganz von der Gegenwart und Zukunft her. Für ihn ist Geschichte nicht das systematische Nachzeichnen eines abstrakten göttlichen Planes, sondern das Vernehmen einer unendlichen Melodie. In der Geschichte ist der Mensch zunächst noch gar nicht eigentlich vorhanden, er wird überhaupt erst. HERDER will sich deshalb von der großen Vergangenheit zu eigenen schöpferischen Taten begeistern lassen. Ein historisches Fortleben ist für ihn nur dann wirklich sinnvoll, wenn es das Schöpferische im eigenen Inneren weckt und antreibt. Deshalb eben schließt HERDER so viele literarische Zeugnisse vergangener Zeiten und Völker auf – wegen der zukünftigen Perspektiven und um den kommenden Künstler herbeizurufen.

In seiner Ästhetikschrift *Kalligone* beschwört HERDER die Kunst als die große Heilerin des Risses, der schmerzhaft durch die ganze Welt und mitten durch den Menschen geht. Sie ist die dritte Kraft, die die beiden einander feindlich gesinnten und auseinanderstrebenden Pole wieder versöhnt und friedlich vereint, weil sie den verhängnisvollen Dualismus zur Trinität erhöht und dadurch befreit:

«Kunst kommt von Können oder Kennen her, vielleicht von beiden, wenigstens muß sie beides in gehörigem Grad verbinden. Wer kennt, ohne zu können, ist ein Theorist, dem man in Sachen des Könnens kaum trauet; wer kann, ohne zu kennen, ist ein bloßer Praktiker oder Handwerker; der echte Künstler verbindet beides.»[57]

RUDOLF STEINER betrachtet GOETHE – zu dessen Geistesverwandten wir auch HERDER zählen müssen – und KANT als zwei Antipoden in der Zeit um 1800.[58] GOETHE sieht Mensch und Welt als lebendige, spannungsreiche Einheit an, die zu immerwährender Entwicklung fähig ist. KANT dagegen kann sie nur als starre, unversöhnliche und entwicklungslose Gegensätze erkennen. Im 19. Jahrhundert siegte jedoch geistig nicht der spirituelle, wirklichkeitsgemäße Monismus GOETHES, sondern der trockene, unschöpferische Dualismus KANTS. Aus diesem Grunde mußte auch HERDERS Ästhetik bis heute weitgehend unbeachtet bleiben, und sie zählt tragischerweise zu den zahllosen Zeugnissen des verschütteten Schrifttums des frühen Goetheanismus.

Unter den wenigen Denkern und Dichtern der nachfolgenden Generation, die HERDER noch verstanden, ist an erster Stelle JEAN PAUL (1763–1825) zu nennen, der auch entschieden in den literarischen Streit HERDERS mit KANT eingriff. So ist es kein Wunder, daß HERDER geistig Pate gestanden hat bei JEAN PAULS bedeutsamer *Vorschule der Ästhetik* von 1804. Auf HERDERS Einfluß deutet bereits das Inhaltsverzeichnis der letzten Vorlesung der Vorschule, das nur aus drei Stichworten besteht: «Höchstes Ziel der Dichtkunst – Herder – Ende.» Auch in seiner Erziehlehre *Levana* von 1807 sieht JEAN PAUL ganz im Herderschen Sinne an erster Stelle die Ausbildung des Schönheitssinnes.[59]

Schiller: Durch Schönheit zur Freiheit

Die Frage nach Wesen und Sinn von Kunst und Schönheit war um 1800 gestellt, sie bewegte die edelsten Geister dieser Zeit. Zwar hatte KANT, kaum daß der Blick der Erkenntnis erstmals in diese

paradiesische Landschaft fiel, mit seinem Agnostizismus wieder
scheinbar unübersteigbar hohe Mauern um sie herum errichtet,
doch gaben sich viele Geister dieser Zeit nicht damit zufrieden,
sondern versuchten unermüdlich, diese Mauern zu erklimmen, oder
gar sie zum Einsturz zu bringen.

Einer von ihnen, der eine tiefe Bresche in das agnostische Mauer-
werk schlug, war FRIEDRICH SCHILLER. Mit HERDER verbindet ihn
nicht nur sein leidenschaftlicher Protest gegen KANT, sondern auch
das gleiche historische Denken, das ganz prometheisch und
zukunftsgerichtet war. Vor allem aber verbindet ihn mit HERDER
das pädagogische und soziale Engagement seiner Ästhetik. Er, den
NOVALIS deshalb zu Recht den Erzieher des künftigen Jahrhunderts
nennt, sieht den Sinn von Kunst und Schönheit darin, den Menschen zur Freiheit und damit zu seinem eigentlichen Wesen zu
erziehen.[60]

1795 schrieb Schiller 27 Briefe, die er unter dem Titel *Über die
ästhetische Erziehung des Menschen* zusammenfaßte. Sie waren an
den PRINZEN FRIEDRICH CHRISTIAN VON HOLSTEIN-AUGUSTENBURG
gerichtet, aus Dankbarkeit für ein Stipendium, das ihn aus bitterster
materieller Not erlöste. Die Idee der Weltmission der Kunst wird in
diesen Briefen gedanklich auf eine bisher ungeahnte Höhe emporge-
hoben. Der Ausgangspunkt seiner Problemstellung ist heute noch
genauso aktuell wie damals, denn SCHILLER fragt: Ist es nicht
gegenwärtig anachronistisch, ja lebensfremd, sich mit Fragen der
Kunst überhaupt ernsthaft zu befassen? Denn alles blickt doch wie
gebannt auf Frankreich, wo die umwälzenden politischen Ereignisse
mit ihren uns alle betreffenden Konsequenzen seit der Revolution
von 1789 begannen! Unter der Wucht dieser Lebensrealitäten spiele
doch die Kunst keine Rolle mehr, habe sie nichts mehr zu suchen.
Das jedenfalls sei die unumstößliche Meinung der sogenannten
Lebenspraktiker, die nun überall den Ton angeben.

Aber SCHILLER möchte als Zeitgenosse und als moderner Ästhetiker nach dem Bedürfnis wie dem Geschmack seines Zeitalters fragen. Er kommt jedoch dabei zu dem ihn trübe stimmenden Ergebnis, daß sich der Zeitgeist immer stärker vom wahren Wesen der
Kunst entfernt. Denn die Kunst, eigentlich die wahre Tochter der

Freiheit, wird nur noch von der «Notdurft der Materie» bestimmt. Der Nutzen triumphiert als das große Idol der Zeit allerorten, und so hat ihre «grobe Waage» kein Gewicht mehr für die Kunst. Auch die Wissenschaft erweitert immer mehr ihre Grenzen, so daß das Reich der Kunst von zwei Seiten her ständig mehr zusammengedrückt und schließlich ganz negiert wird.

Dann aber entwickelt SCHILLER seinen Kerngedanken, daß gerade die Schönheit die Grundlage aller künftigen Verhältnisse im sozialen Bereich sein müsse und damit auch jeder Erziehung. Denn wenn die Freiheit das höchste Ideal des Menschen darstellt und jenen Zustand bezeichnet, wo er zugleich sein wahres Wesen verwirklicht und deshalb sozial zu handeln in der Lage ist, dann ist es ebenso richtig, daß die Schönheit der Freiheit vorangehen muß. Weil sie selbst nämlich eine innige Tochter der Freiheit ist, kann sie zugleich dem Menschen eine Führerin zur Freiheit werden. Denn die Schönheit und der ästhetische Zustand nehmen schon jetzt und hier eine Vollkommenheit vorweg, den das Leben selbst erst in ferner Zukunft realisieren kann. Um auch die banalsten politischen Probleme des Alltags zu lösen, müsse man den Weg durch das ästhetische Gebiet nehmen, «weil es die Schönheit ist, durch welche man zu der Freiheit wandert» (2. Brief). Diese Gedanken sind natürlich dem Geschmack der eigenen Zeit fremd, nicht aber ihrem eigentlichen Bedürfnis.

Es geht also SCHILLER nicht in erster Linie um eine politische Frage, sondern um die viel tiefere: Wie findet der Mensch in seiner eigenen Brust Freiheit? Es ist damit, wie RUDOLF STEINER des öfteren betont, ein Lebensrätsel ausgesprochen, das sich SCHILLER immer wieder neu vor die Seele stellte.[61] Denn im gewöhnlichen Leben sieht sich der Mensch als ein unfreier. Er steht auf der einen Seite der sinnlichen Natur gegenüber, wo ihn der Stofftrieb ebenso unfrei macht, wie auf der anderen Seite die logische Notwendigkeit der Vernunft, der Formtrieb. Aber der Mensch will sich mit diesen Zwängen nicht abfinden, und so sehnt er sich nach einem dritten höheren Zustand, der das Unversöhnliche versöhnt, und ihm dadurch Freiheit schenkt.

Diese Freiheit findet SCHILLER im Zustand des ästhetischen

Schaffens und Genießens. Hier kann das Gedankenleben sich so verwandeln, daß es keinem logischen Zwang mehr unterliegt, sondern frohen Herzens dem Geschmack und der Neigung folgt, wo es aber auch frei ist von der sinnlichen Nötigung. Die Schönheit kann darum die große Versöhnerin sein, weil sie die wahre Mitte der menschlichen Existenz darstellt: «Durch die Schönheit wird der sinnliche Mensch zur Form und zum Denken geleitet; durch die Schönheit wird der geistige Mensch zur Materie zurückgeführt und der Sinnenwelt wiedergegeben.» (18. Brief)

Im 22. Brief entwickelt dann SCHILLER den «Probierstein der wahren ästhetischen Güte», nämlich die echten Kriterien der Schönheit, die ein Kunstwerk ausmachen und die die Mittlerfunktion der Schönheit und die Weltmission der Kunst noch tiefer begründen. Alles, was unseren Sinnen schmeichelt, öffnet unser weiches und bewegliches Gemüt, verwöhnt und verweichlicht uns aber auch. Alles dagegen, was unsere Denkkräfte anspannt und zu abgezogenen Begriffen verleitet, macht uns in demselben Maße unempfänglicher, wie es unsere Selbsttätigkeit stärkt. Verweichlichung und Verhärtung sind die Folgen, die beide schließlich zur Erschöpfung führen müssen, «weil der Stoff nicht lange der bildenden Kraft, weil die Kraft nicht lange des bildsamen Stoffes entraten kann». In dem Augenblick aber, wo wir uns dem Genuß echter Kunst und Schönheit hingeben, sind wir Meister unserer leidenden und tätigen Kräfte, «und mit gleicher Leichtigkeit werden wir uns zum Ernst und zum Spiele, zur Ruhe und zur Bewegung, zur Nachgiebigkeit und zum Widerstand, zum abstrakten Denken und zur Anschauung wenden».

Im ästhetischen Zustand sind wir also frei, deshalb kann SCHILLER auch sagen: «Diese hohe Gleichmütigkeit und Freiheit des Geistes, mit Kraft und Rüstigkeit verbunden, ist die Stimmung, in der uns ein echtes Kunstwerk entlassen soll, und es gibt keinen sicherern Probierstein der wahren ästhetischen Güte.» Finden wir diesen Zustand der Mitte und der Freiheit nicht, so ist dies ein untrüglicher Beweis dafür, daß wir keinerlei ästhetische Wirkung erfahren haben, sei es, daß es am Gegenstand, sei es, daß es an uns selber, sei es, daß es an beiden zugleich gelegen hat.

Darum kann SCHILLER schließlich im letzten, im 27. Brief begeistert ausrufen: «Mitten in dem furchtbaren Reich der Kräfte und mitten in dem heiligen Reich der Gesetze baut der ästhetische Bildungstrieb unvermerkt an einem dritten, fröhlichen Reiche des Spiels und des Scheins, worin er dem Menschen die Fesseln aller Verhältnisse abnimmt und ihn von allem, was Zwang heißt, sowohl im Physischen als im Moralischen entbindet.» So ist auch der «ästhetische Staat» das Ziel aller Politik, denn er überwindet sowohl die Einseitigkeiten einer ins Chaos führenden Anarchie, als auch die starren, toten Zwänge einer Diktatur. Die Schönheit allein bringt Harmonie in die Gesellschaft, weil sie Harmonie im Individuum stiftet: «Schönheit allein beglückt alle Welt und jedes Wesen vergißt seine Schranken, solang es ihren Zauber erfährt.» Freiheit und Liebe sind deshalb die höchsten Ziele des ästhetischen Zustandes.

In dem berühmten Vorwort zu seinem Trauerspiel *Die Braut von Messina* führt SCHILLER diesen Gedanken noch weiter aus und konkretisiert ihn.[62] Die wahre Kunst will stets etwas Reales und Objektives, sie kann sich nicht mit dem bloßen Schein begnügen, sie hat es nicht auf ein vorübergehendes Spiel abgesehen: «Es ist ihr ernst damit, den Menschen nicht bloß in einen augenblicklichen Traum von Freiheit zu versetzen, sondern ihn wirklich und in der Tat frei zu machen.»

SCHILLER ist, das zeigen seine *Briefe*, ein utopischer Denker, wenn wir unter Utopie nichts Illusionäres verstehen. Das utopische Denken ist eine spezifisch christliche Fähigkeit, Vergangenes und Gegenwärtiges auf die Zukunft hin, von der Zukunft her zu sehen. Es ist ein eschatologisch-endzeitliches Denken, wie es dann später bei SOLOWJEW deutlich wird.[63] Dies entwickelt SCHILLER überzeugend weiter in seiner anderen grundsätzlichen ästhetischen Abhandlung *Über naive und sentimentalische Dichtung*.[64] Sie entstand auch um 1795, in jener bedeutsamen Zeit, die die schicksalshafte Begegnung und Verständigung mit GOETHE brachte. Diese Schrift ist vielleicht noch konkreter und aktueller, ihre profunde Zeit- und Kulturkritik vermögen wir erst heute in ihrem wahren Licht zu sehen.[65]

Dieser urphänomenale Gegensatz von «naiv» und «sentimentalisch» wird für SCHILLER zum Fundament des historischen Verstehens von Kunst, zu einer Theorie und Geschichte der Literatur im Zeichen der Utopie.[66] Der Kerngedanke lautet: Wie ist im Angesicht einer vergangenen Vollkommenheit ein Neues, Besseres möglich? Ähnlich wie HERDER fühlt sich auch SCHILLER von der Größe und Einfachheit der Vergangenheit, der naiven Natur aufgerufen, selbst schöpferisch zu werden. Aufgabe ist es, diese vergangene Größe aus dem Idealen bewußt und geistgeboren neu zu schaffen. Das ist aber nicht mehr naiv, sondern nur noch sentimentalisch möglich.

Das Naive ist aller Anfang und Ziel, dazwischen liegt die Geschichte. Die Griechen konnten und durften naiv sein, aber das Naive nicht empfinden: «Der Dichter, sagte ich, ist entweder Natur, oder er wird sie *suchen*. Jenes macht den naiven, dieses den sentimentalischen Dichter.» Und: «Solange der Mensch noch reine, es versteht sich, nicht rohe Natur ist, wirkt er als ungeteilte sinnliche Einheit und als ein harmonierendes Ganzes. Sinne und Vernunft, empfangendes und selbsttätiges Vermögen, haben sich in ihrem Geschäft noch nicht getrennt, viel weniger stehen sie im Widerspruch miteinander. Seine Empfindungen sind noch nicht das formlose Spiel des Zufalls, seine Gedanken nicht das gehaltlose Spiel der Vorstellungskraft; aus dem Gesetz der *Notwendigkeit* gehen jene, aus der *Wirklichkeit* gehen diese hervor. Ist der Mensch in den Stand der Kultur getreten und hat die Kunst Hand an ihn gelegt, so ist jene *sinnliche* Harmonie in ihm aufgehoben, und er kann nur noch als *moralische* Einheit strebend sich äußern.»[67] Damit ist ein Dreierschritt in der Entwicklung angedeutet, wie ihn später HEGEL klar herausgearbeitet hat: Die Natur macht den Menschen mit sich eins, die Kultur und Kunst aber trennen und entzweien ihn, während er durch das Ideal zur verlorenen Einheit zurückkehren kann.

SCHILLER entwickelt jene Urpolarität von naiv und sentimentalisch bis in alle Einzelheiten, so daß wir sie überall in der Kunst und ihren Gattungen, in allen Zeiten, bei allen Völkern wiederfinden können. In verschiedener Weise läßt sie sich als Polarität von klassisch und romantisch, von apollinisch und dionysisch kennzeichnen. Fassen wir sie zusammen, so kommen wir zu folgender Gliederung:

Naiv	Sentimentalisch
realistisch	idealistisch
klassisch	romantisch
Natur in ihrer Fülle	Gedanke in seiner Freiheit
Begrenzung: Plastik	Grenzenlosigkeit: Musik
Gegebenes	zu Erstrebendes
Freude am Irdischen	Schaffen für die Ewigkeit
will beglücken	will veredeln
empirisch	intuitiv
Vergangenheit	Zukunft
Arkadien	Elysium

Die wichtigste sentimentalische Dichtart, die eigentlich utopische, ist für SCHILLER die idyllische. Sie ist die «poetische Darstellung unschuldiger und glücklicher Menschheit», eine vorbürgerliche Hirtenvision der Menschheit von ihrem Urzustand. Aber sie ist nicht nur naiv, sondern auch wiederum letztes Ziel der Menschheit. Denn wir können nicht mehr ins alte Arkadien zurück, sondern müssen vorwärtsschreiten ins zukünftige Elysium. Und so wendet gerade die Idylle ja die Vergangenheit in die Zukunft, und dies ist das Ideal der Schönheit, angewandt aufs Leben. Denn in das Leben einzugreifen, es zu verwandeln, ist die wahre Aufgabe der Kunst.

Wieder einmal hat mit SCHILLER ein Ästhetiker des deutschen Idealismus die Weltmission der Kunst, die in der Freiheit und Liebe kulminiert, dadurch begründen können, daß er ihre Eigenständigkeit als ein drittes Reich neben dem Sinnen- und Ideenreich erkannte; daß die Kunst den Dualismus der *vita contemplativa* und der *vita activa* überwindet, indem er ihn versöhnt: Aus dem Dualismus wird eine Trinität. Hier hätte man nach RUDOLF STEINER weiterbauen sollen: «Statt dessen tritt SCHELLING mit einer vollständig verfehlten Grundansicht auf den Plan, aus dem die deutsche Ästhetik nicht wieder herausgekommen ist.»[68] Das Kunstwerk sei nicht um seiner selbst willen da, sondern weil es die Idee der Schönheit abbildet, meint SCHELLING; auch HEGEL ist in diesem Punkt nicht wesentlich über ihn hinausgekommen, denn auch er vereinseitigt die Kunsterkenntnis derart gravierend, indem er alles Gewicht auf die Seite der Idee verlagerte, das Gleichgewicht der ästhetischen Waage dadurch aber nicht nur verschob, sondern geradezu aufhob. So mußte mit Notwendigkeit das Wesen der Kunst vorerst wieder für die Erkenntnis vollständig verlorengehen.

Hegel: Die Resignation der grau malenden Philosophie

Kunst und Philosophie sind beide bei GEORG WILHELM FRIEDRICH HEGEL (1770–1831) aus der Sphäre höchster Lebendigkeit herausgetreten. Die denkende Betrachtung beschäftigt sich nicht mehr prometheisch mit dem Werdenden, sondern nur noch epimetheisch mit dem Gewordenen. Nicht nach der eigenen schöpferischen Tat wird gefragt, sondern es gilt nur noch, alles Vergangene zu registrieren und ehrfürchtig zu bewahren. Denn HEGEL ist «eine herbstliche Natur, weiß sich als Führer in die Vergangenheit. Leben in der Gegenwart ist nur noch ein der Wissenschaft geweihtes, ist Aufschlüsselung der Weltgeschichte».[69] Mit HEGEL geht gleichsam die Weltgeschichte zu Ende; es bleibt für den denkenden Menschen deshalb nur eine einzige Aufgabe, nämlich die Weltgeschichte zu begreifen. Europa ist, nach HEGEL, das Ende der Weltgeschichte, so wie Asien ihr Anfang war.

Aus dem enthusiastischen Jugendalter ist die Menschheit nun, so glaubt HEGEL, in das Greisenalter eingetreten. Die Sonne des Geistes hat sich geneigt, sie wirft lange und immer längere Schatten; die Dämmerung bricht an, und tiefe Resignation bemächtigt sich des Philosophen. Er selbst hat dies im Vorwort seiner *Grundlinien der Philosophie des Rechts* charakterisiert: «Um noch über das *Belehren*, wie die Welt sein soll, ein Wort zu sagen, so kommt dazu ohnehin die Philosophie immer zu spät. Als der *Gedanke* der Welt erscheint sie immer erst in der Zeit, nachdem die Wirklichkeit ihren Bildungsprozeß vollendet und sich fertig gemacht hat . . . Wenn die Philosophie ihr Grau in Grau malt, dann ist eine Gestalt des Lebens alt geworden, und mit Grau in Grau läßt sie sich nicht verjüngen, sondern nur erkennen; die Eule der Minerva beginnt erst mit der einbrechenden Dämmerung ihren Flug.»[70]

Das gilt auch für die Kunst, mit der sich HEGEL philosophisch seit dem Jahre 1818 öffentlich auseinanderzusetzen begann, als er erstmals in Heidelberg ein Kolleg über Ästhetik vorträgt, das er später mehrfach wiederholt. Seine Vorlesungen über Ästhetik[71] bedeuten die Vollendung der klassischen deutschen Kunstphilosophie und gleichzeitig ihre Übersteigerung ins einseitige Idealistische. HEGEL ist kein Bahnbrecher mehr wie BAUMGARTEN, kein utopischer Denker wie SCHILLER, kein Verteidiger des Schöpferischen wie HERDER, sondern er betont erstmals mit äußerster gedanklicher Schärfe den reinen Vergangenheitscharakter der Kunst. Das wird später, ohne daß er es ahnen oder wollen konnte, genau in dem Maße weitreichende Konsequenzen haben, wie sein absoluter Idealismus von seinem Schüler KARL MARX in den absoluten Materialismus verkehrt wird.

Doch zunächst scheint für HEGEL die negative Charakterisierung der Kunst – als einer rein der Vergangenheit angehörenden Tatsache – die Grundvoraussetzung dafür zu sein, Gegenstand der Wissenschaft zu werden. Weil die Kunst aus dem Leben selbst herausgetreten ist, kann sie für das reflektierende Denken frei werden. HEGEL ist also mit seinem Bewußtsein vollständig über die Kunst hinaus. Und wie er die Geschichte in seinem Zeitalter zu Ende gehen sieht, aber sie glorifiziert durch das absolute und bewußte Wissen in den einzelnen historischen Wissenschaften, die nun nach und nach entstehen, so beginnt auch mit HEGEL die Genesis des modernen kunstgeschichtlichen Denkens. Parallel dazu finden wir in der Kunst die Stilbewegung des Historismus.[72]

HEGEL selbst spricht diese geistesgeschichtliche Tatsache in seiner *Ästhetik* mit eherner Logik so aus: «Wie es sich nun auch immer verhalten mag, so ist es einmal der Fall, daß die Kunst nicht mehr diejenige Befriedigung gewährt der geistigen Bedürfnisse, welche frühere Zeiten und Völker in ihr gesucht und nur in ihr gefunden haben; eine Befriedigung, welche wenigstens von seiten der Religion aufs innigste mit der Kunst verknüpft war. Die schönen Tage der griechischen Kunst wie die goldene Zeit des späteren Mittelalters sind vorüber.»[73] Die Reflexionsbildung aber ist der Kunst nicht günstig gesonnen, weil sie den einzelnen Künstler immer stärker in eine oft blutleere und abstrakte Gedanklichkeit abdrängt, die dem spontanen Schaffen schaden muß: «In allen diesen Beziehungen ist und bleibt die Kunst nach der Seite ihrer höchsten Bestimmung für uns ein Vergangenes. Damit hat sie für uns auch die echte Wahrheit und Lebendigkeit verloren und ist mehr in unsere Vorstellung verlegt, als daß sie in der Wirklichkeit ihre frühere Notwendigkeit behauptete und ihren höheren Platz einnähme. Was durch Kunstwerke jetzt in uns erregt wird, ist außer dem unmittelbaren Genuß zugleich unser Urteil, indem wir den Inhalt, die Darstellungsmittel eines Kunstwerks und die Angemessenheit oder Unangemessenheit beider unserer denkenden Betrachtung unterwerfen. Die Wissenschaft der Kunst ist darum in unserer Zeit noch viel mehr Bedürfnis als zu den Zeiten, in welchen die Kunst für sich als Kunst schon volle Befriedigung gewährte. Die Kunst ladet uns zur denkenden Betrachtung ein, und zwar nicht zu dem Zwecke, Kunst wieder hervorzurufen, sondern, was die Kunst sei, wissenschaftlich zu erkennen.»

Die Ästhetik HEGELS ist, wie KUHN deutlich machen konnte, nicht nur ganz von der Vergangenheit her gesehen, sondern völlig von der griechischen Antike her entwickelt. Die These von der ästhetischen Vollkommenheit der griechischen Kunst ist das feste geistige Rückgrat ihrer historischen und systematischen Gliederung. Alles wird zu ihr als der eigentlichen Mitte und unwiederbringlichen Höhe der Menschheitsentwicklung in Beziehung gesetzt. Die griechische Kunst ist die überzeitliche Gegenwart, die ihre ebenso überzeitliche Vergangenheit (Ägypten) und Zukunft (Mittelalter und Neuzeit) besitzt.

Daraus ergibt sich der *Dreierschritt* der Kunstentwicklung für HEGEL in der Weise, daß die erste Stufe der «symbolischen Kunst», repräsentiert durch das Ägyptische, ein sehr unvollkommenes «Noch-Nicht», ein bloßes Erstreben darstellt. Die zweite Stufe der «klassischen Kunst» wird von der griechischen Antike bestritten, es ist das Erreichen der vollkommenen Harmonie zwischen innen und außen, Idealität und Realität, Geistigem und Sinnlichem. Auf der dritten Stufe jedoch, der «romantischen Kunst» des abendländischen Mittelalters und der Neuzeit wird diese klassische Harmonie wieder verlassen. Inneres und Äußeres trennen sich immer mehr, ein Überschreiten findet statt, ein «Nicht-Mehr».[74]

Diese grundsätzliche Erhebung der griechischen Kunst in den Rang absoluter Vollkommenheit und künstlerischer Unfehlbarkeit bedeutete nicht eine Erneuerung des alten Dogmas des französischen Klassizismus aus dem 18. Jahrhundert, das dem künstlerischen Schaffen unverrückbare Normen setzte und so den Kritiker in den Rang eines Kunstrichters erhob, der gleichsam heiligsprechen oder verdammen konnte. Die Kunst selbst, nun historisch geworden und für ewig in der Vergangenheit ruhend, hatte damit ihren einstigen Anspruch auf die Zukunft vollständig aufgegeben. Zukunft kann und darf der Historiker nicht erforschen, sie geht den Philosophen wirklich nichts an, meint HEGEL, und deshalb sagt GOLO MANN wohl zu Recht: «Kein anderer geschichtlicher Denker hat sich so wenig um die Zukunft gekümmert wie HEGEL.»[75] So hat die Geschichte mit HEGEL die Kunst überwunden, denn diese wird ja nur noch als ein Vergangenes begriffen; die Dimension der Zukunft aber scheint ihr damit endgültig abgeschnitten zu sein. Anstelle der Erwartung eines zukünftigen Reiches der Vollendung von Mensch und Welt als Aufgabe des schöpferischen menschlichen Geistes wie noch bei HERDER und SCHILLER tritt nun die wehmütige, bloß passive Erinnerung an eine bereits vollbrachte, vergangene Einstimmigkeit und Erfüllung des geschichtlichen Daseins als eben eines unwiderruflichen Faktums.[76]

Doch trotz alledem wagt es HEGEL noch einmal kühn – ein letztes Mal im 19. Jahrhundert –, in seiner *Ästhetik* den Aufbau des Universums im System der Künste wiederzufinden, im Sinne des mittelalterlichen Universalismus also den Mikrokosmos als ein Abbild des Makrokosmos zu sehen. Aber dieser Versuch war wohl zu gewaltig, die Zeit zu spät – oder noch zu früh, je nachdem, von welchem geistigen Standort aus man dieses monumentale Denkgebäude betrachtet. So blieb auch diese Ästhetik nur «ein Feuerwerk der spekulativen Einbildungskraft, das keine dauernde Klarheit geben wollte».[77] Trotz alledem kommt noch einmal in HEGELS

Geschichtsphilosophie ein Fortschrittsoptimismus, eine teleologische Tendenz zum Durchbruch, denn die Weltgeschichte ist ihm die Auslegung des Weltgeistes in die Zeit und dieser arbeitet sich nach und nach zu seiner Vollendung in der Freiheit hin. Deshalb ist die Weltgeschichte «der Fortschritt im Bewußtsein der Freiheit».[78] Was aber ist für HEGEL die Freiheit? Sie entsteht dort, wo der Geist ganz bei sich selbst, also nicht von anderen abhängig ist; wenn der Geist seinen Mittelpunkt ganz in sich selbst hat, also nicht von außen gelenkt ist; und schließlich, wenn der Geist sich seiner selbst bewußt wird, sein eigenes Wesen und Werden durchschaut. Das aber kann nur ein Individuum sein, also ein Ich.

Doch die Gebrochenheit des Hegelschen Denkens zeigt sich darin, daß er das Individuum im Prozeß der Geschichte abstrakt-gedanklich zwar erkennt und einsetzt, es aber im konkreten Leben der Gegenwart nicht mehr wiederzufinden vermag. Er weist nämlich das Individuum an, sich für die Zwecke des Weltgeistes einfach verbrauchen zu lassen! Darum hat er keinen Trost für den Untergang von Tausenden, ja von Millionen von Menschen; wichtig ist allein, daß die Vernunftgemäßheit des historischen Prozesses gewahrt bleibt.

Insgesamt bedeutet die imponierende *Ästhetik* HEGELS, die durch eine weder vorher noch nachher je wieder erreichte systematische und historische Geschlossenheit beeindruckt, doch gegenüber den Bemühungen HERDERS und SCHILLERS einen Rückschritt. HEGEL, dem einsamen Fürsten der idealistischen Philosophie, entgleitet das Wesen der Kunst nicht etwa deshalb, weil er wie KANT der Erkenntnis Grenzen setzt und die bloße Subjektivität der Kunst behauptet, sondern weil er gerade ihre Objektivität bewahren möchte und ihr Wesen deshalb in platonischer Weise im höchsten Ideellen verankert: «Das Schöne ist das sinnliche Scheinen der Idee.»[79] Damit wird die Kunst in unerreichbar hohe Fernen entrückt; im irdischen Bereich dagegen ist sie ortlos, heimatlos geworden.

HEGEL entgleitet das Wesen der Kunst aber auch, weil er ihre Zukunftsgerichtetheit nicht mehr sehen kann. Indem er ihren Vergangenheitscharakter überbetont, reißt er sie aus ihrer Mittelstellung zwischen Vergangenheit und Zukunft heraus. Ihre Eigenständigkeit geht dadurch endgültig verloren. Die Dreigliederung des ARISTOTELES wird damit aufgehoben und weicht einer scharfen Dualität, weil die schöpferische Mitte des schaffenden Gestaltens und damit auch das schöpferische Ich nicht mehr vom Erkennen erfaßt wird. Dann stehen sich nur noch die nüchterne Alltagspraxis des wissenlosen Handelnden und die nostalgische Betrachtungsweise, die Theorie des tatenlosen Wissenden schroff und feindlich gegenüber.

Wie sollte es weitergehen? Dreierlei Reaktionen auf die Hegelsche Vereinseitigung waren möglich: Einmal mußte das Pendel der Entwicklung wieder hinüberschwingen von der Theorie zur Praxis. Das besorgte im großen KARL MARX, der seinen Lehrer vom Kopf auf die Füße stellt, indem er fordert: Bisher hätten die Philosophen die Welt nur verschieden interpretiert, nun käme es aber darauf an, sie zu verändern. Aus der totalen Theorie wird jetzt die totale Praxis der politischen Agitation. Indem MARX den Idealismus HEGELS umkehrt in einen konsequenten Materialismus, hat er keinen Platz mehr für die Kunst, ja er versteht sie eigentlich überhaupt nicht mehr und findet in seinem Leben kaum eine echte Beziehung zu ihr. Darum ist es auch nicht verwunderlich, daß im marxistischen Ostblockbereich die Kunst oft zur Magd der Ideologie herabgewürdigt wird, ihr Soll erfüllen muß im Dienste von Agitation und Propaganda.

In der Ästhetik selbst vollzieht sich dieser Umschlag vom Idealismus zum Materialismus, von der totalen Theorie zur totalen Praxis in der repräsentativen Schrift des «Jungen Deutschland» mit dem bezeichnenden Titel *Ästhetische Feldzüge* von LUDWIG WIENBARG aus dem Jahre 1834. Sie ist keine Kunstphilosophie mehr im Sinne HERDERS, SCHILLERS oder HEGELS, sondern eine antiakademische Streitschrift für den politischen Tageskampf mit möglichst absoluter Lebensnähe. Das Recht des Sinnlichen und der Erfahrung wird hier geltend gemacht «gegen die Anmaßungen des Spiritualismus». Diese brüske Wendung richtet sich natürlich gegen HEGEL, dem sarkastisch nur ein «akademisches Seziermesser» bescheinigt wird und dessen Philosophie eher eine tote als eine lebendige Abstraktion zutagegefördert habe. WIENBARG geht es in seiner Ästhetik-Schrift um die Partnerschaft von Schönheit und rein politisch verstandener Freiheit mit der Parole: «Haltet euch ans Leben!»[80]

Als die zweite Reaktion gegen HEGEL blieb der konsequente Rückzug auf das eigene Ich, die Ablehnung alles Allgemeinen und Objektiven. Fort von der spekulativen, idealistischen Philosophie, die man nun nicht mehr nachvollziehen konnte, hin zu einer existentialistischen Weltanschauung. Dies ist ein wesentlicher Weg des 19. Jahrhunderts, und ihn ist in urbildlicher Weise SÖREN KIERKEGAARD gegangen. Wie tragisch, daß auch hierbei das Wesen der Kunst und ihre Weltmission für die Erkenntnis restlos verlorengehen mußte!

Noch ein dritter Weg wird nach HEGEL beschritten, der dann den endgültigen Absturz von den einsamen, majestätisch daliegenden Bergeshöhen des Idealismus in die oft so dürftigen, ja trostlosen Niederungen eines geistentleerten und philiströsen Positivismus bezeichnet: Das ist der Einbruch des naturwissenschaftlichen Denkens in die Ästhetik. Zur Folge hat dies die Austreibung einer spezifisch geisteswissenschaftlichen Methodik, damit verbunden aber den Verlust aller geschichtlichen Dimensionen durch den Sieg des Agnostizismus. Die Ästhetik war am Ende des 19. Jahrhunderts an ihrem Nullpunkt angelangt. Nur noch einige wenige Denker der verborgenen goetheanistischen Strömung trugen, abseits und unbeachtet von den herrschenden Weltanschauungen der Zeit, auch in ihrer Ästhetik spirituelle Gedanken über Kunst und Schönheit durch die geistige Finsternis des Materialismus.

Kierkegaard: Die Verteufelung des Ästhetischen

Der konsequente Durchbruch eines Denkens, dem es nur noch um die individuelle Problematik des Existierens geht, findet um 1850 in den Werken des dänischen, theologisch geschulten Philosophen SÖREN KIERKEGAARD (1813–1855) statt. Nachdem er im Winter 1841–1842 in Berlin SCHELLINGS Vorlesung gegen HEGEL gehört hatte – aber nicht nur deshalb –, wurde sein ganzes Leben zu einer immerwährenden Auseinandersetzung mit HEGEL.

Mit einem Schlage und wie über Nacht ist die Bewußtseinslage und damit auch die Stimmung des Philosophierens eine andere geworden. Vorbei ist der begeisterte Schwung des Schillerschen Denkens, vorbei die souveräne Sicherheit und Geschlossenheit des Hegelschen Ideenvermögens, denn KIERKEGAARD mißtraut allen großen Fragen, allen ideellen Problemen grundsätzlicher Art. Nicht das «Man» interessiert ihn, sondern sein «Ich», nicht die Theorie, sondern die praktischen Einzelfragen, die das Leben eines jeden Menschen bewegen: «Die Abstraktion ist interesselos; das Existieren ist des Existierenden höchstes Interesse.»[82] Er mißtraut HEGELS geistiger Synthese, in der alle Gegensätze zum Ausgleich kommen sollen, und meint, dies sei immer nur ideell möglich, niemals jedoch konkret und praktisch. Im Leben bleiben die Gegensätze weiterhin unversöhnlich bestehen: die Angst und die Einsamkeit sowie die Tragik des Einzelnen, der die Widersprüche und Absurditäten seines eigenen Lebens nur auflösen könne durch den wagenden Sprung des Glaubens.

Die charakteristische Art des existentiellen Philosophierens hat ihren Grund in der religiösen Schwermut des Elternhauses von SÖREN KIERKEGAARD, in einem protestantischen Rigorismus typisch skandinavischer Prägung, der in ihm ein ständig bohrendes Sündenbewußtsein erzeugt. Das hat nun für die Ästhetik ganz besondere Konsequenzen, denn KIERKEGAARD beginnt als ästhetischer Schriftsteller, der sich dem poetischen Dasein innig verbunden fühlt. Und er endet als religiöser Denker.[83] Beide Existenzweisen, die ästhetische und die ethische (in diesem Fall die christlich-religiöse), empfindet er immer stärker als unaufhebbare Gegensätze, je älter er wird. In seinem Rigorismus meint er schließlich, das Ästhetische als das Böse schlechthin verteufeln zu müssen, als das dialektische Antiphänomen des Christlichen. Denn das Leben im Christentum sei das einzig wahre Sein, und darum bestehe christliches Existieren immer nur im Überwinden des nichtigen Daseins des bloß Ästhetischen.

KIERKEGAARD geht natürlich von seinen eigenen Erfahrungen aus und glaubt deshalb, der ästhetische Zustand könne den Menschen im unmittelbaren Erlebnis niemals ganz zufriedenstellen. So in seinem Werk *Entweder – Oder* von 1843: Der Genießende bleibe niemals in der Harmonie mit seinem künstlerischen Gegenstand, und darum müsse sein Weg unerbittlich in die untätige Betrachtung des Vergangenen – hier wirkt unmittelbar HEGEL nach – und in die Angst vor dem Ewigen führen. Das Kunsterleben aber ist für KIERKEGAARD einzig im romantischen Sinne als Selbstgenuß und spielerische Ironie faßbar, die sich ethisch verantwortungslos über das Leben hinwegsetzt. Sie muß notwendigerweise in tiefer Schwermut und Verzweiflung enden, weil sie unfähig zum Leben, unfähig auch zur wahren und hingebenden Liebe ist.

Aus diesem Grunde kann HANS-ECKEHARD BAHR mit Recht zu folgendem Urteil kommen: «Das Ästhetische und Christliche, antithetisch voneinander abgesetzt und doch dialektisch ineinander verschränkt, eins der negative Gegenpol des anderen, das ist die Duplizität, die KIERKEGAARDS gesamte Schriften unausdrücklich und *expressis verbis* durchzieht. Es ist die Grundspannung seines eigenen Daseins selbst, in Verzweiflung und Schwermut durchlebt.»[84]

Diese rigorose Dämonisierung alles Ästhetischen, welche die Welt des Sichtbaren als scheinhaft und trügerisch, ja sogar als heidnisch verachtet, sie kehrt auch heute noch wieder in gewissen Strömungen des Katholizismus als auch des Protestantismus. So beispielsweise im Antimodernismus eines HANS SEDLMAYR und seines Furore machenden Buches *Verlust der Mitte* von 1948. Aus seiner katholischen Grundposition wirft er der modernen Kunst Anarchie und Antihumanismus vor; er kommt zu solchem Urteil, weil er die Wirklichkeit mit dem Gegenständlichen gleichsetzt und nicht einsehen kann, daß die verlorene Mitte nicht Gott ist, sondern das im alten Weltbild befangene Ich.[85] Von protestantischer Seite äußert sich diese Dämonisierung des Ästhetischen noch schärfer in der heftigen Bilderfeindschaft des Theologen KARL BARTH. Für ihn bedeutet alles kulturelle Tun ein vergebliches Laufen nach dem Unerreichbaren, nämlich der Ganzheit von Seele und Leib, Geist und Natur, Subjekt und Objekt, innerlich und äußerlich.[86]

Diese Verteufelung alles Ästhetischen ist aber letztlich nur ein weiteres Zeugnis für das verhängnisvolle Denken in bloßen Antithesen, das sich nicht zu einer Synthese aufzuschwingen vermag und darum beide Bereiche notgedrungen mißverstehen muß, wenn man sie als unvereinbare Gegensätze einander gegenüberstellt. KIERKEGAARD sieht sowohl das Christentum selbst als auch das Ästhetische unter viel zu engem und bürgerlich eingeschränktem Blickwinkel. Er kann nicht mehr verstehen, daß beide Bereiche im Grunde zusammengehören und im höchsten Sinne eine Einheit bilden.[87]

Der Einbruch naturwissenschaftlichen Denkens in die Ästhetik

«Die folgenschwere Entwicklung, die das Kantische Denken einge-leitet, ist vorerst zu ihrem Ende gelangt. Die deutsche idealistische Spekulation liegt am Boden, und der materialistisch-naturwissen-schaftliche Geist des Zeitalters ist der Erforschung ästhetisch-kunst-philosophischer Problemzusammenhänge nicht günstig gesinnt.»[88] So schreibt ERNST BERGMANN in seiner Geschichte der Ästhetik über die Zeit um 1850. Es ist eine geistige Wende, die sich vollzogen hat: der Absturz von den geistigen Höhen der Spekulation in die Tiefen der Empirie, vom Spiritualismus in den Pragmatismus, von der Deduktion zur Induktion, von der Geisteswissenschaft zur Na-turwissenschaft.

Diese Periode «philosophischer Bedürfnislosigkeit» charakteri-siert WILHELM WAETZOLD sarkastisch so: «Die Jahrhundertmitte – von HEGELS Tod bis zu Nietzsche –, also etwa die Jahrzehnte von 1831–1873, bildete eine unphilosophische Zäsur in der deutschen Wissenschaftsgeschichte. Die goldene Zeit der Fachspezialisten hat begonnen, der Historismus feiert Triumphe, die Wallfahrt zu den Tempeln der Exaktheit hebt an. Man weiß viel und versteht wenig.»[89] Denn nach dem «Sterben der großen Philosophie» hatte sich nicht nur die Kunstgeschichte als ein Teilgebiet der Geisteswis-senschaften herausgebildet, sondern sie selbst warf sich dem neuen Geist des Positivismus bedingungslos in die Arme. Nicht mehr Geschichtsphilosophie und Ästhetik, nicht mehr die Evolution der Ideen ist nun das Ziel der Wissenschaft, sondern Erfahrung, strenge

Beobachtung der Tatsachen aufgrund einer kritischen Quellenanalyse. Statt Ideenforschung finden wir nun Beschreibung und Vergleichung.

In seiner berühmten Rede aus dem Jahre 1862 über das Verhältnis der Geistes- zu den Naturwissenschaften hatte der Berliner Physiker HERMANN HELMHOLTZ (1821–1894) die absolute Überlegenheit der Naturwissenschaft herausgestellt: Die neue Mechanik des Himmels, durch NEWTON erkannt, durch KANT und LAPLACE befestigt, triumphiere nun in allen anderen Wissenschaften und sei heute selbstverständlich geworden.[90] Noch herrischer und rücksichtsloser wird der Machtanspruch der Naturwissenschaft und ihr Übergriff auf andere Gebiete bei dem Berliner Physiologen EMIL DUBOIS-REYMOND (1818–1896). Für ihn sollte die Geschichte der Menschheit das Objekt sein, an dem die Allgemeingültigkeit der naturwissenschaftlichen Gesetze beweisbar ist: «Naturwissenschaft ist das absolute Organ der Kultur und die Geschichte der Naturwissenschaft die eigentliche Geschichte der Menschheit.»[91] Die Geschichte wird von DUBOIS-REYMOND als ein Naturprozeß verstanden, in der die geistige Kausalität nur als Ergebnis der naturhaften gilt. Das Individuum mußte dadurch konsequent entthront werden und die Willensfreiheit als wesenloser Schein entlarvt, die Masse als Gattung als der einzig wahre Träger des Geistes erkannt werden. Der Mensch wird nun zum winzigen Staubkorn in einem unermeßlich großen Weltall degradiert und verschwindet völlig darin.

Wie total die geistige Wende empfunden wurde, zeigt EGON FRIEDELLS ironischer Ausruf: «In Berlin regieren nicht mehr FICHTE und HEGEL, sondern SIEMENS und HALSKE.»[92] Kein Wunder, daß, bedingt durch den Positivismus, dieser «Abscheu vor der spekulativen Verirrung»[93] als Soziologie überall machtvoll nach vorn drängt und die Statistik als wesentliches Hilfsmittel der Geisteswissenschaft angesehen wird. Ihre Ergebnisse sollen die Notwendigkeit menschlichen Handelns, die Determiniertheit des menschlichen Willens und das Fehlen einer göttlichen Vorherbestimmung unumstößlich beweisen.

Diese Verflachung des philosophischen Denkens bei gleichzeitiger Ausweitung des Wissens, diese Anbetung der bloßen Faktizität bei gleichzeitigem Verlust jeglicher geistiger Orientierung mußte in der Ästhetik besonders verheerende Folgen haben. So wird der Akt des Schöpferischen in der Schrift *Der moderne Realismus in der deutschen Literatur* (1889) von KONRAD ALBERTI auf das niedrigste Niveau herabgewürdigt, nämlich auf das einer bloßen Gehirnfunktion: «Genie, Talent, das hat uns bereits die moderne Naturwissenschaft gelehrt, ist nichts Überirdisches, Geheimnisvolles, Unerklärliches, vom Himmel auf die Erde Niedergeflogenes, wie die frühere Zeit annahm. Talent, Genie, ist nichts anderes als die normale, gesunde, entwicklungsfähige Ausbildung der Gehirnzentren.» Das Wichtigste ist nicht mehr der Moment der Inspiration, sondern der Fleiß, der sich auf die Übung der ererbten Anlagen beschränkt und sich nicht mehr in einer «angemaßten» Genialität gefällt. Ähnlich phantasielos, ja abgeschmackt interpretiert CARL LANGE in seinem Buch *Sinnesgenüsse und Kunstgenuß* von 1903 jedes ästhetische Empfinden, jede künstlerische Begeisterung als eine gestaute Blutfülle in den Adern und «entlarvt» sie somit als bloß arteriellen oder venösen Druckpunkt.[94]

Besonders gravierend zeigt sich die Verflachung, der Verfall der Ästhetik in den Auffassungen des Germanisten und Sprachforschers WILHELM SCHERER (1841–1886), der nacheinander eine Professur in Wien, Straßburg und Berlin innehatte und mächtig auf seine Zeit einwirkte. Im Jahre 1888 erschien seine bekannte *Poetik*. Für SCHERER ist alle Literatur- und damit auch Kunstgeschichte als eine lückenlose Kette von Ursache und Wirkung anzusehen. Historismus, Darwinismus und Positivismus bestimmen seine Ästhetik, der dadurch jeglicher Weg zur Höhe der Einsichten HERDERS und SCHILLERS versperrt bleiben mußte.

Sein eigenes Glaubensbekenntnis kommt in einem fast hymnischen Lobgesang auf die Naturwissenschaft zum Ausdruck, die selbst das künstlerische Leben auf primitive Weise materialistisch determiniert: «Dieselbe Macht, welche eine unerhörte Blüte der Industrie hervorrief, die Bequemlichkeit des Lebens vermehrte, mit anderen Worten die Herrschaft des Menschen über die Natur um einen gewaltigen Schritt vorwärts brachte – dieselbe Macht regiert auch unser geistiges Leben: sie räumt mit Dogmen auf, sie gestaltet die Wissenschaft um, sie drückt der Poesie ihren Stempel auf. Die Naturwissenschaft zieht als Triumphator auf dem Siegeswagen einher, an den wir alle gefesselt sind.»[95]

Verwundert es da, daß SCHERER die Dichtung ebenso primitiv als «Vertreibung der Langeweile» oder als «Schärfung des Blicks für die Wirklichkeit» interpretiert, und daß sie nichts anderes zu wirken habe als «Unterhaltung»? Die Poesie «schmückt» diese Wirklichkeit aus. Und so sieht Scherer auch die Lyrik als verfeinerten Ausdruck der Triebnatur an, er führt sie auf das menschliche Singen zurück, das aus derselben Quelle stamme wie der Vogelruf. Auf der anderen Seite gerät die Kunst in das Räderwerk der Nationalökonomie, wenn erklärt wird, sie sei schon «in alter Zeit eine Art von Ware, ihr Wert regelt sich nach Angebot und Nachfrage».[96] Da ist es nicht weit bis zu der nur aus der damaligen Zeitlage zu verstehenden, geradezu unsinnigen Behauptung, die religiöse Kunst sei nichts weiter als ein klerikales Raffinement.

Unter solchermaßen naturwissenschaftlichen Kategorien betrachtet, muß sich die Kunst notwendigerweise vom Mutterboden ihrer geschichtlichen Bedingungen, ihrer geistigen Verwurzelung im sich wandelnden Bewußtsein des Menschen loslösen und wesenlos in einem leeren, rein abstrakten Raum schweben. Sie wird bei einer solchen Betrachtungsweise zur *l'art pour l'art* und macht sich von allen – auch ethischen – Werten unabhängig; sie genügt nur noch sich selbst, ohne jegliche äußere Verpflichtung; sie kann nur noch formal betrachtet und beurteilt werden. Kein Wunder, daß SÖREN KIERKEGAARD dagegen leidenschaftlich und mit Recht protestiert hat.

In unserem Jahrhundert hat sich gegen diese unfruchtbare Haltung ein anderer existentialistischer Denker und Schriftsteller, nämlich ALBERT CAMUS, gewandt, ohne gleich die gesamte Kunst als solche zu verdammen. In einer Rede in Uppsala 1957 bezeichnete er die Ideologie des *l'art pour l'art* als die Forderung nach der Verantwortungslosigkeit, als «die künstliche Kunst einer abstrakten Attrappengesellschaft», als eine Salonkunst, «die sich von Preziosität und Abstraktion nährt und schließlich jede Wirklichkeit zerstört». Und weiter: «Schließlich siedelt sich die Kunst außerhalb der

Gesellschaft an und schneidet sich von ihren lebendigen Wurzeln ab.»[97]

In denselben Jahren wie WILHELM SCHERER schreibt auch der Experimentalpsychologe GUSTAV THEODOR FECHNER (1801–1887) seine zweibändige *Vorschule der Ästhetik* (1876). Sie stellt, nach RUDOLF STEINER, der idealistischen «Ästhetik von oben» eines SCHELLING und HEGEL konsequent eine «Ästhetik von unten» entgegen, indem sie eine Physiologie des Geschmacks entwickelt. FECHNER untersucht die einfachsten und elementarsten Fälle, in denen der Mensch eine Lustempfindung hat, um dann zu immer komplizierteren Fällen aufzusteigen und schließlich zur Kunst zu gelangen. Induktion statt Deduktion – die geduldige Aneinanderreihung bloß physischer Tatsachen soll schließlich die umfassende Idee herausspringen lassen.

Es sei eigentlich unbegreiflich, meint STEINER, daß ein solches Werk wie das von FECHNER bei einem Volk, das einen KANT gehabt hat, Anhänger finden kann: «Die Ästhetik soll von der Untersuchung der Lustempfindung ausgehen; als ob jede Lustempfindung schon eine ästhetische wäre und als ob wir die ästhetische Natur einer Lustempfindung von einer anderen durch irgend etwas anderes unterscheiden könnten als durch den Gegenstand, durch den sie hervorgebracht wird. Wir wissen nur, daß eine Lust eine ästhetische Empfindung ist, wenn wir den Gegenstand als einen schönen erkennen.»[98] Daß diese Fechnersche Haltung noch längst nicht ausgestorben ist, sondern gerade in jüngster Zeit wieder fröhliche Urstände feiert, zeigen die Forschungen des amerikanischen Verhaltenstechnologen B. F. SKINNER und des deutschen Kultursoziologen ARNOLD GEHLEN. Für sie ist nämlich, grob gesagt, die Kunst nichts anderes als eine Erweiterung der Reizumwelt und des Lusterfolges.[99]

Die Ästhetik aber ist damit wirklich an ihr Ende gelangt und ganz unten, bei ihren primitivsten physischen Voraussetzungen angekommen. Die Kunst ist geistig nicht mehr faßbar, wie SCHERER beweist; sie ist nur noch ganz subjektiv zu begreifen, wie FECHNER zeigt. Das aber bedeutet den Tod und die Grablegung der Ästhetik im endenden 19. Jahrhundert.

Gibt es überhaupt eine Auferstehung? Und wenn ja, wo und wie könnten wir sie suchen? RUDOLF STEINER hat wohl zu dieser schwerwiegenden Frage ein entscheidendes Stichwort gegeben, indem er die totale Subjektivierung der Kunst, die KANT einleitete und FECHNER vollendete, wieder zurechtrückte und energisch auf das künstlerische Objekt verwies. Das Kunstwerk selber und nichts anderes kann uns die Frage beantworten: Was ist Schönheit? Was macht ein Werk zu einem Kunstwerk?

Hier hat die Ästhetik der Zukunft einzusetzen: «Denn psychologisch als Lust unterscheidet sich die ästhetische in nichts von einer anderen. Es handelt sich immer um die Erkenntnis des Objektes. Wodurch wird ein Gegenstand schön? Das ist die Grundfrage aller Ästhetik.»[100] Die Grundfrage der Ästhetik ist damit unüberhörbar gestellt, auf die Erkenntnis des Objektes wird entschieden verwiesen. Damit wurde der Weg frei für eine ganz neue Ästhetik, für eine Ästhetik für die Zukunft und aus der Zukunft.

Wladimir Solowjew: Die Schönheit wird die Welt retten

Ich stehe ebenso der lateinischen
Engherzigkeit fern wie der
byzantinischen oder der Augsburger
oder der Genfer. Ich bekenne mich zur
Religion des Heiligen Geistes, die
breiter und zugleich inhaltsreicher ist
als alle einzelnen Religionen.

*Solowjew 1892 in einem Brief an
Rosanow*[101]

Ein einzigartiger, ganz in die Zukunft weisender Weltentwurf einer Ästhetik, den das 19. Jahrhundert hervorgebracht hat, stammt von WLADIMIR SOLOWJEW. Wie die gleichzeitige, ebenso fragmentarische Ästhetik RUDOLF STEINERS war sie weniger eine Theorie des künstlerischen Schaffens oder eine Strukturanalyse als vielmehr eine ontologische Frage nach der Kunst überhaupt. Doch im Unterschied zur aristotelischen Kunstphilosophie RUDOLF STEINERS kreist hier im platonischen Sinne alles um die Schönheit, die neben dem Wahren und Guten eine Urerfahrung und ein Urbedürfnis des Menschen darstellt. Aus Schönheit ist die Welt entstanden, durch den Sündenfall wurden ihre Einheit und Harmonie zerstört, traten die Lüge, das Böse und Häßliche auf. Doch Christus, der Auferstandene, ist die all-einigende Kraft, der die Welt aus dem Sündenfall heraus und ihrer wahren Vollendung entgegenführen wird. Er ist nicht nur der Garant des Wahren und Guten, sondern auch des Schönen, denn er vermag in das tiefste Wesen der Materie einzudringen, um sie in Geist zu verwandeln. Darum ist Christus nicht nur der «Gute Hirte», sondern auch der «Schöne Hirte». Denn die Schönheit wird die Welt retten – in diesem Grundgedanken SOLOWJEWS fallen Ästhetik und Eschatologie in eins zusammen. Der Künstler wird dabei zu einem Theurgen erhöht. Die Liebe aber ist die Krönung dieser apokalyptischen Schönheitsanschauung.

Ein kanonisches Leben

Von NOVALIS stammt der Ausspruch, das Leben eines wahrhaft bedeutenden Menschen sei ein kanonisches; das heißt, in solcher Biographie lassen sich, betrachtet man sie nur tief genug, geistige Gesetzmäßigkeiten wiederfinden, wie sie auch im Kosmos walten, im Wachsen der Pflanzen ebenso wie im Wandel der Sterne. Ein derart kanonisches Leben, das sich schon im Alter von 47 Jahren vollendete, führte auch WLADIMIR SOLOWJEW. Ein Leben, das ganz dem Denken und dem Dichten geweiht war, das sich selber aber im Tiefsten von der Religion nährte, von einem johanneisch verstandenen Christentum. Eine Art von modernem Heiligenleben also, wobei die Parallelen mit dem im gleichen Jahr geborenen VINCENT VAN GOGH unübersehbar sind. Beide waren Einsame in ihrem michaelischen Geisteskampf, beide erlitten sie zahlreiche Niederlagen, die aber ihr wahres Wesen erst herausschmiedeten. Beide waren sie Vorläufer, Verkünder einer Zukunft und Symbol einer Morgenröte.

WLADIMIR SOLOWJEW wurde am 16. Januar 1853 in Moskau als Sohn eines Historikers geboren, der an der dortigen Universität lehrte.[102] Der Großvater war ein orthodoxer Priester, während die Mutter mit dem ukrainischen Mystiker SKOWORODÀ verwandt war. In seiner Jugend verschrieb er sich leidenschaftlich dem Atheismus und Kommunismus. Doch dreimal hatte er in seinem Leben die Geistbegegnung mit der Sophia: 1862 in Moskau im Alter von neun Jahren, 1876 in London im Britischen Museum und 1876 in der Wüste bei Kairo. Nach seinen eigenen Worten bedeutete dieses dreifache Sophien-Erlebnis das Wesentliche seines Lebens: «Ich sah sie selbst, die Heilige Sophia. Sie war das Bild der Welt und zugleich die vollkommenste weibliche Schönheit.» Sophia ist die geläuterte Menschenseele, das Geistselbst, das den Auferstandenen in Seelengründen wie im Erdenwirken finden kann, wie Paulus es schon ausdrückte. Sie ist aber auch die geläuterte Materie, das gewandelte weibliche Prinzip, das auf die künftige Kirche des Heiligen Geistes hindeutet. Die Sophia kann den heutigen Menschen zum Heiligen

Geist führen, indem sie die Kräfte des schauenden Bewußtseins im Menschen weckt.[103]

In drei Stufen vollzog sich SOLOWJEWS Lebenswerk. Am Anfang, von 1873 bis 1883, stand der Ausbau seines philosophischen und theosophischen Systems; in der Mitte, von 1883 bis 1890, finden wir die Bemühungen um eine wahrhafte Ökumene, um die Wiedervereinigung der christlichen Kirchen; sie mußten an der Realität, den verfestigten Strukturen aller kirchlichen Institutionen scheitern. Das letzte Jahrzehnt, von 1890 bis 1900, sah die Endgestalt seines theurgischen Systems apokalyptischen Geistes. Sein letztes Werk war darum folgerichtig die *Drei Gespräche* mit der kurzen Erzählung vom Antichrist, eine prophetische Schau der Zukunft. Im selben Jahre 1878, als VICENT VAN GOGH im belgischen Kohlengrubengebiet der Borinage seine tiefste Krise nach seiner Entlassung aus dem Missionarsdienst der Kirche erlitt, so daß daraus dann der Entschluß zum Künstlerdasein reifte, begleitete SOLOWJEW als junger Moskauer Dozent seinen alten Freund FJODOR M. DOSTOJEWSKY in die berühmte Einsiedelei Optina Pustyn zum Starez Ambrosius, dem Urbild des Starez Sossima in den *Gebrüdern Karamasow*.

Das priesterlich-mönchische Aussehen SOLOWJEWS bewog DOSTOJEWSKY, diese als dichterische Gestalt des «Weltmönches» Aljoscha Karamasow zu verewigen; aber es ließ auch Bauern, wo immer sie ihm begegneten, um seinen Segen bitten und Kinder fragen, ob er Gottvater sei. Er hatte nie einen festen Wohnsitz, sondern er betrachtete in typisch russischer Weise das Erdenleben nur als eine Durchgangsstation zum ewigen Himmelreich, er war ein Wanderer, ein Pilger. Genau wie VAN GOGH, sein Bruder im Geiste, lebte er seine Idee vom praktischen Christentum bis zur Torheit. Fast immer ohne Geld ließ er sich ausnutzen, gab jedem, der ihn anbettelte, den Inhalt seiner Brieftasche, zog, falls diese leer war, seinen Mantel aus, so daß er im Winter öfter Kleidung bei seinen Freunden entleihen mußte. Sogar seine Schuhe gab er Bettlern auf der Straße. Die Tiere liebten ihn, und Scharen von Vögeln belagerten sein Hotelzimmer.[104]

Diese bedingungslose Fähigkeit zum Mitleiden, zum Opferdienst bis zur eigenen Selbstaufgabe verbindet die beiden Gleichaltrigen, SOLOWJEW und VAN GOGH. Sie läßt sie wie zwei moderne Heiligengestalten erscheinen, im Sinne eines MARTIN VON TOURS oder eines FRANZ VON ASSISI. Auf beide trifft jene Charakteristik zu, in der A. D. LINDSAY den Unterschied eines Heiligen vom gewöhnlichen Menschen sieht: «Der Unterschied zwischen gewöhnlichen Menschen und Heiligen ist nicht der, daß Heilige die einfachen Pflichten ausführen, die gewöhnliche Leute vernachlässigen, sondern die Dinge, die die Heiligen tun, sind den Durchschnittsleuten im allgemeinen gar nicht in den Sinn gekommen.»[105] Und warum ist das so? Weil die Durchschnittsmenschen ihr Leben lang unfruchtbar und unschöpferisch bleiben, die Heiligen dagegen lebendig und schöpferisch sind. Darum auch war es nicht verwunderlich, daß die Heiligengestalten VINCENT VAN GOGH und WLADIMIR SOLOWJEW zu Künstlern werden mußten, der eine als Maler, der andere als Dichter und als Philosoph.

Am Ende seines Lebens, am Ende des 19. Jahrhunderts, das nach alter okkulter Anschauung auch das Ende des Kali Yuga bedeutete, des fünftausendjährigen Finsteren Zeitalters,[106] hatte SOLOWJEW eine Begegnung mit dem Bösen. Er spürte, daß der Antichrist vor den Toren der Welt steht. Nach STEPUN hat er darum etwas erschaut, das nicht von dieser Welt ist, und eine gewisse Traurigkeit lag seit dieser Zeit auf seinen Zügen, als in ihm die bange Frage an Rußland aufstieg: «Was willst du für ein Osten sein, ein Osten Christi oder Xerxes'?» Er starb am 31. Juli 1900 auf dem Landgut Uskoje seines Freundes, des Fürsten SERGEJ N. TRUBETZKOJ. Mit großer Eindringlichkeit bat der Sterbende die Fürstin, ihn nur ja am Einschlafen zu hindern, denn er müsse für das jüdische Volk beten, dem große Leiden bevorstünden.

Eschatologie und Ästhetik

WLADIMIR SOLOWJEW ist ein Denker, der die Schönheit als weltverwandelnde Macht erkennt, als das große Heilmittel. Deshalb sieht er sie ganz von der Zukunft her, im Lichte eines apokalyptischen

Endzustands, fähig, die in die Finsternis gefallene Schöpfung emporzuheben, zu durchlichten und zu vergeistigen. So zählt er mit Recht zu den bedeutendsten russischen Philosophen des 19. Jahrhunderts, dessen zukunftsweisende Ideen vor allem die Generation der russischen Symbolisten und Neoromantiker am Vorabend der bolschewistischen Oktoberrevolution von 1917 entscheidend beeinflußte. Auch ist es kein Zufall, daß gerade RUDOLF STEINER von verschiedenen Gesichtspunkten immer wieder auf die keimhafte und prophetische Kraft der Ideen dieses einzigartigen Philosophen aufmerksam machte.[107] Und der katholische Religionsphilosoph HANS URS VON BALTHASAR nennt sein Werk die universalste Gedankenschöpfung der neuesten Zeit, die wie ein großangelegtes Kunstwerk sei.[108]

Ein Christentum johanneischen Geistes bildet den innersten Kern seines Denkens, das bereits souverän Materialismus, Positivismus und Atheismus überwunden hat, jene drei Grundübel des 19. Jahrhunderts, die im russischen Bolschewismus ihre krasseste Steigerung erfahren sollten. SOLOWJEW sieht in der Auferstehungsidee das Wesentliche des Christentums und ist der Überzeugung, daß ohne sie kein Christentum und schon gar nicht ein solches der Zukunft möglich sei. So hat auch der Christus-Begriff für ihn zwei ganz paradoxe Seiten; er umfaßt sowohl die menschliche Natur des JESUS VON NAZARETH als auch die göttliche und kosmische Natur des Christus. Im auferstandenen Christus erlebte er die reale Vereinigung des vollkommenen Göttlichen mit dem vollkommenen Menschlichen. Nur durch diese Vereinigung kann nach SOLOWJEW die Spaltung zwischen westlicher und östlicher Kirche überwunden werden, die im Abendland soviel Verhängnisvolles heraufbeschworen hatte, denn: «. . . im Westen geriet das Göttliche in Vergessenheit, wie in Byzanz der Mensch in Vergessenheit geriet.»[109] Die *Kurze Geschichte vom Antichrist* malt das apokalyptische Bild von den letzten Tagen der Menschheit und ihrer Erlösung durch die im Zeichen der Sophia lebendig vereinte christliche Kirche. Der Untergang der alten Menschheit leitet somit zugleich die Geburt einer neuen, geläuterten all-einigen Menschheit ein, der sich das Reich der Offenbarung neu öffnet. Am Ende aller Zeiten wird die Fülle nicht nur des individuellen, sondern auch des sozialen Lebens durch Christus mit der Fülle des Göttlichen vereint sein.

Überall möchte SOLOWJEW die Widersprüche des Lebens, die er schmerzlich wieder und wieder erfährt, kompromißlos überwinden. Er strebt nicht nur den Ausgleich zwischen russischem Osten und europäischem Westen an, sondern in Rußland selbst die Überwindung des Gegensatzes zwischen den Slawophilen und den Westlern. Immer sucht er danach, im Kleinen wie im Großen, im Einzelnen das Ganze zu erfassen und im Ganzen aufzugehen, ohne sich selbst als Einzelpersönlichkeit dabei zu verlieren: Einheit des Ganzen bei Wahrung der Verschiedenheiten des Einzelnen. Doch diese Vereinigung des Individuellen mit dem Universellen, die heute immer noch das ungelöste und darum so schmerzhafte Weltproblem darstellt, kommt mathematisch einer Quadratur des Kreises gleich.

Unter diesem Aspekt der Wiederherstellung der ursprünglichen Einheit betrachtet SOLOWJEW auch die Geschichte. Er sieht sie als den Weg, der die aus der göttlichen Einheit herausgefallene Schöpfung wieder an die Pforten eines neugeschaffenen Paradieses heranführt.[110] Die göttliche Allweisheit hat von den ersten Tagen ihrer irdischen Schöpfung, also von den niedersten Stufen des Naturlebens angefangen, nur das einzige Ziel, die Inkarnation des göttlichen Weltenwortes in der gesamten Schöpfung. In Gott und seiner Welt vor dem Sündenfall herrscht absolute Harmonie, denn Gott ist in allen Wesen und alle Wesen sind in Gott. Diese Harmonie ist durch den Sündenfall gestört, ja zerstört worden, eine Disharmonie entstand, in der Wahrheit in Lüge, Gutes in Böses und Schönheit in Häßlichkeit verwandelt wurde. Der Aufstieg der Schöpfung schließt aber die Überwindung des Sündenfalls und damit die Überwindung von Lüge, Bösem und Häßlichem mit ein, er bedeutet also nicht nur einen Sieg des Wahren und Guten, sondern auch des Schönen. Ohne die Kunst, ohne die Überwindung des Häßlichen wäre die göttliche Heilsidee nicht vollendet. Ihr, der Kunst, kommt somit eine weltentscheidende Aufgabe zu, von der sich weder der einseitige Erkenntnismensch, der Theoretiker, noch der einseitig Handelnde, der Praktiker, aber auch nicht der einseitige Moralist etwas träumen läßt.

Aus diesem Grunde fallen für SOLOWJEW Eschatologie und Ästhetik unmittelbar zusammen, aus diesem Grunde ist er wohl der einzige russische Denker, der eine Ästhetik hinterlassen hat. Die göttliche Allweisheit, so stellt er dar, setzt mit ihrem ästhetischen Wirken bereits auf den niedersten Stufen des Naturgeschehens ein und nimmt auch im späteren Verlauf nicht ab. Aber die Natur kann diesem Wirken nicht frei entgegenkommen, sie setzt ihm seit Äonen den heftigsten Widerstand entgegen. Erst der zum Bewußtsein seiner selbst erwachte Mensch kann zum freien Mitarbeiter Gottes werden und in der Kunst in freier Weise das fortsetzen, was in der Natur seinen Anfang genommen hat. Das vollkommene Kunstwerk ist deshalb eine Vorahnung, eine Vorwegnahme der unverweslichen und ewigen Schönheit des künftigen Gottesreiches, es ist das Unterpfand dafür, daß der Mensch und damit die gesamte Schöpfung ihre verlorene Heimat wiederfinden wird. In diesem Sinne sieht Solowjew die Ästhetik der Natur als Vorstufe einer Philosophie der Kunst. Die erste behandelte er in der Schrift *Die Schönheit in der Natur* von 1889, die zweite in *Der allgemeine Sinn der Kunst* von 1890.[111] Es sind dieselben Jahre, in denen auch RUDOLF STEINER an seiner goetheanistischen Ästhetik arbeitete.

Dreierlei wird hierbei deutlich. Einmal, daß Solowjew als echter Russe ein apokalyptischer Denker ist, dessen Ideen stets von der überzeitlichen Zukunft her gedacht sind, so daß ihnen schon von dort eine zwingende Konsequenz innewohnt. Zum anderen ist er ein platonischer Denker, dessen Ideenwelt von einem ungewohnten Seelenfeuer durchglüht ist, das dem vereinseitigten aristotelischen Denken, dem Rationalismus fehlt, dessen kaltes Licht die Seelen nicht zu erwärmen vermag. Immer am Konkreten orientiert, verliert sich SOLOWJEWS Denken niemals in abstrakte Gedankenflüge. Doch im Unterschied zu PLATON, der die Schönheit als Glanz des Göttlichen in der Welt des Kosmisch-Vorgeburtlichen erlebte, der also rein vergangenheitsorientiert war, ist SOLOWJEW ein christlicher Platoniker, dessen Blick sich ganz auf die Zukunft, auf das vom Apokalyptiker JOHANNES beschriebene Neue Jerusalem konzentriert, dessen Glanz er bereits hier im Irdischen erlebt. Und zum dritten ist SOLOWJEW ein goetheanistischer Denker, der Natur und

Geist, Mensch und Welt, Irdisches und Himmlisches nicht als unvereinbare Gegensätze, sondern als Polaritäten sieht, die sich gegenseitig durchdringen und dadurch steigern können. Das schöpferische Wirken des Allgeistes sieht er dabei überall von den niedersten Stufen der Natur bis zu den höchsten Höhen des Menschlichen.

«Die Schönheit wird die Welt retten» – von diesem Wort DOSTO-JEWSKYS, das er den Fürsten Myschkin in seinem *Idioten* sprechen läßt, geht SOLOWJEWS Betrachtung *Die Schönheit in der Natur* aus. Auf diesen Satz, der für alle Philisterohren provokativ, ja lächerlich klingt, baut er sein großartiges Ideengebäude. Es mag seltsam erscheinen, meint SOLOWJEW, die Rettung der Welt gerade von der Schönheit zu erwarten, da man ja ständig genötigt sei, die Schönheit selbst vor all den Versuchen zu retten, die das Ideal-Schöne durch das Real-Häßliche ersetzen möchten, wie im seinerzeit herrschenden Utilitarismus und Naturalismus. Daß SOLOWJEW mit seinem Anspruch an die Schönheit nicht allein steht, kann ein Blick auf SCHILLERS *Briefe* zeigen.[112] Auch bei RUDOLF STEINER finden wir solch platonische Gedankengänge. Für ihn verbindet die Schönheit das Geistige mit dem Irdischen, das menschliche Ich mit dem Leibe. Der Zusammenhang mit dem Geistigen reißt, wenn er nicht durch die Schönheit aufrecht erhalten wird. An einer anderen Stelle sagt er ganz in diesem Sinne: Die Wahrheit macht den Menschen zwar frei, aber erst in der Schönheit findet er seinen Zusammenhang mit der Welt wieder.[113]

SOLOWJEW weiß genau, daß es in der Kunst um etwas Absolutes und Kompromißloses geht: «Die endgültige Aufgabe der vollkommenen Kunst ist es, das absolute Ideal nicht nur in der Vorstellung, sondern auch in der Tat selbst zu verwirklichen, – sie muß unser tatsächliches Leben durchgeistigen, verwandeln. Wenn man sagen würde, daß eine solche Aufgabe über die Grenzen der Kunst hinausgeht, so fragt es sich: wer hat diese Grenzen festgesetzt? In der Geschichte finden wir sie nicht; wir sehen hier die Kunst, sich wandelnd, in einem Prozeß der Entwicklung begriffen. Ihre einzelnen Zweige erreichen die in ihrer Art mögliche Vollkommenheit und gedeihen nicht weiter; dafür entstehen neue. Wie es scheint, sind alle damit einverstanden, daß die Skulptur von den alten Griechen zu ihrer endgültigen Vollendung geführt wurde; schwerlich kann man auch einen weiteren Fortschritt auf dem Gebiet des Helden-Epos und der reinen Tragödie erwarten. Ich erlaube mir weiter zu gehen und finde die Behauptung nicht besonders kühn, daß, wie die genannten Kunstformen noch von den Alten vollendet wurden, so die neueuropäischen Völker alle übrigen uns bekannten Arten der Kunst bereits erschöpft haben, und wenn letztere eine Zukunft hat, so in einer völlig neuen Betätigungs-Sphäre.»[114] Mit dieser Grenzerweiterung der Kunst, sowie der Tatsache, daß sie in der Zukunft eine völlig neue Aufgabe haben wird, weist SOLOWJEW geradezu prophetisch auf viele Bestrebungen der Gegenwartskunst hin, insbesondere aber auf den «erweiterten Kunstbegriff» des JOSEPH BEUYS.

SOLOWJEW setzt sich auch mit den Theorien und Forderungen der Utilitaristen und politisch engagierten Künstler auseinander und meint, gerade bei ihnen läge eine zwar widerspruchsvolle, aber doch um so wertvollere Anerkennung der universalen Bedeutung der Schönheit vor. Denn mit Recht lehnen sie die reine Kunst als l'art pour l'art, als müßige Spielerei ab, ebenso mit Recht verachteten sie die bloß ideale Schönheit als willkürliche und leere Beschönigung der kunstlosen Wirklichkeit. Ihren Forderungen liegt die wichtige Tatsache zugrunde, daß die Kunst etwas Wesentliches sei und daß die wahre Kunst die Fähigkeit haben müsse, tief und stark auf die reale Welt einzuwirken. Die Utilitaristen geben, wenn auch ungewollt, zu: «Das ästhetisch Schöne muß zur realen Besserung der Welt führen.» Auf eben dieser Forderung hat auch die ideale Ästhetik nie verzichtet, und wenn ARISTOTELES in seiner Poetik davon spricht, daß die antike Tragödie eine wirkliche Besserung der menschlichen Seele durch Reinigung und Läuterung bewirkt, so zeigt dies nur, daß bereits in der Antike ein Bewußtsein für diese Forderung vorhanden war.

Wir dürfen also allgemein sagen, daß der Künstler, was und wie immer er schaffen möge, einer neuen Wirklichkeit ins Leben verhilft, die ohne ihn nicht existent wäre. Auch wenn diese neue, schöne Wirklichkeit in unserem alltäglichen Leben nur unbedeutend und unzureichend vorhanden ist, spricht das im Grunde nicht gegen sie, sondern nur dafür, daß alle bisherige Kunst nur eine unvollkommene Stufe in ihrer allgemeinen Entwicklung darstellt. Wie alles Menschliche ist auch die Kunst nichts Statisches, sondern befindet sich in einer steten Entwicklung. Sie steht vielleicht erst am Anfang, ist ein Keim und wird erst in Zukunft im menschlichen Leben voll das leisten können, was eigentlich in ihr veranlagt ist; sie wird dann voll erblühen und reiche Früchte tragen können.

Schönheit in der Natur

Wenn wir die Mission der Kunst erkennen wollen, ist es nach Solowjew gut, mit einer Ästhetik der Natur zu beginnen. Zur Verdeutlichung zieht er hier ein Bild heran, das zugleich einfach wie tiefsinnig ist und alle Elemente vereint, die das Wesen der Kunst ausmachen. Es ist das Bild des geschliffenen Diamanten, der als kristallisierter Kohlenstoff chemisch von derselben Substanz ist wie die Kohle. «Aber der Diamant ist schön und wird um seiner Schönheit willen hoch bewertet, während schwerlich auch der anspruchsloseste Wilde bereit sein wird, ein Stück Kohle als Schmuck zu gebrauchen.»[115] Daraus wird bereits deutlich, «daß Schönheit etwas formal Besonderes, etwas Spezifisches ist, das nicht direkt von der materiellen Grundlage der Erscheinung abhängt und nicht auf sie zurückgeführt werden kann».[116] Zweitens ist Schönheit nicht abhängig von der subjektiven Bewertung, dem praktischen Nutzen und der sinnlichen Annehmlichkeit, die sie uns bereitet. Wir erkennen: Die schönsten Dinge können im Sinne der Befriedigung von Lebensbedürfnissen ganz nutzlos sein, während umgekehrt die nützlichsten Dinge völlig unschön sein können, was der Rasterbau unserer Städte erschreckend beweist.

Schönheit offenbart sich zunächst als reine Nutzlosigkeit, doch weil sie von den Menschen hoch geschätzt wird, muß sie ihren Sinn in sich selbst tragen: «In der Schönheit – sogar bei ihren einfachsten und primären Erscheinungen – begegnen wir etwas unbedingt Wertvollem, das nicht wegen eines anderen, sondern um seiner selbst willen da ist, das allein durch sein Dasein unsere Seele erfreut und befriedigt, die durch Schönheit beruhigt und von den Bestrebungen und Mühen des Alltags befreit wird.»[117] Dieser Begriff der Schönheit als reiner Nutzlosigkeit ist bereits in der Antike formuliert, später dann von KANT und SCHOPENHAUER aufgegriffen worden. SOLOWJEW aber geht weit darüber hinaus, indem er der Schönheit die Mission zuschreibt, unsere Seele zu beruhigen und zu befreien.

Die Schönheit des geschliffenen Diamanten ist nicht dem Stoff eigentümlich, sondern hängt offenbar vom Spiel der Lichtstrahlen in diesem Kristall ab. Aber hieraus dürfen wir nicht schließen, daß die Schönheit nicht dem Diamanten selbst, sondern nur den in ihr gebrochenen Lichtstrahlen zugehörig ist. Vielmehr wird klar, daß die Schönheit weder dem materiellen Körper, noch dem in ihm gebrochenen Lichtstrahl angehört, sondern erst ein Phänomen der beiden in ihrer Wechselwirkung darstellt. Denn wenn dieser Strahl auf ein Stück Kohle fällt, so wird er von dessen schwarzer Farbe völlig absorbiert. Die Kraft des Lichtes kann also die dunklen Elemente der Natur nicht überwinden. Wenn wir gewöhnliches Glas nehmen, durch das die Strahlen ohne bedeutende Veränderung hindurchgehen, zeigt sich das Stoffliche als ein unbeteiligtes Medium für die Lichtstrahlen. Die beiden entgegengesetzten Erscheinungen ergeben also dasselbe Resultat: Das einfache weiße Glas ist ebensowenig schön wie die schwarze Kohle, beide haben keinerlei ästhetische Bedeutung.

Dem geschliffenen Diamanten dagegen ist eine ästhetische Bedeutung eigen, weil in ihm weder der dunkle Stoff noch das einseitige Licht vorherrschen, sondern weil sich beide gegenseitig in einem gewissen Gleichmaß durchdringen. Die Materie des Kohlenstoffs behält zwar ihre ganze Kraft des Widerstehens als harter Körper bei, wird aber doch durch etwas ihr Entgegengesetztes bestimmt, indem sie durchsichtig, durchlichtet wird und dadurch ihre dunkle Eigenschaft aufgegeben hat. Dagegen erhält der Lichtstrahl, wenn er vom Kristallkörper des Diamanten aufgehalten wird, in ihm sowie von ihm eine Fülle phänomenalen Seins. Indem er sich bricht, zergliedert er sich in jeder Facette zu den ihn bildenden

Farben: «In dieser unverschmolzenen und trennbaren Verbindung von Stoff und Licht behalten beide ihre Natur, jedoch weder das eine noch das andere ist für sich gesondert sichtbar, sondern nur lichttragende Materie und verkörpertes Licht – durchlichtete Kohle und versteinerter Regenbogen.»[118]

In diesem Sinne kann SOLOWJEW die Schönheit definieren als «Verwandlung der Materie durch die Verkörperung des anderen, des übermateriellen Prinzips in ihr».[119] Schönheit ist also das Resultat eines Wechselprozesses: Die Idee oder die Form ergreift von der Materie oder dem Stoff Besitz, verkörpert sich in ihr. Die Materie wird verwandelt und durchlichtet, indem sie von der Idee geformt wird. Die Schönheit ist sowohl Inkarnation des Lichtes, der Idee – das ist die platonische Seite des Gedankens –, als auch Transparenz des Stoffes, der Materie – und das ist die aristotelische Seite. Schönheit ist also für SOLOWJEW sowohl ein Prozeß, der von oben nach unten – Inkarnation der Idee – als auch von unten nach oben verläuft – Durchlichtung des Stofflichen.

Für SOLOWJEW ist die Schönheit eine wirkliche Tatsache, das Erzeugnis realer und natürlicher Vorgänge, die in der Welt stattfinden. Wo ein wägbarer Stoff in lichttragende Körper umgestaltet wird, oder wo der unbändige animalische Trieb, der sich in bloßen Lauten kundgibt, sich in eine Reihe harmonischer und rhythmischer Töne verwandelt, haben wir Schönheit in der Natur. Sie fehlt überall dort, wo die materiellen Phänomene der Welt nackt erscheinen, sei es als grober und gestaltloser Stoff im Anorganischen oder als unbändiger Lebensinstinkt im Organischen.

Damit sind wir beim Gegenbegriff der Schönheit angelangt, der Häßlichkeit. Sie wird zweifach charakterisiert: einmal durch die Nacktheit und Gestaltlosigkeit der bloßen Materie, die finster bleibt und sich gegen die Durchlichtung sträubt; zum anderen durch das uferlose Wuchern des animalischen Triebes, bei dem sich das Leben gegen das höhere Prinzip, gegen Bewußtwerdung und Vergeistigung sträubt. In beiden Fällen tritt ein chaotisches Prinzip ungehemmt hervor, das die ideale Form unterdrückt oder zerschlägt. Je höher die Entwicklung schreitet, auf der die nackte, ungebändigte materielle Elementargewalt wieder hervortritt, um so abstoßender und häßlicher wirkt ihr Hervortreten. Schon im Tierreich begegnen wir groben Beispielen von Häßlichkeit. Aber wie bezeichnend, daß Tiere zwar häßlich sein können, z. B. wurmartige Larven, Raupen oder die riesigen Kopffüßler-Mollusken, die Tintenfische, daß aber Häßlichkeit ihren äußersten Grad nur im Bereich der höchsten und vollkommensten Naturform erreicht; denn kein Tier kann so abstoßend häßlich sein wie ein häßlicher Mensch.

Einen ähnlichen, auch platonischen Gedanken äußerte FRANZ MARC am 12. April 1915, der sein eigenes Lebenswerk charakterisiert: «Ich empfand schon sehr früh den Menschen als ‹häßlich›, das Tier schien mir schöner, reiner; aber auch an ihm entdeckte ich soviel Gefühlswidriges und Häßliches, so daß meine Darstellungen instinktiv, aus einem inneren Zwang immer schematischer, abstrakter wurden. Bäume, Blumen, Erde, alles zeigte mir mit jedem Jahr mehr häßliche, gefühlswidrige Seiten, bis mir erst jetzt plötzlich die Häßlichkeit der Natur, ihre Unreinheit voll zum Bewußtsein kam. Vielleicht hat unser europäisches Auge die Welt vergiftet und entstellt. – Vom Tier weg leitete mich ein Instinkt zum Abstrakten, das mich noch mehr erregte und in dem das Lebensgefühl ganz rein klingt.»[120] MARC meint dann weiter, die abstrakte Kunst sei der Versuch, statt der vom Weltbild erregten Seele des Künstlers die Welt selbst zum Sprechen zu bringen. Nicht mehr den Wald oder das Tier zu malen, wie sie dem Menschen gefallen oder erscheinen, sondern so, wie sie wirklich sind, wie sie sich selber fühlen, ihr absolutes Wesen, das hinter dem Schein liegt, den man sieht – das sei die Aufgabe einer wahrhaft zukünftigen Kunst.

Die Schönheit verwandelt das gestaltlose Chaos in den harmonisch geordneten Kosmos – dieser bedeutsame platonische Gedanke SOLOWJEWS findet sich von RUDOLF STEINER auch ausgesprochen. Die Griechen gingen von dem Erlebnis aus: Schön machen kann man eigentlich die fertige Welt nicht, denn sie ist so, wie sie eben ist. Schön machen kann man nur das, was selbst noch unvollkommen, in den Anfängen, also chaotisch ist. Wenn der Mensch das Chaos in den Kosmos wandelt, dann entsteht Schönheit. Daher sind Chaos und Kosmos Wechselbegriffe. Man kann den Kosmos, das ist im Grunde «die schöne, geschmückte Welt», nicht aus materiellen

Dingen herleiten, sondern nur aus dem Chaos, indem man es formt und gestaltet.[121]

Diesen Gedanken formuliert bereits die Genesis, wenn Gottvater die Welt aus dem gestaltlosen Chaos, dem «Tohuwabohu», den Menschen aber aus dem amorphen, ungeformten Ton hervorgehen läßt. Gottvater ist hier der große Künstler als Weltenschöpfer, als den ihn auch PLATON und SOLOWJEW sahen. Aber SOLOWJEW geht weiter und meint, das Vorhandensein häßlicher Tiere widerlege die landläufige ästhetische Auffassung, die mit HEGEL in der Schönheit lediglich den vollkommenen äußeren Ausdruck des inneren Gehaltes sieht, ohne Rücksicht darauf, worin denn nun eigentlich dieser Begriff selbst besteht. SOLOWJEW: «Nach einem solchen Begriff muß man einem Tintenfisch oder einem Schwein Schönheit zusprechen, da der Körper dieser Tiere in vollendeter Weise ihren inneren Gehalt ausdrückt, nämlich Gefräßigkeit. Hier aber gerade wird es klar, daß die Schönheit in der Natur nicht der Ausdruck eines jeden Gehalts ist, sondern nur der eines idealen, daß sie die Verkörperung der Idee ist.»[122]

Diese Definition korrigiert nicht nur die Hegelsche Ansicht, sondern sie verbessert auch die verbreitete Auffassung, die für die Schönheit zwar einen idealen Inhalt verlangt, in ihr aber nicht eine tatsächliche Verwirklichung, sondern nur das Trugbild einer Idee findet, wie es EDUARD VON HARTMANN im 19. Jahrhundert tat. SOLOWJEW aber sieht die Schönheit oder die verkörperte Idee als die bessere Hälfte unserer realen Welt an, die nicht nur existiert, sondern die überhaupt erst ihr Dasein verdient.

Dann aber folgt die Krönung dieses Gedankens: Die Idee ist eigentlich dasjenige, was an und für sich würdig ist, zu sein. Und des Daseins würdig ist nur das allvollkommene und absolute Wesen, das völlig frei ist von jeglichen Mängeln und Beschränkungen. Partielle und begrenzte Erscheinungen, die kein würdiges, ideales Sein besitzen, «werden seiner durch die Beziehung zum Absoluten im Weltprozeß teilhaftig, der ja die allmähliche Verkörperung der Idee dieses Seins ist. Das einzelne Sein ist nur insofern ideal und würdig, als es das allgemeine Sein nicht verleugnet, sondern ihm Raum in sich gibt, und in gleicher Weise ist das Allgemeine soweit ideal und

würdig, als es dem Partiellen in sich Platz einräumt.» Hieraus kann
SOLOWJEW dann die formelle Definition der Idee oder der würdigen
Art des Seins ableiten: «Die Idee ist die völlige Freiheit der Bestand-
teile in der vollkommenen Einheit des Ganzen.»[123]

Schönheit in der Kunst

Wenn wir die Schönheit der Natur betrachten, die uns heute nur
noch in von Menschen unbewohnten Gebieten begegnen kann, so
könnten wir mit SOLOWJEW mit einigem Recht fragen: wozu denn
eigentlich diese Verdoppelung der Schönheit in der bildenden
Kunst? Genügt uns nicht völlig die Naturschönheit? Ist deshalb
nicht die Kunstschönheit überflüssig? Ist es nicht ein kindischer
Zeitvertreib, im Bilde zu wiederholen, was bereits ein schönes Dasein in der Natur hat? Viele Künstler und Philosophen haben auf
diese schwierige Frage geantwortet, was HIPPOLYTE TAINE in seiner
Philosophie der Kunst 1866 bereits in klassischer Weise formulierte:
Die Kunst gibt nicht die Gegenstände und Erscheinungen der Wirklichkeit wieder, sondern nur das, was der echte Künstler in ihnen
sieht. Das ästhetische Element der Naturerscheinungen wird, indem
es durch das Bewußtsein des Künstlers hindurchgeht, von allen
materiellen Zufälligkeiten gereinigt und tritt somit klarer und ein-
deutiger, verdichteter hervor. Die über die Natur hinausgehende
Schönheit erscheint auf den Bildern konzentriert, dadurch aber
wesentlich und bedeutender.

SOLOWJEW will sich mit dieser – im übrigen materialistischen und
positivistischen – Erklärung der Kunst nicht zufriedengeben, weil
sie auf wichtige Gebiete der Kunst überhaupt nicht anwendbar ist.
Welche Erscheinungen der Natur sind denn in den Sinfonien BEET-
HOVENS unterstrichen und verdichtet? Es ist damit offenkundig, daß
die ästhetische Verbindung von Kunst und Natur viel tiefer und
bedeutsamer ist. Sie besteht nicht in einer Wiederholung, sondern
in einer Fortsetzung dessen, was die Natur begann, aber nicht
vollendete. Dieser klassische Gedanke ist bereits von GOETHE in

seinem Winckelmann-Aufsatz ausgesprochen worden.[124] SOLO-WJEW meint: «Das Resultat des Naturprozesses ist der Mensch in zweierlei Sinn: erstens als das schönste und zweitens als das im höchsten Grade bewußte Wesen in der Natur. In der letzten Eigenschaft wird der Mensch selbst aus einem Resultat zu einem Wirkenden im Weltprozeß und entspricht um so vollständiger dessen idealem Ziel: der vollen gegenseitigen Durchdringung und freien Solidarität der geistigen und materiellen, der idealen und realen, der subjektiven und objektiven Faktoren und Elemente des Weltalls.»[125]

Wenn begriffen worden ist, daß der von der Natur begonnene Werdeprozeß vom Menschen fortgesetzt und vollendet werden kann, dann stellt sich uns die Frage: Warum wird er gerade von der Schönheit und der Kunst im idealen Sinne gelöst? Wäre es nicht besser, als Ziel des Weltprozesses die Verwirklichung der Wahrheit und Güte anzusehen, wie es doch viele Denkende seit altersher tun? Der strenge Moralist wird immer entgegnen, daß Wahrheit und Güte nicht der ästhetischen Verkörperung bedürfen. Das Gute tun und die Wahrheit erkennen, die uns freimacht, das sei alles, was der Menschheit fromme.

SOLOWJEW beginnt seine Erwiderung an die Adresse der Moralisten und einseitigen Wahrheitsfanatiker damit, daß er zunächst theoretisch voraussetzt, daß das Gute verwirklicht ist, und zwar im gesamten gesellschaftlichen Leben, daß volle Solidarität und Brüderlichkeit herrscht, daß jeder Egoismus verschwunden ist: «Wenn aber diese allgemeine gegenseitige Durchdringbarkeit, in der das Wesen des sittlich Guten zum Ausdruck kommt, vor der materiellen Natur haltmacht, wenn das geistige Prinzip nach Überwindung des menschlichen psychischen Egoismus nicht imstande ist, die Undurchdringlichkeit des Stoffes, den physischen Egoismus zu überwinden, so ist diese Kraft des Guten und der Liebe nicht stark genug und kann deshalb jenes sittliche Prinzip nicht bis zu Ende verwirklicht und völlig gerechtfertigt werden.»[126]

Dann aber entsteht die Frage: Wenn das ideale, lichte Prinzip das dunkle, materielle Prinzip nicht überwinden kann, ist dann im ersteren wirklich die Wahrheit alles Seienden beschlossen? Ist dann das, was wir das Gute nennen, nichts als ein bloßes Trugbild? Doch

Wahrheit und Güte bedürfen des Schönen, damit sie sich in der materiellen Welt behaupten können: «Das materielle Sein kann in die sittliche Ordnung nur mittels seiner Durchlichtung, seiner Durchgeistigung, das heißt, nur in Form von Schönheit eingehen. Mithin bedarf es der Schönheit zur Vollendung des Guten in der materiellen Welt, denn nur durch sie wird das böse Dunkel dieser Welt erhellt und gebändigt.»[127]

Dieses Werk der Durchlichtung und Vergeistigung wurde bereits von der Natur begonnen, denn die natürliche Schönheit hat die Welt schon in eine strahlende Decke gehüllt, das häßliche Chaos regt sich kraftlos unter der harmonischen Gestalt des Kosmos und kann sie nicht abwerfen: «Wir wissen, daß die Realisierung dieses Prinzips schon in der Natur selbst verschiedene Tiefengrade aufweist, wobei jeder Vertiefung der positiven Seite auch eine Vertiefung, eine innere Verstärkung der negativen entspricht. Wenn im anorganischen Stoff das böse Prinzip nur als Schwere und Trägheit wirkt, so äußert es sich in der organischen bereits als Tod und Zersetzung, im Menschen aber bekundet es außer der komplizierteren und verstärkten Erscheinung im Bereich des Physischen auch noch seine tiefste Wesensart als sittliches Übel. Hier aber liegt auch die Möglichkeit des endgültigen Sieges über das böse Prinzip und der vollkommenen Verkörperung dieses Sieges in unvergänglicher und ewiger Schönheit.»[128] SOLOWJEW sieht also das Böse in echt russischer, neuplatonischer Weise als Schwere und Trägheit im Anorganischen, das im Menschen gesteigert als real Böses, als der Tod in Erscheinung tritt.

Um wirklich realisiert zu werden, müssen das Gute und Wahre im Menschen selbst zu einer schöpferischen Kraft werden, welche die Wirklichkeit umgestaltet und nicht nur passiv abspiegelt. Wie in der materiellen Welt das Licht sich in Leben verwandelt und organisierendes Prinzip der Pflanzen und Tiere wird, um sich nicht nur in den Körpern widerzuspiegeln, sondern sich in ihnen zu verkörpern, so kann sich auch das Licht der Vernunft nicht auf die Erkenntnis allein beschränken, «sondern muß den erkannten Sinn des Lebens künstlerisch in einer neuen, ihm mehr entsprechenden Wirklichkeit verkörpern».[129] Die Schönheit als verwirklichte Kunst kommt also bei SOLOWJEW einer weltenschöpferischen Tätigkeit gleich, die mit nichts anderem vergleichbar ist. Damit ergibt sich die Definition des Schönen, Würdigen, Idealen im Gegensatz zum Häßlichen, Unwürdigen, rein Materiellen.

SOLOWJEW zeigt drei Merkmale eines würdigen Seins auf: Erstens dürfen sich die Einzelelemente der Welt gegenseitig nicht ausschließen, sondern müssen solidarisch untereinander sein. Sie dürfen zweitens das Ganze nicht ausschließen, sondern müssen ihr eigenes Einzeldasein auf der allgemeinen Grundlage behaupten. Und drittens darf diese Grundlage oder der absolute Urgrund die Einzelelemente wiederum nicht unterdrücken, sondern muß sich in ihnen entfalten und ihnen Spielraum in sich geben.

Dazu nun das Gegenteil, die Häßlichkeit, die sich als dialektische Entsprechung ergibt: Wenn ein Einzelelement sich abgesondert behauptet, indem es fremdes Sein auszuschalten oder zu unterdrücken sucht, auch wenn Einzelelemente getrennt oder gemeinsam an die Stelle des Ganzen treten wollen und so die Einheit ausschließen oder verneinen; auch wenn umgekehrt im Namen der Einheit die Freiheit des einzelnen bedrängt oder gar aufgehoben wird, dann entsteht das Böse. Es ist sowohl ausschließende Selbstbehauptung und Egoismus wie anarchischer Partikularismus und despotische Vereinigung. Wenn dieses böse Prinzip aber aus der praktischen in die theoretische Sphäre tritt, entsteht die Lüge. Sie bezeichnet einen Gedanken, der nur eine einzige Seite des Daseins bejaht und alle anderen Seiten ausschließt.

Dieselben Merkmale, nach denen das Böse in der sittlichen und die Lüge in der intellektuellen Sphäre bestimmt wird, kennzeichnen auch die Häßlichkeit in der ästhetischen Sphäre: «Alles das ist häßlich, wo ein Teil maßlos wuchert und vor den anderen vorherrscht, wo Einheit und Ganzheit fehlen und schließlich, wo es keine freie Mannigfaltigkeit gibt. Die anarchische Vielfalt ist dem Guten, der Wahrheit und Schönheit ebenso entgegengesetzt wie die tote, erdrückende Einheit: der Versuch, letztere für die Sinne zu realisieren, läuft auf die Vorstellung unendlicher Leere hinaus, der alle besonderen und bestimmten Gestaltungen des Seins fehlen, das heißt, auf die reine Häßlichkeit.»[130]

Die vollkommene Schönheit

Die vollkommene Schönheit tritt dann auf, wenn die Idee die Materie vollständig durchdrungen und durchlichtet hat. Dies setzt aber die tiefste und engste Wechselwirkung zwischen dem inneren, geistigen Prinzip und dem äußeren stofflichen Dasein voraus. Hier liegt auch der Unterschied der Schönheit zur Wahrheit und zum Guten. Einem bloß idealen Inhalt, der nur innerlicher Besitz des Geistes, des Willens und Denkens bleibt, ist keine Schönheit eigen. Das Fehlen der Schönheit beweist Kraftlosigkeit der Idee. Solange der Geist nicht imstande ist, seinem inneren Gehalt unmittelbaren äußeren Ausdruck zu verleihen, sich in der Materie zu verkörpern; solange der Stoff unfähig ist, sich mit dem Geiste zu durchdringen, sich in ihn zu verwandeln, solange kann die Schönheit nicht erscheinen: «Der abstrakte, zu schöpferischer Verkörperung unfähige Geist sowie der seelenlose, zur Durchgeistigung unfähige Stoff, sie entsprechen beide nicht einem idealen oder würdigen Sein, und beide tragen das deutliche Gepräge ihrer Unwürdigkeit darin an sich, daß weder der eine noch der andere schön sein kann.»[131] Wenn sich aber Geistiges und Materielles vollkommen durchdrungen haben, wenn sie die Schönheit als ein neues, drittes Element aus dieser gegenseitigen Durchdringung geboren haben, dann muß die materielle Erscheinung, indem sie wirklich schön geworden ist, ebenso bleibend und unsterblich werden wie die Idee selbst.

Mit diesem Gedanken geht SOLOWJEW weit über HEGEL hinaus, für den die Schönheit zwar die Verkörperung der ewigen und unsterblichen Idee in einer vergänglichen Erscheinung ist, für den diese aber weiterhin vergänglich bleibt und sogar verschwindet. SOLOWJEW aber trifft sich hier mit einem Maler, der in moderner Weise diesem platonischen Ideal nachzustreben versucht, nämlich dem Holländer PIET MONDRIAN (1872–1944). Dieser äußerte einmal, daß für ihn die Kunst nur solange ein Ersatzmittel sei, wie die Schönheit des Lebens mangelhaft sei. Die Kunst als solche werde verschwinden, wenn der Mensch den Alltag zum Kunstwerk umgewandelt habe.[132]

Schönheit und Kunst haben bei MONDRIAN und SOLOWJEW eine

objektive Bedeutung, sie sind nicht, wie es die landläufige Meinung will, ein bloß subjektives Produkt der Phantasie. Wenn es der Natur auch nicht gelingt, die vollkommene Schönheit innerhalb der physischen Welt zu verwirklichen, so hat sie sich doch nicht umsonst auf dem Weg großer Mühen und Anstrengungen, schrecklicher Katastrophen und häßlicher Ausgeburten aus der niedersten Sphäre in die Welt des bewußten Menschenlebens erhoben. Die unvollendete Aufgabe, die mit den Mitteln des physischen Menschenlebens nicht auszuführen ist, muß mit den Mitteln des menschlichen Schaffens gelöst werden.

Hieraus folgt die dreifache Aufgabe der Kunst: Erstens hat sie die tiefsten inneren Bestimmungen und Eigenschaften der lebendigen Idee zu verwirklichen und damit zu objektivieren, die von der Natur nicht ausgedrückt werden können. Zweitens hat sie die natürliche Schönheit zu vergeistigen und drittens die individuellen, aber vergänglichen Erscheinungen zu verewigen. «Das ist Verwandlung von physischem Leben in geistiges, das heißt in ein solches, das erstens sein Wort oder seine Offenbarung in sich selbst hat, fähig ist, sich unmittelbar nach außen auszudrücken; das zweitens imstande ist, Materie innerlich umzuwandeln, zu durchgeistigen oder sich wahrhaft in ihr zu verkörpern, und das drittens frei ist von der Macht des materiellen Prozesses und deshalb ewig besteht.»[133] Es hat damit den Tod, wie es Christus beispielhaft für die gesamte Menschheit vollzog, überwunden.

Finsternis	*Licht*
Materie	Idee
Chaos	Kosmos
gestaltloser Stoff	gestaltende Form
↑	↓
Transsubstantiation	Inkarnation
von unten nach oben	von oben nach unten
lichttragende Materie	verkörpertes Licht

SOLOWJEW sagt zu dieser Zukunftsaufgabe der Kunst: «Die voll-

kommene Verkörperung dieser geistigen Fülle in unserer Wirklichkeit, die Realisierung absoluter Schönheit oder Erschaffung eines
allumfassenden geistigen Organismus ist die höchste Aufgabe der
Kunst. Es ist klar, daß die Erfüllung dieser Aufgabe mit dem Ende
des gesamten Weltprozesses zusammenfallen muß.»[134] Das ist apokalyptisch gedacht. Denn solange noch die zeitlich begrenzte und
vergängliche Geschichte dauert, kann es immer nur partielle und
fragmentarische Vorwegnahmen der vollkommenen Schönheit
geben.

Alle Kunst ist somit notwendig prometheisch und auf die Zukunft
bezogen, die sie vorwegnimmt und als Vorschein in unsere vergängliche Welt leuchten läßt. Die gegenwärtig existierenden Künste
werfen in ihren großen Schöpfungen einen Schimmer der ewigen,
zukünftigen Schönheit in unser dunkles, alltägliches Dasein. Dieser
Schimmer, dieser himmlische Strahl des Neuen Jerusalem nimmt in
unserer sterblichen Welt eine überirdische, für uns erst in ferner
Zukunft realisierbare Wirklichkeit vorweg und gibt uns eine Vorahnung von ihr. Dadurch ist dieser Lichtstrahl ein Übergang, ein
Bindeglied zwischen der unvollkommenen Schönheit der Natur und
der vollkommenen des zukünftigen Lebens. Wenn wir die Kunst
von dieser hohen Warte aus in ihrer weltumfassenden Mission
betrachten, hört diese auf, ein leerer, müßiger Zeitvertreib zu sein
und wird erhöht in den Rang einer begeisternden Prophetie. Das
Band zwischen Kunst und Religion wird dadurch auf neue und
undogmatische Weise geknüpft, so daß beide Kulturgebiete aus
dieser Verknüpfung gesteigert hervorgehen können.

So kann SOLOWJEW endlich eine konkrete Bestimmung der Kunst
geben, die ihr Wesen platonisch erfaßt: «Jede wahrnehmbare Darstellung irgendeines Gegenstandes und seiner Erscheinung im Hinblick auf ihren endgültigen Zustand oder im Lichte der zukünftigen
Welt ist ein Kunstwerk.»[135] In diesem Sinne ist die Kunst wesentlich
mitbeteiligt am großen Wiederaufstieg des Menschen und der Welt,
an der Überwindung der Sündenkrankheit, an der Erlösung vom
Bösen. Der Mensch ist dazu berufen, das große Werk der Schöpfung
dort fortzusetzen, wo es die Natur und die Gottheit hinterlassen
haben. Der Mensch steigt damit vom Geschöpf zum Schöpfer auf

und er dient, wenn er schöpferisch wird, in freier, souveräner Weise der ewigen Weisheit Gottes.

«Die Schönheit wird die Welt retten» – dieser prophetische und apokalyptische Satz des befreundeten DOSTOJEWSKY wird sich dann in voller Realität bewahrheiten, wenn sich der Mensch als schöpferisches Wesen begreift, das dazu berufen ist, die Welt ihrer wahren Bestimmung entgegenzuführen: nämlich sie zu erlösen.

Das Christentum als ästhetisches Urphänomen

Das Prinzip der Ästhetik SOLOWJEWS ist die Apokalypse, nämlich die vollständige Enthüllung der bisher noch verborgen gebliebenen Wahrheit Gottes, damit aber auch der Wahrheit des Menschen.[136] Denn diese Ästhetik ist auf der einen Seite die sukzessive Fleischwerdung des Logos, oder anders ausgedrückt, die Weltwerdung Gottes; der Logos inkarniert sich stufenweise von oben nach unten. Auf der anderen Seite ist diese Ästhetik die fortschreitende Entwicklung der Menschheit zum kosmischen Leib Christi. Sie wird dem Göttlichen immer ähnlicher, reift ihm von unten entgegen und vereinigt sich schließlich mit ihm. Inkarnation des Göttlichen, Transsubstantiation des Irdischen und Menschlichen – der Mensch gewordene Gott und der göttlich gewordene Mensch: sie durchdringen einander, bis sie am Ende aller Tage eine Einheit bilden. Die Synthese zwischen Gott und Mensch wird dann einst auch die Erlösung des Kosmos und der Natur herbeiführen. Die Krönung der Kunst ist daher die heilige Vermählung zwischen Himmel und Erde, wo die voll inkarnierte Gottheit und die voll vergöttlichte Welt eins geworden sind. Sie ist bereits einmal in der Geschichte Realität geworden, nämlich in Christus, dem fleischgewordenen Weltenwort. Mit diesem Begriff der heiligen Vermählung aber greift SOLOWJEW auf eine alte Idee der christlichen Gnosis zurück, nämlich auf die Idee der «Syzygia».[137]

Die Überzeugung von der Auferstehung Christi bildet das Zentrum dieser Kunstanschauung: Das Kunstwerk schafft einen Vorschein, einen Abglanz der auferstandenen Welt; es nimmt das Himmlische Jerusalem vorweg, das Neue Paradies am Ende aller Tage. Und so ist SOLOWJEW davon überzeugt, daß nur derjenige Mensch, der Christ ist und die Auferstehung bejaht, dem künstlerischen, schöpferischen Tun einen wirklichen Sinn zusprechen kann. Wird sie dagegen verneint, muß alle Schönheit als müßige Spielerei und Illusion erscheinen, die keine Realität oder Verwandlungskraft besitzt. Zwischen christlicher Überzeugung und materialistischer Ideologie gibt es nach SOLOWJEW keinen Kompromiß.

In dieselbe spirituelle Richtung zielt auch eine aus der anthroposophischen Geisteswissenschaft gewonnene christologische Interpretation der Schönheit. So vollendet sich für BERTHOLD WULF in der Auferstehung jede Kunst, denn die Auferstehung ist das vollendete Kunstwerk, weil Geistigkeit im Leiblichen als Geist-Leiblichkeit erschien. Und Christus konnte deshalb auch mit Recht von sich sagen: «Ich bin der Schöne Hirte», denn das Wesen seines Hirtenseins ist künstlerischer Art, nicht nur weisheitsvoll und innerlich moralisch. Die Ästhetik ist im Lichte der Worte Jesu ein wesentlicher Bestandteil der Christologie und der künstlerische Prozeß eine Imitatio Jesu durch Tod und Auferstehung. Ist aber nach den Worten des PAULUS (I. Kor. 15,14) Christus nicht auferstanden, so ist aller Glaube nichtig. Genauso aber auch die Wandlung und «alles Bewußtsein, das über die Kenntnisnahme der bloß geschaffenen Welt hinausgeht, jedes künstlerische Schaffen, alles, was den Menschen erst eigentlich zum Menschen macht. Durch die Auferstehung ‹blüht› der heilige Geist das Sein Gottes in das menschliche Bewußtsein hinein.»[138]

Eine bestimmte Richtung der protestantischen Theologie, besonders im Calvinismus, hat es aus ihren eigenen Voraussetzungen heraus ungemein schwer, diese Zusammenhänge von Schönheit und Religion anzuerkennen. So meint der holländische Religionsforscher GERARDUS VAN DER LEEUW, «heilig» sei ein letztes Wort, «schön» dagegen immer nur ein vorletztes.[139] PAUL TILLICH glaubt, der neuzeitliche Gegensatz von Religion und Kunst könne in der Geschichte niemals überwunden werden und sei ein Beweis für den Sündenfall der Welt.[140] Dem streitbaren Theologen KARL BARTH erscheint die Souveränität Gottes als so übermächtig groß, daß sich dagegen alles kulturelle Tun wie ein vergebliches Laufen ausnimmt. So hält er Christusdarstellungen in der Kunst für untragbar, ja sogar für eine «Katastrophe».[141]

Selbst so ein abwägender protestantischer Ästhetik-Forscher wie HANS-ECKEHARD BAHR, der gerade der Kunst unseres Jahrhunderts Gerechtigkeit widerfahren lassen möchte, kommt nicht umhin, aus seiner bilderfeindlichen Gesinnung heraus die Kunst letzten Endes doch zu verteufeln. Ihr sei keine Transzendenz und Ewigkeit beschieden, weil sie ein Geschöpf des Sündenfalls sei, meint er; sie löse keine letzten Fragen und heile niemals; wegen des Primats der Theologie (!) habe sie niemals einen Erlösungsanspruch. Diese rigorose Kunstfeindschaft kulminiert in dem erstaunlichen Satz: «Stünde es in der Kraft der Kunst, den Menschen nicht nur der subjektiven Einbildungskraft nach, sondern faktisch und realiter von seiner Hinfälligkeit und seiner Schuld zu befreien, dann wäre Gott ein Narr und Christus umsonst gestorben.»[142]

Künstler denken darüber sehr viel unbefangener. So entwickelte VINCENT VAN GOGH in einem längeren Brief aus Arles Ende Juli 1888 seinem Malerfreund EMILE BERNARD seine spirituelle Christus-Auffassung, die der von SOLOWJEW, seinem gleichaltrigen Bruder im Geiste, erstaunlich ähnlich ist: «Christus allein – unter allen Philosophen, Magiern usf. – hat als festen Grundsatz das ewige Leben bejaht, die Unendlichkeit der Zeit, die Nichtigkeit des Todes, Notwendigkeit und Daseinsberechtigung von Heiterkeit und Hingabe. Er hat heiter und gelassen gelebt, *als Künstler größer als alle Künstler*, er verschmähte Marmor und Ton und Farbe und arbeitete in lebendigem Fleisch. Das heißt, dieser unerhörte, mit dem stumpfen Instrument unserer modernen nervösen und abgebrauchten Gehirne kaum begreifliche Künstler machte weder Statuen, Bilder noch Bücher: er versicherte es laut, er machte . . . *lebendige Menschen*, unsterbliche. Das ist ernst, weil es die Wahrheit ist.»[143]

Die Christus-Worte: «Auch wenn Himmel und Erde vergehen, meine Worte werden nicht vergehen» sind nach VAN GOGH «einer der höchsten, sind der höchste Gipfel, den die Kunst erreicht hat, wo sie schöpferische Kraft, reine schöpferische Macht wird. Diese

Betrachtungen, mein lieber Kamerad BERNARD, führen sehr weit, sie heben uns sogar über die Kunst hinaus. Sie lassen uns die Kunst, das Leben zu gestalten, ahnen, die Kunst unsterblich-lebendig zu sein. Sie stehen in Beziehung zur Malerei. Der Schutzpatron der Maler – der heilige Lukas, Arzt, Maler, Evangelist – hat als Symbol leider nur einen Ochsen und ist da, um uns Hoffnung zu geben.» VINCENT VAN GOGH entwickelt aus diesen Gedankengängen dann seine individuelle Idee der Reinkarnation, auf die an dieser Stelle nicht eingegangen werden kann.

SOLOWJEW fragt: Welches ist die Kraft der Integration, die die Versöhnung zwischen irdischer und himmlischer Welt, zwischen Gott und Mensch in der Kunst herbeiführt? Es ist die Kraft der Liebe, die darum das Zentrum seiner apokalyptischen Ästhetik bildet. Liebe ist konkrete Übereinstimmung, Harmonie und Friede, sie ist eine Welt-Entität, eine kosmische und weltenschöpferische Kraft, sie ist «Liebe in jenem erweiterten Sinn, in dem dieser Begriff zusammenfällt mit dem Begriff der Welttotalität des Kosmos. In diesem Sinn sind das Gute, das Wahre und das Schöne nur verschiedene Abbilder der Liebe . . . Das Wollen des Guten aber ist seinem Wesen nach eigentliche Liebe oder Urquell der Liebe: Idee der Idee.»[144] Das ist echt platonisch gedacht, und so sieht SOLOWJEW auch keinen großen Unterschied zwischen der naturhaften Liebe des Eros, der individuellen Liebe zwischen Mann und Frau, und der seelisch-geistigen Liebe, der Agape, der aus der Fülle Gottes verwirklichten Liebe. Die christliche Liebe gilt ihm dabei als die wahre Erfüllung des individuellen Eros.

So wird die individuelle Liebe, die Grundsubstanz allen Seins, für SOLOWJEW zu einer theurgischen Kunst und umgekehrt das künstlerische Schaffen zu einer tätigen, gestaltenden Liebe. Beide gehören zusammen, bilden eine innige und unauflösliche Einheit. Liebefähig ist nur der Mensch, der schöpferisch ist. Und schöpferisch kann nur derjenige Mensch sein, der im höchsten Sinne der Liebe fähig ist. Die großen Künstler waren darum auch immer die großen Liebenden. Und welcher wahrhaft Liebende hätte nicht schon die Erfahrung gemacht, daß die Liebe seine eigenen schöpferischen Kräfte in einer vorher nie gekannten Weise entflammt und belebt?

JEAN GEBSER, der mit aufschlußreichen Beispielen die Problematik des neuen Bildes in der Kunst des 20. Jahrhunderts als Ausdruck des zukunftsweisenden integralen Bewußtseins deutet, nennt zur Beurteilung oft sonst völlig unverständlich scheinender moderner Kunstwerke ein unfehlbares Kriterium. Dieses zielt wiederum über den bloß formalen ästhetischen Aspekt weit hinaus. Gebser meint nämlich, der Mensch könne die Erfahrung machen, daß das Ja oder Nein auf eine einzige Frage genügt, um festzustellen, ob es sich um zukunftsweisende Kunst oder um ihr Gegenteil handelt, um Zerstörung und Atomisierung. Und diese Frage lautet ganz einfach: «Ist der Mensch, der das malte, schrieb, baute oder komponierte – ist dieser Mensch liebefähig?»[145] Denn GEBSER ist wie SOLOWJEW der tiefen Überzeugung, daß Kunst und Liebe unbedingt zusammengehören und daß Kunst die verwirklichte Liebe bedeutet.

«Wer gibt die Kultur weiter?», so fragt ganz im platonischen Sinne PETER HANDKE und versucht diese Antwort: «Es geben die Kultur nur weiter, die lieben, und dadurch gibt es die Kultur. Die anderen verschlingen, ereifern sich (vielleicht), begeistern sich (selten) – aber sie geben, lieblos, nichts weiter. – Und es kommt doch jeden Tag der Moment, da ich der Rettung durch Liebe bedarf: es ist nicht nur ‹Liebe›, sondern ‹Rettung durch Liebe›.»[146]

PAULUS spricht im Hohelied der Liebe: Hätte ich aller Welt Weisheit und wüßte alle Geheimnisse, aber hätte der Liebe nicht, so wäre ich ein tönend Erz und eine klingende Schelle. – Dieses Wort gilt, abgewandelt für die Kunst, so: Verstünde es ein Künstler, große Schönheit hervorzubringen und er wäre liebesunfähig, es mangelte ihm an der Agape, an jener unwägbaren und spirituellen moralischen Substanz, so brächte er doch nur Werke von toter Geschicklichkeit hervor, die niemanden wachrütteln, ergreifen, entzücken oder gar heilen.

Alexej Jawlensky, ein moderner Platoniker

Für einen im modernen Sinne schaffenden platonischen Künstler wird sich die Kunst wohl kaum in formalen Experimenten, konstruktivistischen Abenteuern erschöpfen; ihn interessieren Formfragen nicht in erster Linie, und er kümmert sich wenig um die allgemeine Stilentwicklung, die ihn darum auch kaum tiefer berührt. Er geht vielmehr unbeirrt seinen eigenen Weg, und das ist der dionysische Weg nach innen, in die Tiefen der eigenen Seele, wo er in mystischer Weise sich dem Geheimnis des Göttlichen zu nähern sucht. Das aber ist nur durch ein ständiges Arbeiten an sich selbst, durch eine meditative Haltung möglich, die alles künstlerische Schaffen mit einem religiösen Feuer durchglüht. Ein solch platonisch Schaffender wird aus diesem Grund die Kunst nicht als eine Realität betrachten, die feststeht, sondern immer nur als ein Werdendes, einen Keim, einen weiten Wurf in die Zukunft. So sieht er die Kunst ganz apokalyptisch von der Zukunft her, überwältigt von dem Glanz der Schönheit, der ihm von dort entgegenleuchtet, von dem Neuen Paradies einer harmonisch vollendeten, unvergänglichen Welt. Und einen Schimmer dieser Schönheit möchte er in jedem seiner Werke einfangen und in diese vergängliche, friedlose Welt der Gegenwart hineinstellen.

Ein solch moderner, platonisch schaffender Künstler war ALEXEJ JAWLENSKY, ein Russe wie WLADIMIR SOLOWJEW.[147] Sein Lebenswerk, das zweigeteilt erscheint, kann als eindrucksvolle Bestätigung für die lebendige Realität der Ästhetik SOLOWJEWS in der Kunst des 20. Jahrhunderts gelten. Der am 13. März 1864 in Torschok, Gouvernement Twer, geborene ALEXEJ JAWLENSKY entstammte einer adeligen Offiziersfamilie, und so war auch ihm der Soldatenberuf vorausbestimmt. Mit neun Jahren hatte er ein denkwürdiges Erlebnis an einer Ikone und sah sieben Jahre später erstmals eine Kunstausstellung, die nach seinen eigenen Worten eine Wende in seinem Leben einleitete. Seitdem wurde die Kunst zu seinem Ideal, das Heiligste, nach dem sich sein ganzes Ich sehnte. Doch erst 1896 konnte er als Hauptmann seinen Abschied vom Militär nehmen und sich ganz der geliebten Kunst widmen. Zusammen mit seiner Geistesfreundin, der Malerin MARIANNE WEREFKIN, ging er nach München.

Schon nach wenig mehr als einem Jahrzehnt hatte sich JAWLENSKY zusammen mit WASSILY KANDINSKY in die vorderste Reihe der europäischen Avantgarde in der Kunst geschoben. Seine Werke umfaßten drei Themengruppen: Figuren, Landschaften und Stilleben. Wie im Expressionismus suchte er nicht die Wiedergabe des äußerlich Gesehenen, sondern die Erlebnisse einer inneren Welt durch ein gesteigertes Farbempfinden und eine reduzierte, zeichenhafte Formensprache auszudrücken. VAN GOGH, GAUGUIN und MATISSE waren die großen Lehrmeister. Doch schon bald wird JAWLENSKY, wie JÜRGEN SCHULTZE deutlich machte, von der Abstraktion KANDINSKYS überholt. Das Aufzeigen neuer, revolutionärer Wege in der Stilentwicklung war seine Sache nicht, sondern eher das immer tiefer gehende Verwirklichen seiner eigenen Möglichkeiten. JAWLENSKY trug nach CLEMENS WEILER von Anfang an ein ganz bestimmtes archetypisches Urbild in seiner Seele, das freizulegen sein Lebenswerk sein sollte. Nur so konnte sein Werk ein einzigartiger Individualisierungsprozeß von allgemeiner Gültigkeit werden.

Dieser Prozeß begann mit der zweiten Werkphase, als JAWLENSKY bei Kriegsausbruch 1914 als unerwünschter Ausländer in die Schweiz abgeschoben wurde. Er ging damals nach St. Prex an den Genfer See. Ein ganz neuer Malimpuls setzte ein, über den er selbst berichtet: «Anfangs wollte ich in St. Prex weiterarbeiten, wie ich in München gearbeitet hatte. Aber etwas in meinem Innern erlaubte mir nicht, die farbigen sinnlichen Bilder zu machen. Meine Seele war durch vieles Leiden anders geworden, und das verlangte, andere Formen und Farben zu finden, um das auszudrücken, was meine Seele bewegte.»[148] Der dionysische Weg nach innen war damit vorgezeichnet, aber ein solcher, der nicht nur eine künstlerisch-handwerkliche, sondern vor allem eine moralische und eine Bewußtseinsschulung vom Maler verlangte: «Ich fing nun an, einen neuen Weg in der Kunst zu suchen. Es war eine große Arbeit. Ich verstand, daß ich nicht das malen mußte, was ich sah, sogar nicht das, was ich fühlte, sondern das, was in mir, in meiner Seele lebte.

Bildlich gesagt, es ist so: ich fühlte in mir, in meiner Brust eine Orgel, und die mußte ich zum Tönen bringen. Und die Natur, die vor mir war, soufflierte mir nur. Und das war ein Schlüssel, der diese Orgel aufschloß und zum Tönen brachte.» JAWLENSKY ahnte oder wußte sogar, daß dieser Weg ein Passionsweg war und sein mußte. Es war für ihn auch ein musikalisch-poetisches Erlebnis, das wiederum für seine russische Mentalität typisch war.

Es entstanden nun von 1914 bis 1921 die «Variationen über ein landschaftliches Thema»; sie zeigten, was er vom Fenster seines kleinen Zimmers in St. Prex aus vor sich sah, inspiriert von der jeweiligen Naturstimmung. Mit ihnen hatte er sich schon so weit von der Stilentwicklung der Avantgarde entfernt, daß nicht einmal seine Freunde KLEE und MARC etwas damit anfangen konnten. Von 1917 an folgen die weiteren Serien der *Mystischen Köpfe* oder *Heiligengesichte*, die bruchlos in die *Konstruktiven Köpfe* oder *Abstrakten Köpfe* bis 1933 übergehen: «Ich habe viele Jahre Gesichte gemalt. Ich saß in meinem Atelier und malte, und mir war die Natur als Souffleur nicht notwendig. Mir war genug, wenn ich mich in mich selbst vertiefte und meine Seele vorbereitete in einen religiösen Zustand. Ich habe viele, viele ‹Gesichte› gemalt . . . Sie sind sehr vollkommen in der Technik und strahlen große Geistigkeit aus.» Von etwa 1934 bis 1937 entsteht unter sich steigernden körperlichen Schmerzen, ausgelöst durch eine progressive Arthritis, die Folge seiner letzten und reifsten Werke, die *Meditationen*. Nach 1937 zwingt ihn dann die Krankheit, sein geliebtes Malen gänzlich aufzugeben; 1941 starb er.

Die Ausschließlichkeit, mit der sich JAWLENSKY auf sein Thema, das menschliche Gesicht, konzentriert und es sein Leben lang meditiert, diese scheinbare Wiederholung des Gleichen, das aber wie bei einem musikalischen Thema unendlich viele Variationen zuläßt, kommt einem religiösen Ritus gleich. Das Malen wird hier zum immerwährenden Gebet. Diese Gesichter, ausgehend vom individuellen Modell, streifen nach und nach alles Äußere, nur Subjektive ab und werden zu Zeugnissen einer geistigen Wesensschau, zu inneren «Gesichten»: «Dann war mir notwendig eine Form für das Gesicht zu finden, da ich verstanden hatte, daß die große Kunst nur mit

105

religiösem Gefühl gemalt werden soll. Und das konnte ich nur in das menschliche Antlitz bringen. Ich verstand, daß der Künstler mit seiner Kunst durch Formen und Farben sagen muß, was in ihm Göttliches ist. Darum ist das Kunstwerk ein sichtbarer Gott und die Kunst ist ‹Sehnsucht zu Gott›.» Denn für JAWLENSKY ist ein Gesicht nicht nur ein bloßes Gesicht, sondern der ganze Kosmos, der sich darin offenbart.

Damit ist auf den Ikonencharakter der Kunst JAWLENSKYS verwiesen. Die Ikone galt dem gläubigen Russen als ein heiliges Bild – und nicht nur wie in der westlichen Kirche als Bild des Heiligen –, in dem sich der ganze Kosmos widerspiegelt. Die Ikonentheologie wurde von JOHANNES DAMASZENUS (um 675–749) begründet, für den die Ikone ein Abbild des unsichtbaren Urbildes darstellt, das eigentlich nicht abbildbar ist. So offenbart jede Ikone nur in ihrer möglichst unverändert festgehaltenen und kirchlich vorgeschriebenen Bildgestalt immer wieder neu das Urbild. Diese traditionelle Bildgestalt verlangt aber vom Maler strenge Symmetrie, Flächigkeit, Vorderansicht des Gesichtes und den Verzicht auf jede Hintergrundgestaltung. Dasselbe Streben finden wir, nur aus modernem Bewußtsein heraus, bei JAWLENSKY wieder, der die kosmische Ovalform des Gesichtes mit dem ihm eingeschriebenen Kreuz des Irdischen verbindet, das hier zum slawischen Doppelkreuz wird, gebildet aus der Senkrechten der Nasenform und den beiden Waagerechten der Augen und des Mundes.

In den *Meditationen* verschwindet schließlich auch die Ovalform, und es bleibt nur die Form des Passionskreuzes übrig. JAWLENSKY hat nach WEILER aus modernem, individuellem Bewußtsein das Bild der alten Ikone neu geschaffen. Er hat es von allen Zufälligkeiten, allem zeitlichen Verhaftetsein gereinigt, hat es durch Farbe und Form transzendiert in eine geistige Sphäre, aus dem tiefen religiösen Bedürfnis heraus, alles in Schönheit zu verwandeln. Und gerade dieses mußte er als seine eigene, individuelle Erlösung empfinden, wie er es selbst ausdrückt. Mit seinen Spätwerken ist er den platonischen Weg der «Imitatio Jesu» bis zum dornenreichen, leidvollen Ende gegangen; aber er wußte auch, daß dieser Weg ein zukunftsweisender, nur von der Zukunft überhaupt zu verstehender Weg war: «Da ich gefühlt habe, daß ich in Zukunft infolge meiner Krankheit nicht mehr werde arbeiten können, arbeite ich wie ein Besessener diese meine kleinen ‹Meditationen›. Und jetzt lasse ich diese kleinen, für mich aber bedeutenden Werke für die Zukunft der Menschen, die Kunst lieben.»

Den neuen Platonismus in der Kunst JAWLENSKYS hat JÜRGEN SCHULTZE hellsichtig herausgespürt, wenn er davon spricht, daß seine Bilder als ein malerisch-poetischer Vorgang entstehen, der abgebrochen wird, wenn er «stimmt», wenn seine Elemente und sein Material in der Verwandlung Gestalt gewonnen haben und nun als eine neue Realität existieren können. Diese aber gründet sich auf das Gesetz der Schönheit, das aber keine bloße Eigenschaft, sondern die reale Daseinsform des Kunstwerks ist und die darum keinen Gegensatz zur Häßlichkeit darstellt. Konkreter aber wie in dieser Charakterisierung kann die Nähe dieser Kunst zur Ästhetik SOLO-WJEWS, wenn auch ganz ungewollt, gar nicht ausgedrückt werden.

FRANZ MARC bezeichnete es als das Ziel der modernen Künstler, die lose vereint waren im Münchener *Blauen Reiter*: «Durch ihre Arbeit ihrer Zeit Symbole zu schaffen, die auf die Altäre der kommenden geistigen Religion gehören und hinter denen der technische Erzeuger verschwindet.»[149] Wohl auf kaum einen anderen Künstler dieses Kreises paßt dieses Wort mehr als für JAWLENSKY.

Rudolf Steiner und die Wiedergewinnung der Kunst als Lebensrealität

Schönheit und Kunst sprechen in ihren Formen aus, was sich nicht in allgemeine Begriffe fassen läßt, was in Begriffen unaussprechlich ist. Deshalb kann der Inhalt der Kunst nicht in Begriffen wiedergegeben werden. Eine Ästhetik in dem Sinne, daß in ihr ausgesprochen wird, was auch in der Kunst ausgesprochen wird, kann es nicht geben.

Rudolf Steiner[150]

Die Kunst bedeutet für Steiner kein Nachschaffen, keine Nachahmung bereits vorhandener Dinge, sondern nichts weniger als die Schöpfung einer neuen Welt. Durch Kunst tritt etwas ins Dasein, das es vorher nicht gab und das nur durch den Menschen geschaffen werden kann. Damit ist Aristoteles auf moderner und höherer Stufe gerechtfertigt. – Der Künstler setzt das Werk der Natur dort fort, wo es der Schöpfer beendet hat. Das macht seinen Adel aus, das begründet aber auch die Würde der Kunst, die nicht aus einem Luxusbedürfnis, sondern aus innerster Freiheit entstanden ist. Damit ist GOETHE auf moderner und höherer Stufe gerechtfertigt. – Die geschaffene Welt wäre ohne Kunst nicht vollständig, ja es würde ihr das Entscheidende fehlen. So ist der Künstler auch der Vollender der Welt, indem er ein neues Reich begründet, das dritte, eigentlich menschliche Reich der Freiheit, das zwischen dem Naturreich und dem Geistesreich vermittelt, das zwischen Praxis und Theorie in der Mitte steht, sie beide jeweils versöhnend und überhöhend. Damit aber ist SCHILLER auf moderner und höherer Stufe gerechtfertigt. – Frei ist der Künstler in seinem Wirken, er kann es, ja er muß es sein. Und doch fügt sich sein Werk als ein existentiell notwendiges dem Leben ein. Das aber ist kein Widerspruch, denn jedes wahre Kunstwerk vereinigt auf einzigartige Weise Freiheit und Notwendigkeit, die sich so oft im Leben selbst ausschließen.

108

Die Ausgangslage, oder: Was könnte eine moderne Ästhetik leisten?

Gewiß finden wir heute im akademischen Bereich immer noch die Ästhetik als eine wissenschaftliche Fachdisziplin. Doch waren bereits ihre Anfänge, um 1750 von BAUMGARTEN formuliert, nur ein Symptom für die Spaltung von Kunst und Leben im Zeichen des aufkommenden Materialismus. Kunst und Schönheit, sie hatten weder die Würde noch die Kraft, dem Leben selbst einen wirklichen Stil zu geben. Vom Barock zum Klassizismus, das war auch der – allerdings geistesgeschichtlich notwendige – Weg vom naiven Gesamtkunstwerk zur reflektierenden Ästhetik. Was die Kunst oder das naive Schaffen nicht mehr leisteten, das sollte nun die sentimentalische Betrachtungsweise der Ästhetik dem Menschen geben. In der Zeit des deutschen Idealismus, von LESSING oder HERDER bis zu SCHILLER und GOETHE, blieb die Ästhetik dem Leben selbst unmittelbar verbunden, wurde aus dem Leben für das Leben geschaffen. Es kennzeichnete diese idealistische Ästhetik der Fortschrittselan einer prometheischen geschichtlichen Perspektive, die zielgerichtet und zukunftsorientiert war und deshalb ebenfalls das Schöpfertum des Menschen erkenntnistheoretisch nicht ausschloß.

Mit HEGEL, spätestens aber kurz nach seinem Tode, verlor die Ästhetik erschreckend schnell die Fähigkeit, die Universalität von Kunst und Schönheit überhaupt noch erleben zu können. Damit hing zusammen, daß für HEGEL geschichtliches Denken nur noch ein epimetheisches Aufarbeiten der Vergangenheit bedeutete; jeglicher Fortschrittselan mußte erlahmen, als der Blick in die Zukunft versperrt erschien. Dies wird in aller Konsequenz deutlich im Geschichtskonservativismus LEOPOLD VON RANKES (1796–1886), für den die resignierenden Worte kennzeichnend sind: «Vor Gott erscheinen alle Generationen der Menschheit gleichberechtigt, und so muß auch der Historiker die Sache ansehen.»[151] In der Ästhetik wurde dadurch nicht nur einer Relativierung alles geschichtlichen Denkens zugunsten einer allgemeinen geistigen Perspektivlosigkeit Vorschub geleistet, sondern erst recht dem Verlust aller künstlerischer Hierarchien und qualitativen Wertmaßstäbe. Denn wenn das

Wesentliche nicht mehr vom Unwesentlichen geschieden werden kann, dann ist ästhetisch alles gleich wichtig und gleich-gültig geworden. Ein Bild von REMBRANDT steht dann als ästhetisches Phänomen gleichrangig neben einem beliebigen Werbeplakat.

Die Atomisierung der Ästhetik und ihre Orientierungslosigkeit schritt unaufhaltsam bis zur Gegenwart fort. Sie verlor dadurch nicht nur jeglichen geschichtlichen Aspekt, sondern schließlich auch die Kunst selbst vollständig aus dem Blick. Ausdruck dafür ist der seit den Tagen des Kunsttheoretikers KONRAD FIEDLER (1841–1895) ausgebrochene Streit darüber, ob die philosophische Ästhetik und die allgemeine Kunstwissenschaft zusammengehören, wofür vor allem HELMUT KUHN[152] eintritt, oder ob sie eigentlich streng getrennt werden müßten, was energisch WILHELM PERPEET[153] verficht. Dieser Streit ist bis heute noch nicht gelöst und läßt sich mit den Mitteln heutiger Erkenntnis wohl auch kaum lösen. Außerdem fällt die Ästhetik selbst, wie anfangs skizziert, immer stärker in die verschiedensten Richtungen auseinander. Gewiß kann man diese Tatsache positiv sehen, als erfreuliches Zeichen für den Pluralismus und die Vielfältigkeit der Meinungen. Doch ist sie eben auch ein negatives, deutlich sprechendes Symptom für die Unverbindlichkeit des Nominalismus, der alles gelten läßt, weil er sich für nichts mehr entscheiden kann oder will.

So bleibt heute festzuhalten: Wie wenig vermag die Ästhetik der Gegenwart ins Leben selbst einzugreifen, wie unendlich fern steht sie ihm! Und wie gleichgültig gegen alles Ästhetische, ja wie anti-ästhetisch ist unser modernes Leben geworden. Eine Ästhetik, die aus dem Leben und für dieses entwickelt wurde, suchen wir heute vergebens. Geblieben ist eine Fachwissenschaft, abseits vom Leben wie von der Kunst. Für sie interessiert sich nur noch der Fachspezialist, weil er der einzige ist, der ihre hochgestochene, zumeist weltfremde Sprache überhaupt noch versteht. JOST HERMAND hat diese seine Fachgenossen von der Ästhetik-Zunft sarkastisch charakterisiert.[154]

Was also ist zu tun? Wie lassen sich die Umrisse einer modernen und individuellen, dem Leben verbundenen und Zukunftsperspektiven eröffnenden Ästhetik entwickeln? JOST HERMAND fordert einen neuen Universalismus, nachdem der alte unwiederbringlich dahin ist. Er will die Kunst nicht als ein höchst unwichtiges Teilgebiet des Lebens ansehen, sondern als eine existentielle, universale Tatsache dieses Lebens selbst, als eine Urtätigkeit des menschlichen Geistes, als die sie bereits HERDER erkannte. Deshalb interessiert uns auch nach HERMAND an der Kunst mehr und Tieferes, als die bloße Form; die Kunst spricht den Menschen auf vielen Ebenen an, sie macht ihn im Kern seines Wesens be-troffen. Aus diesem Grunde muß die Spezialisierung der Kunstwissenschaft und ihre Trennung von der Kunstphilosophie den Tod der Ästhetik bedeuten. Doch außer ein paar sehr klugen und gutgemeinten, aber doch sehr vage bleibenden Hinweisen, vor allem Aufforderungen an seine Fachkollegen zur fächerübergreifenden, interdisziplinären Forschung hat HERMAND nicht gerade Durchschlagendes anzubieten.

Das kann auch gar nicht verwundern, denn wie soll ein neuer Universalismus entstehen können, wenn jeglicher geistige Orientierungspunkt fehlt, an den sich die Ästhetik halten kann? In der Vergangenheit lag dieser Orientierungspunkt im Ewigen, in himmlischen Bereichen. Ein normativer Platonismus mußte daraus entstehen, der die Schönheit als Idee faßte und eine «Ästhetik von oben» schuf. Das können wir heutigen Menschen mit unserem rationalen Gegenstandsbewußtsein nicht mehr nachvollziehen; uns ist das Ewige nicht mehr als naives, selbstverständliches Erleben zugänglich, sondern zunächst nur das Irdische und damit das Vergängliche. Dafür sind wir auf der anderen Seite aber auch sehr viel individueller geworden; die alte und ehrwürdige platonische Ästhetik mußte darum konsequent zertrümmert werden. Es bleibt die Frage: müssen wir nun das Ewige für immer aufgeben und ständig bei einer unfruchtbaren nominalistischen «Ästhetik von unten» verharren, die nur noch den irdischen, damit aber den höchst vergänglichen Aspekt ergreifen kann?

Wir können nach MANFRED KRÜGER einen dritten, paradox scheinenden Weg zu gehen versuchen, den Weg eines geistrealen, modernen Aristotelismus. Er erschließt uns am ehesten jenen geforderten Universalismus, weil er eine «Ästhetik der spirituellen Erfahrung» ermöglicht.[155] Dieser Weg fordert, das Ewige nicht fallen zu

111

lassen, sondern es heute in gänzlich neuer Weise im Zeitgebundenen, Alltäglichen aufzusuchen und dort auch konkret zu finden. Dies versuchen viele und bedeutende Künstler des 20. Jahrhunderts seit den Tagen des Expressionismus. Dieser wahrhaft paradoxen Aufgabe in der Kunsterkenntnis aber hat sich auch eine moderne Ästhetik zu unterziehen. Denn sie soll gleichfalls das Ewige im Zeitlichen aufspüren, das allgemeine, universale künstlerische Gesetz im individuellen Kunstwerk. Ihre Begriffe müssen deshalb zugleich so scharf umrissen wie flexibel und offen sein, daß sie zwar das individuelle Werk umgreifen und seine universale Bedeutung erkennen können, nicht jedoch Normen und Regeln dafür aufstellen, was ein Kunstwerk sein soll, sein oder nicht sein darf.

So fordern die Kunstwerke unseres Jahrhunderts eine hermeneutische und nicht eine normative Ästhetik, denn sie wollen aus sich selbst heraus, nicht aber nach ehernen, ewigen Gesetzen verstanden und beurteilt werden. Sie bilden – im Gegensatz zu denen der Vergangenheit – keinen in sich abgeschlossenen künstlerischen Mikrokosmos, sie ruhen nicht selig in sich selbst wie ein mittelalterliches Altarbild oder eine romantische Landschaft, sondern sie sind bewußt offen und unfertig. Sie sind eine dauernde Frage an den Betrachter und warten darauf, durch sein schöpferisches, phantasievolles Schauen überhaupt erst vollendet zu werden.[156] Jedes moderne Werk braucht somit, weil es konsequenter Ausdruck eines individuellen Künstlertums ist, eine eigene, individuelle Ästhetik.

Bildete früher, beim normativen Platonismus, das Ewige den geistigen Orientierungspunkt für die Ästhetik, so wird es heute und erst recht in der Zukunft der individuelle und schöpferisch gewordene Mensch sein. Dieses individuelle Schöpfertum als Ausfluß und Ausdruck der menschlichen Freiheit wird, wenn überhaupt, auch einen neuen, bisher nicht dagewesenen Universalismus in der Kunst begründen können. Denn gerade in der Kunst möchte sich das Individuelle am reinsten zum Universalen erweitern und steigern. Das hatte schon SCHILLER erstmals erkannt, dies aber in moderner Weise zu erkennen ist einer trichotomischen Menschenkunde möglich, die den Menschen nicht wie üblich als eindimensionales Wesen, sondern umfassend nach Leib, Seele und Geist begreift.

Eine solch moderne, in die Zukunft weisende Ästhetik wird drei Aspekte eines Kunstwerks zu berücksichtigen haben, die durch die drei Stufen seiner Aneignung durch den Betrachter zu kennzeichnen sind: Sehen, Erleben und Erkennen. Dabei bezeichnet das Sehen das leiblich-physische Verhältnis zum Kunstwerk. Ein vollkommenes, vorurteilsfreies Sehen gelingt nur dem Kunstbetrachter, dessen Sinnesorgane exakt und ungeschwächt wahrzunehmen vermögen. Das Erleben ist ein seelischer Vorgang, deshalb muß die Seele des Kunstbetrachters ein reiner, tiefer Spiegel sein, der das Wahrgenommene zu verinnerlichen vermag. Das Kunsterkennen jedoch bedeutet einen geistigen Vorgang, der, wenn er nicht nur intellektuell und damit unverbindlich bleiben soll, aus geistiger Einsicht fließen muß. Der Kunstbetrachter steigt also auf vom Sehen über das Erleben zum Verstehen und Erkennen von Kunst. Der Weg kann niemals umgekehrt verlaufen. Ein Erkennenwollen, das einsetzt vor dem Erleben, muß notwendigerweise ein abstraktes, dünnblütig-theoretisches Begriffsgespinst bleiben. Ein Erleben dagegen, das sich vordrängt, ohne sich auf ein methodisch geschultes Sehen zu stützen, wird schwärmerisch und damit undeutlich bleiben.

Von drei entsprechenden, vom Kunstwerk selbst aus gesehenen Aspekten spricht GOETHE: Vollendung, Kunstschönheit und Kunstwahrheit.[157] Die unterste, physische Ebene ist die der Vollendung: der Künstler muß seine handwerklichen und technischen Mittel beherrschen, damit er ein wesentliches Werk zustandebringt. Ein Mindestmaß an schöpferischer Gestaltung ist hier Voraussetzung; das Gegenbeispiel stellen manche Werke der «Neuen Wilden» dar. Die zweite, die seelische Ebene ist die der Schönheit, des Zusammenklanges von innerer und äußerer Wirklichkeit. Es bringt die autonome Bildgestalt eines Werkes hervor in Farbe und Form. Die höchste, die geistige Ebene aber verkündet die Kunstwahrheit, eine Botschaft, die aufruft, uns zu ändern, selbst schöpferisch zu werden, Welt und Leben zu verwandeln.

Die trichotomische Ästhetik kann das eine Menschenbild in unendlich vielen individuellen Erscheinungen wiederfinden; sie schaut das Allgemeine und Universelle jeweils im Besonderen. Gäbe es nur das Allgemeine und die Einheit, so wären Mannigfaltigkeit und Freiheit unmöglich; gäbe es nur die individuelle Mannigfaltigkeit, so würde die Einheit zerstört und es herrschte das Chaos. Einheit in der Mannigfaltigkeit ist hier das Paradoxon.

Für eine Ästhetik dieses trichotomischen Menschenbildes heißt dies nichts anderes, als daß sie überall diese Einheit in der Mannigfaltigkeit zu erkennen strebt und die Universalität der Kunst in jedem einzelnen Werk immer wieder überraschend und einmalig erlebt. Was GOETHE in seiner *Metamorphose der Pflanzen* als erster moderner Naturforscher in revolutionärer Weise im Reich der Botanik erkannte und realisierte, gilt es für das Gebiet des Geistes und der Kunst zu vollziehen. GOETHE selbst hat dieses Paradoxon der Einheit in der Vielfalt für das Erkenntnisleben auf eine knappe, aber präzise Formel gebracht: «Kenne ich mein Verhältnis zu mir selbst und zur Außenwelt, so heiß' ich's Wahrheit. Und so kann jeder seine eigene Wahrheit haben, und es ist doch immer wieder dieselbige.»[158]

Die moderne Ästhetik eines trichotomischen Menschenbildes wird demnach vier Voraussetzungen erfüllen müssen, um den Fall in den Materialismus radikal zu überwinden und zu einem gänzlich neuen Verständnis der Kunst vorzustoßen:

1. Ein neuer Universalismus ist gefragt, der die Weltbedeutung der Kunst wieder erkennt und ästhetisch im schöpferischen Individuum begründet. Dabei kann die Freiheit als Krönung der Kunst erkannt werden.

2. Die Anerkennung des geschichtlichen Wesens der Kunst. Dieses Wesen bleibt sich nicht für immer gleich, es gibt keine Kunst «an sich», sondern diese ändert sich ständig. Der Faktor Zeit spielt hier herein, der Wandel des menschlichen Bewußtseins. Er schlägt sich ganz konkret in den Kunstwerken nieder, wodurch sich überhaupt erst der Stilwandel der Kunst sinnvoll deuten läßt. Diese Erkenntnis ist niemals einer einseitig nur vergangenheitsorientierten, epimetheischen Geschichtsbetrachtung möglich, sondern stets einer zukunftsgerichteten prometheischen. Denn diese kann einen Sinn, ein Ziel der gesamten Menschheitsentwicklung erkennen, der Mut und Begeisterung für die Zukunft im Menschen weckt.

3. Eine Hierarchie der künstlerischen Werte ist neu und in moderner Weise zu begründen. Hier taucht nicht nur das Problem der Qualität auf, sondern auch einer Neubewertung von Schönheit und Häßlichkeit, von «oben» und «unten», von wesentlich und unwesentlich. Es ist das Problem der Mitte, der Tugend im Sinne des ARISTOTELES, das niemals normativ gelöst werden kann, sondern einzig und allein auf individuelle Weise.[159] Es ist auch das Problem der Stimmigkeit, der *consonantia*, wie sie bereits im Mittelalter THOMAS VON AQUIN (um 1225–1274) als eine der drei Voraussetzungen der Schönheit und Kunst erkannt hat.[160]

4. Die Neubegründung einer Gliederung der Kunstgattungen aus den geistigen Grundlagen der Gegenwart. Sie kann auf einzigartige Weise auf den erweiterten Menschenbegriff des trichotomischen Menschenbildes bezogen werden.

Diese vier Voraussetzungen einer modernen und geistig substantiellen Ästhetik sind im Lebenswerk RUDOLF STEINERS, in seiner anthroposophisch orientierten Geisteswissenschaft keimhaft veranlagt. Sie können aber hervorgeholt, weiterentwickelt und für die Zukunft fruchtbar gemacht werden.

Drei Stufen der Kunsterkenntnis bei Rudolf Steiner

Die Kunst ist keineswegs etwas Beiläufiges im Lebenswerk RUDOLF STEINERS, etwa nur eine schöne Zugabe, eine feiertägliche Dekoration. Sie ist ein existentielles, integrierendes Element der von ihm geschaffenen anthroposophisch orientierten Geisteswissenschaft, ohne das sie überhaupt nicht denkbar wäre. Denn so sehr die Anthroposophie vom Denken ausgeht und auf den ehernen Grundfesten moderner naturwissenschaftlicher Erkenntnis ruht, so intensiv drängt sie nach einer gewissen Zeit danach, die Welt künstlerisch zu sehen, zu erleben, zu erkennen. Die Geisteswissenschaft will zur Kunst werden, weil sie selbst etwas ungemein Lebendiges darstellt: «Echte Anthroposophie führt an einem bestimmten Punkte in eine wahre Kunst hinein, weil echte Anthroposophie nicht gedankentötend, sondern inspirierend wirkt und den künstlerischen Quell im menschlichen Gemüte zum Sprudeln bringt.»[161]

Dieses einzusehen fällt dem gewöhnlichen heutigen Bewußtsein nicht leicht, das entscheidend geprägt ist vom Materialismus, welcher konsequent alles Künstlerische aus dem Leben getrieben hatte und an dessen Stelle ein trostloses Philisterium setzte; er dörrte dadurch die menschlichen Seelen aus und machte sie immer passiver. Der Materialismus war es, der die schöpferische Mitte der künstlerischen Poiesis im Menschen lähmte, so daß seine lebendige Einheit zerbrach, auseinanderfiel in jenen unfruchtbaren Gegensatz von abstraktem, lebensfremdem Theoretiker und geschäftigem, aber geistblindem Praktiker; ein Gegensatz, der die gesamte heutige Welt mit ihrer immer unlösbarer scheinenden Problematik beherrscht.

Die radikale Wendung gegen den Materialismus mußte darum nicht zuletzt auch den leidenschaftlichen Kampf um die Wiedererringung der Mitte, der Poiesis, der Kunst als existentieller Lebensrealität bedeuten. Nur auf diesem dramatischen geistesgeschichtlichen Hintergrund wird verständlich, welch erstrangigen Stellenwert RUDOLF STEINER der Neubelebung der traditionellen Künste (Architektur, Plastik, Malerei, Musik und Dichtung), sowie der Schaffung gänzlich neuer, zukunftsweisender Kunstgattungen (Mysteriendramen, Sprachgestaltung und Eurythmie) aus den innersten Grundlagen der anthroposophischen Geisteswissenschaft beimaß. Diese Bestrebungen gipfelten in dem von ihm selbst entworfenen, von 1913 an in Holz errichteten Doppelkuppelbau des ersten Goetheanum in Dornach bei Basel, der in der Silvesternacht 1922/23 ein Raub der Flammen wurde.

Es verwundert nicht, daß sich RUDOLF STEINER immer wieder von den verschiedensten Ebenen und Seiten aus zu Problemen der Kunst geäußert hat: «Wie man über die Künste reden soll, mit dieser Frage, ich darf es wohl sagen, ringe ich eigentlich mein ganzes Leben hindurch» bekannte er 1921.[162] Manchmal sprach er direkt über ein gewichtiges Grundthema der Kunst, vielfach aber auch ganz sporadisch und in völlig anderen Zusammenhängen, in denen man gar nichts über Künstlerisches erwartet hätte. So gibt es in seinen

Büchern, Aufsätzen und den rund 6000 Vorträgen eine solch riesige, unüberschaubare Fülle von Äußerungen über die Kunst, die STEINER als einen einzigartigen aristotelischen Baumeister erscheinen lassen, wie ihn GOETHE charakterisierte: daß er nämlich Baumaterialien von allen Seiten heranschafft, um sein ungeheures geistiges Weltgebäude daraus zu errichten.[163]

Einen Bearbeiter dieser Fülle möchte es schier zur Verzweiflung bringen, denn es muß ihm höchst pedantisch, wenn nicht gar unmöglich scheinen, diese oftmals fragmentarisch hingestreuten Bemerkungen, genialischen Entwürfe und Geistesblitze so zu ordnen, daß sich daraus eine zwar in sich abgeschlossene, doch notgedrungen stets schematisch bleiben müssende Ästhetik entwickeln läßt. Hieße es nicht, das Leben selbst zu töten um eines starren Gerüstes wegen? Und versündigt man sich nicht damit entschieden gegen den Geist der Kunst? RUDOLF STEINER selbst hat es doch strikt abgelehnt, über Kunst kalten Herzens, eben aus der Gesinnung eines Ästhetik-Professors, Kunstgelehrten oder Kunstrichters zu reden: «Man möchte nur das sagen, was man selber an Erlebnissen an der Kunst haben kann, an Freuden, Erbauung und so weiter, so wie man das Bedürfnis fühlt, einmal darüber zu sprechen, was man erlebt hat mit einem lieben Freunde. Aus einer gewissen Herzensfülle heraus, nicht aus einem kritischen Sinn, möchte man über die Kunst sprechen, und man möchte auch nicht Anspruch machen darauf, mit dem, was man zu sagen hat, irgendwie Gesetzmäßiges oder Allgemeingültiges auszusprechen, sondern im Grunde nur eine Art subjektiven Bekenntnisses. Aber das scheint mir eine durchgehende Empfindung bei jeglichem Reden über die Kunst zu sein, daß einen eigentlich der Gedanke stört, und gerade dies scheint mir gleich darauf hinzuweisen, was es wesenhaft mit der Kunst für eine Bewandtnis hat.»[164]

Trotzdem scheint es berechtigt, wenn nicht gar notwendig, die Fülle der über das ganze Lebenswerk verstreuten Äußerungen bezüglich der Kunst einmal so zusammenzufassen und sie in die gesamte geistesgeschichtliche Entwicklung der abendländischen Ästhetik einzuordnen, daß dadurch die herausragende Bedeutung der Kunsterkenntnis RUDOLF STEINERS evident wird. Eine nur lexikalische Vollständigkeit dabei anzustreben, würde der Sache nicht gerecht werden. An dieser Stelle soll es sich allein darum handeln, einige uns heute wesentlich erscheinende Aspekte der Kunsterkenntnis RUDOLF STEINERS so herauszuarbeiten, daß aus ihnen die Kulmination der aristotelischen Entwicklungslinie der Ästhetik einerseits und ihr zukunftsweisender Charakter andererseits sichtbar wird.

Für eine solche lebensvolle Ordnung und Zusammenstellung hat uns RUDOLF STEINER selbst einen entscheidenden Hinweis gegeben. In seinem Dornacher Vortrag über *Die Psychologie der Künste* vom 9. April 1921, der selbst eine dritte Etappe in seinen Bemühungen, das Wesen der Kunst zu erkennen, einleitete, sprach er auch von den zwei vorausgegangenen, die er dann kurz charakterisierte.[165] Nicht ohne Grund entsprechen diese drei wesensmäßig so grundverschiedenen Ästhetikphasen den drei Stufen des Lebenswerkes von RUDOLF STEINER. So steht am Anfang der Vortrag des jungen, 27jährigen Forschers, der gerade mit der Herausgabe von GOETHES naturwissenschaftlichen Schriften in Weimar betraut war, vor dem Wiener Goethe-Verein am 9. November 1888. Er trägt den programmatischen Titel *Goethe als Vater einer neuen Ästhetik*. RUDOLF STEINER hielt ihn für so bedeutsam, daß er ihn selbst redigierte und als eigene Schrift herausgab.[166]

Dieser Vortrag stand im Zusammenhang einer geplanten größeren goetheanistischen Ästhetik, die er in dieser Zeit schreiben wollte. Sie sollte die gesamte Entwicklung der Kunsterkenntnis des 19. Jahrhunderts aufarbeiten, ihre Irrtümer korrigieren, sie aus der Sackgasse herausführen, in die sie sich verrannt hatte, und ihr eine zukünftige Richtung weisen. Zu diesem Vorhaben kam es wegen anderer Verpflichtungen jedoch nicht mehr. Nur eine fragmentarische Abhandlung aus der Zeit um 1890 hat sich unter den Briefen RUDOLF STEINERS an EDUARD VON HARTMANN in dessen Nachlaß erhalten mit dem Titel: *Über das Komische und seinen Zusammenhang mit Kunst und Leben.*[167] Sie war wohl als ein Kapitel der geplanten Ästhetik gedacht.

Der Goethe-Vortrag entspricht in Haltung und Duktus der ersten Wirkensphase RUDOLF STEINERS, die ganz im Zeichen der erkenntnistheoretischen Fundamentierung der späteren anthroposophischen Geisteswissenschaft stand und die Zeit von etwa 1886 bis 1900 umfaßte. Sie begann mit den *Grundlinien einer Erkenntnistheorie der Goetheschen Weltanschauung* (1886) und fand ihren Höhepunkt in der *Philosophie der Freiheit* (1894). Es ist, aristotelisch gesprochen, die Epoche der Theoria, des Betrachtens und Forschens, der erkenntnistheoretischen Wiedergewinnung der Kunst als einer Lebensrealität. Sie konnte aber nur wiedergewonnen werden durch ihre denkerische Begründung auf das Ich des schöpferischen Menschen, der in der Sphäre der Freiheit zu sich selbst kommt. Doch Steiner kam sich, wie er selbst bekannte, in dieser theoretischen Epoche wie ein Mensch vor, der zwar über Kunst reden wollte, der aber eigentlich stumm ist und nur durch Gebärden auf das deuten konnte, was er sagen wollte.

Genau 21 Jahre nach 1888, am 28. Oktober 1909, hielt RUDOLF STEINER in Berlin, nun jedoch vor Anthroposophen, einen programmatischen Kunstvortrag über *Das Wesen der Künste*.[168] Hier war eine zweite Stufe in der Kunsterkenntnis erreicht, die der Epoche der Ausbreitung der anthroposophischen Geisteswissenschaft und ihrer Darstellung in Ideenform in den Jahren 1902 bis 1916 entsprach. Sie begann 1902 mit dem Büchlein *Das Christentum als mystische Tatsache und die Mysterien des Altertums* und erreichte ihren Höhepunkt 1910 mit der großangelegten Darstellung der Welt- und Menschheitsentwicklung von der Vergangenheit bis in fernste Zukünfte in der *Geheimwissenschaft im Umriß*. Es ist auch die Zeit, der Neubelebung der Künste und der Erbauung des ersten Goetheanum. Aristotelisch gesprochen ist es die mittlere Epoche der Poiesis, des Machens, Schaffens und Gestaltens.

RUDOLF STEINER wußte, daß er nun auf der anderen Seite des Ufers stand; er wollte jetzt nicht nur, sondern er konnte auch über Kunst künstlerisch reden, ohne den Boden des Erlebens zu verlassen und in blutleere philosophische Formulierungen wie 1888 hineinzugleiten. Jetzt konnte er in großen Bildern sprechen, und seine Imagination deutet auf die Neugewinnung des universalen Aspektes der Kunst und ihre Ausweitung in das Kosmische. Diese prometheische Imagination führt von der Vergangenheit in die Zukunft, in der die therapeutische Kunst und ihre Verjüngungskraft zur Retterin der zu Tode erfrorenen Wissenschaft werden kann.

Fast 33 Jahre nach 1888 fand der dritte programmatische Kunstvortrag, *Die Psychologie der Künste*, am 9. April 1921 in Dornach statt.[169] In dieser dritten Epoche des Lebenswerkes vollzog sich die vollständige Inkarnation der anthroposophischen Geisteswissenschaft auf der Erde. Ihr Beginn wurde 1917 eingeleitet durch das Buch *Von Seelenrätseln*, das den Zusammenhang der jeweils dreigegliederten Seelen- und Leibesstruktur des Menschen ganz neu und auf zukünftige Weise beschreibt. Sie führte Weihnachten 1923 zur Neubegründung der Allgemeinen Anthroposophischen Gesellschaft in Dornach mit RUDOLF STEINER als erstem Vorsitzenden. Dies ist die Epoche der Praxis, also des Handelns, Ausübens und Wirkens.

Alles im Leben wird nun zur Kunst, zur wahren Lebenspraxis. Der Mensch, der, wie es bereits NOVALIS forderte, sich selbst zum Kunstwerk macht, er vermag nun nicht nur die Wissenschaft in Kunst zu verwandeln. RUDOLF STEINER sprach schon in seiner Frühzeit vom Philosophen als dem Begriffskünstler. Später wurde ihm die Pädagogik zu einer neuen Erziehungskunst, die Medizin zu einer neuen Heilkunst, die Landwirtschaft zu einer neuen Kunst der Erdpflege, zu einer echten *Cultura*. Jedoch als höchstes Ziel steht dem Menschen die soziale Kunst vor Augen. Doch nur derjenige Mensch vermag dies zu leisten, der die wahre Poiesis, das schöpferische Ich in sich erweckt hat.

Die Psychologie der Künste entwickelt den künstlerischen Weltgegensatz der Künste des Raumes (Architektur und Plastik) und der Zeit (Musik und Dichtung) an den beiden urbildlichen Künstlern GOETHE und NOVALIS. Das geschieht so, daß durch diese Polarität die Grenzen von Raum und Zeit, Geburt und Tod gesprengt werden. Die architektonisch-plastische Welt des Klassikers GOETHE weist dabei in vorgeburtliche Bereiche, während die musikalisch-dichterische Welt des Romantikers NOVALIS in das Nachtodliche vorausdeutet.

Neben diesen drei großen und urbildlichen Etappen der Kunsterkenntnis finden wir noch eine Zwischenstufe, welche die Jahre von 1914 bis 1923 umfaßt. Auch hier hat RUDOLF STEINER, manches bereits zuvor Gesagte ergänzend, immer wieder überraschend neue und ungewohnte Ausblicke auf die Kunst und ihre einzelnen Gattungen gegeben. Dabei ging es um die geschichtlichen Formen der Kunst vom Ägyptischen über das Griechische und die abendländischen Stile bis zum ersten Goetheanum, um den Wandel vor allem in Architektur und Malerei als Ausdruck des menschlichen Bewußtseinswandels.[170] Ungemein fruchtbar für eine künftige Ästhetik erscheint auch die Darstellung des Zusammenhanges der einzelnen Kunstgattungen mit den Wesensgliedern des Menschen und ihre schöpferische Umwandlung in der Zukunft.[171] Aus dieser Darstellung läßt sich eine Parabel der sieben Kunstgattungen entwickeln.

Seit der Herausgabe der naturwissenschaftlichen Schriften GOETHES in den Jahren um 1880 hat sich RUDOLF STEINER intensiv mit dem Problem der Farbe auseinandergesetzt, das seit dem Einfluß der physikalischen Anschauungen NEWTONS mit am stärksten in den Sog des Materialismus geraten war und aus dem infolgedessen alles Künstlerische konsequent ausgetrieben wurde. RUDOLF STEINER, GOETHE in moderner Weise fortsetzend, sah dagegen die Farbe als eine geistige Entität an, und so lieferte er in den Vorträgen von 1914 bis 1924 den ersten genialischen, aber unvollendet gebliebenen Entwurf einer spirituellen Farbenlehre, aus der nicht nur der ausübende Künstler Anregungen über Anregungen schöpfen kann.[172] Ihr Kernstück ist die geradezu umstürzlerisch neue Unterscheidung von mondenhaft abgeschatteter Bildfarbe und aus sich selbst heraus sonnenhaft leuchtender Glanzfarbe, ein Unterschied, der von großer Konsequenz auch für die Bildbetrachtung ist. Schulen sich Künstler wie Kunstgenießende an dieser urbildlichen Polarität, so gewinnen sie einen ganz neuen und unbefangenen Blick für die Qualität eines Werkes, für dessen Schönheit oder Häßlichkeit.

Die Kunst aber hat es vor allem mit den Sinnen zu tun. Deshalb erfordert eine zukunftsgerichtete goetheanistische Ästhetik auch eine neue Sinneslehre. Sie wird nicht stehenbleiben können bei den traditionell bekannten fünf Sinnen, sondern wird vorwärtsschreiten müssen zu den zwölf Sinnen, wie sie die anthroposophische Geisteswissenschaft beschreibt. In welchem Zusammenhang aber stehen die verschiedenen Kunstgattungen mit den einzelnen Sinnen? Erste Hinweise hierzu hat RUDOLF STEINER bereits in seiner Imagination über *Das Wesen der Künste* 1909 gegeben und dies dann erweitert in Vorträgen von 1916.[173] Aus den letzteren wird die ungeheure soziale und therapeutische Aufgabe der Kunst für eine menschenwürdig gestaltete Zukunft deutlich, denn die Kunst besitzt die einzigartige Fähigkeit, die immer mehr den Menschen austrocknenden und die ersterbenden Sinnesprozesse wieder zu beleben und dadurch zu heilen, sowie die sieben Lebensprozesse zu durchseelen. Auch hier läßt nämlich der Materialismus die Welt immer grauer und öder und dadurch hoffnungsloser erscheinen, während die Welt durch Kunst wieder farbig aufzublühen beginnt.

Darum kann die Kunst kein müßiger Luxus sein, den man sich je nach seiner eigenen Anschauung leistet oder nicht leistet, der eigentlich überflüssig erscheint. Die Kunst ist individuell wie sozial lebensnotwendig: «Künstlerische Weltanschauung erscheint für denjenigen Menschen, der nach einer gewissen Totalität, nach einer gewissen Ganzheit des Lebens strebt, als etwas, was ebenso wie die Erkenntnis und das äußere banausische Treiben zum Leben gehört. Ein menschenwürdiges Dasein ist ohne die Durchsetzung unseres Kulturlebens mit künstlerischem Empfinden nicht zu denken.»[174]

Die Kunst hat aus diesem Grunde eine Weltenaufgabe, eine Weltenmission zu erfüllen.[175] Sie besteht darin, daß sie den Menschen beflügelt und begeistert, daß sie ihm den seelischen Schwung verleiht, die oft so philiströs eng gezogenen Grenzen des Irdischen und Materiellen zu sprengen und den Himmel selbst auf die Erde zu holen, die Erde zum Himmel zu machen. Weil die Kunst das schöpferische Wesen im Ich des Menschen weckt, die Poiesis, erweitert und steigert sie dadurch zunächst sein eigenes Wesen. Dann wird der Mensch fähig, die Welt immer mehr zu verwandeln. Aus Freiheit kann dann Liebe werden. Doch damit sind wir in unserem Gedankengang schon weit, bis an den Schluß vorausgeeilt: Denn hier verbindet sich die aristotelische Kunstanschauung mit der platonischen.

Die Philosophie der Freiheit, im Jahre 1894 von RUDOLF STEINER veröffentlicht, ist ein flammender Protest des individuellen und mündig gewordenen Menschen, der sich seiner geistigen Freiheit immer mehr inne wird, gegen alle uniformen Systeme des Denkens und der traditionellen Moral.[176] Nach STEINER erkennt und erlebt sich dagegen der moderne Mensch handelnd nicht mehr nur als Gottes gehorsames Geschöpf, sondern schreitet selbstbewußt zu eigenem Schöpfertum fort. Dieser selbstschöpferisch gewordene Mensch findet deshalb den geistigen Maßstab nur noch in sich selbst, in seiner eigenen Individualität und erlebt gerade darin echte Freiheit: «Frei ist der Mensch, insofern er in jedem Augenblick seines Lebens sich selbst zu folgen in der Lage ist» (aus Kapitel 9 der *Philosophie der Freiheit:* Die Idee der Freiheit).

Das Ich des individuellen Menschen, das in die Sphäre der Freiheit vorzustoßen vermag, erringt damit auf ganz moderne Weise die verlorengegangene schöpferische Poiesis wieder, die geheime Mitte des dreigegliederten Menschenwesens. Dadurch kann aber auch jener unfruchtbare Dualismus von Handeln und Denken überwunden werden, der den Menschen bisher auseinanderriß: «Den Handelnden und den Erkennenden unterschied man, und leer ausgegangen ist dabei nur der, auf den es vor allen Dingen ankommt: der aus Erkenntnis Handelnde» (aus Kapitel 1: Das bewußte menschliche Handeln). Die Versöhnung der Gegensätze ist aber einzig durch die Poiesis, das Schöpferisch-Werden möglich. So ist es nicht verwunderlich, daß STEINER (im zweiten Anhang seines Buches) die Philosophie als Kunst bezeichnet. Alle wirklichen Philosophen seien Künstler gewesen, für die die menschlichen Ideen zum Kunstmaterial und die wissenschaftliche Methode zur künstlerischen Technik wurden. Deshalb lautet auch die Hauptfrage des Buches, wie sich die Philosophie als Kunst zur Freiheit des Menschen verhält. Der freie Geist aber, der seine Ideen verwirklichen will, braucht nicht nur die «moralische Phantasie», sondern ebenfalls die «moralische Technik», um die Welt der Wahrnehmungen umzuformen, zu verwandeln. Das heißt aber nichts anderes als: Der freie Geist muß zum Künstler, zum Lebenskünstler werden.

Diese Weltanschauung des freien Geistes nennt RUDOLF STEINER den «ethischen Individualismus». Weil dieser erkenntnistheoretisch zur Wiedergewinnung des schöpferischen Wesens der Kunst führt, ergeben sich zunächst für die Kunsterkenntnis ganz selbstverständlich zwei erstaunlich radikal anmutende Folgerungen:

1. Es kann keine allgemeingültige Ästhetik mehr geben, sondern jedes, vor allem jedes Kunstwerk von heute verlangt eine eigene, individuelle Ästhetik. Auf diese Tatsache hat RUDOLF STEINER auch später wiederholt hingewiesen, so am 11. 9. 1920: «Der Künstler kann nicht, wenn er irgend etwas bildet, nach abstrakten Regeln vorgehen. Eine Ästhetik hat eine ganz andere Aufgabe, als für den Künstler Regeln zu bilden. Der Künstler kann nicht einmal bei dem, was er heute schafft, sich nach dem richten, was er gestern geschaffen hat. Er muß in jedem Augenblick bestrebt sein, schöpferisch, ursprünglich zu sein.»[177] Und noch unmißverständlicher heißt es schon viel früher über das spezifische Problem der Schauspielregie: «. . . für die Mittelmäßigkeit, für den Durchschnitt muß es Regeln geben. Das wäre ganz schön. Wenn nicht die Regeln, die für den Durchschnitt aufgestellt werden, zugleich die Auserlesenen schädigen und unterdrückten. Unendlich wichtiger aber ist es, die Auserlesenen frei sich entfalten zu lassen, als dem Durchschnitt auf die Beine zu helfen.»[178]

2. Damit ergibt sich mit Notwendigkeit, daß der Interpret, Kritiker oder Ästhetiker kein absolutes Kunsturteil im Sinne einer objektiven Naturwissenschaft abgeben kann. Es ist das Charakteristische aller schöpferischen Kräfte, daß sie die Spaltung von Objektivem und Subjektivem durch ihre Verwandlungsmacht überwinden, daß alles Äußere, alles Objektive durch die schöpferische Tat des Individuums verinnerlicht wird und damit in verjüngter Form wieder aufersteht. Denn jedes wahre Kunstwerk ist Ausdruck einer besonderen, einmaligen und unverwechselbaren Persönlichkeit.

Diese zwei Folgerungen begründet RUDOLF STEINER genauer in einem programmatischen Aufsatz über *Moderne Kritik* aus dem Jahre 1897 im *Magazin für Literatur*.[179] Seine Gedanken können durchaus als Präliminarien einer Ästhetik des 20. Jahrhunderts empfunden werden, die ihre Bedeutung auch für die Zukunft behalten. STEINER geht dabei von der Bemerkung aus, in seiner eigenen Studienzeit sei LESSINGS *Hamburgische Dramaturgie* das vielbewunderte und absolute Vorbild der Kunstkritik gewesen. Doch als STEINER sich dann zu eigenen, modernen Anschauungen über die Natur des menschlichen Geistes durchgearbeitet hatte, mußte er seine Jugendansicht als eitle Illusion erkennen. Er empfand nun immer stärker, daß der Geist der Scholastik in LESSINGS Ästhetik wieder auflebt. Alle Scholastiker des Mittelalters aber betrachteten die Welt nicht mit unbefangenem Blick, sie sahen die Wirklichkeit überhaupt nicht, weil sie meinten, bei ARISTOTELES sei schon alle Weltweisheit enthalten. Genauso betrachtete nun auch LESSING das künstlerische Schaffen durch die Brille einer alten und ehrwürdigen Überlieferung des ARISTOTELES und spricht deshalb ganz kritiklos von ewigen Kunstregeln.[180] Genauso macht es der ganze Chor der normativen Ästhetiker des 19. Jahrhunderts, von KANT angefangen bis zu MORITZ CARRIERE und EDUARD VON HARTMANN, den Zeitgenossen RUDOLF STEINERS: «Nicht wie der Botaniker, der das Leben der Pflanze studiert, beobachten sie das wirkliche Leben der Kunst, sondern wie ein Gesetzgeber verhalten sie sich, der aus der reinen Vernunft die Gesetze hervorgehen läßt, nach denen sich die Wirklichkeit richten soll.»

Dieser Betrachtungsweise aber fehlt, so STEINER, jede Spur echter Psychologie, die zu der selbstverständlichen Überzeugung gelangen mußte, daß eine normative Ästhetik wie die des 19. Jahrhunderts schlechterdings eine Unmöglichkeit darstellt. Denn es kann in dem Sinne, wie es eine Botanik oder eine Zoologie gibt, niemals eine Ästhetik geben. Und warum nicht? Weil Pflanzen und Tiere ein Gemeinsames haben, dessen Ausdruck die Naturgesetze sind, das Kunstwerk dagegen stets Ausdruck einer menschlichen Individualität ist: «Und das Wertvollste an einem Kunstwerk, dasjenige, wodurch es seine höchste Vollendung erhält, entspringt aus der Eigenart des Künstlers, die nur einmal in der Welt vorhanden ist. Ein Pflanzenindividuum kann nicht originell sein, denn es liegt in seinem Wesen, daß sich in ihm die Gattung auslebt. Ein Kunstwerk von höchstem Rang ist immer originell, denn der Geist, aus dem es entsprungen ist, findet sich nicht ein zweites Mal in der Welt. Ein Maikäfer ist organisiert wie der andere; eine geniale Individualität ist nur in einem einzigen Exemplar vorhanden. Es kann keine allgemeinen Kunstgesetze, keine allgemeine Ästhetik geben. Jedes Kunstwerk fordert seine eigene Ästhetik.»

Weil aber jedes echte Kunstwerk Ausdruck eines einzelnen Schöpfers ist, kann die Kritik sowie die Ästhetik nur die individuelle Wiedergabe von Empfindungen sein, die in der Seele des darüber schreibenden Kunstbetrachters vorgehen: «Ich kann niemals sagen, ob ein Gedicht objektiv gut oder schlecht ist, denn es gibt keine Norm des Guten oder Schlechten. Ich kann nur den persönlichen Eindruck schildern, den das Kunstwerk auf mich macht.» Und der Leser kann infolgedessen aus einer Kritik, aus einer Ästhetik niemals etwas über den objektiven Wert eines Kunstwerks erfahren, sondern immer nur über die Wirkung, die es auf den Kritiker, den Ästhetiker machte. Dieser schildert einfach «einen Vorgang seines inneren Lebens», und wer sich dafür interessiert, wird eine solche Kritik oder Ästhetik auch lesen.

Ist es deshalb überflüssig oder gar sinnlos, heute noch Kritiken oder Ästhetiken zu schreiben oder zu lesen, weil sie ja angeblich doch nur Ausdruck einer bloß subjektiven Willkür sein können? Im Gegenteil, ein solcher Einwand verwechselt den Egoismus, der sich allerdings oft schrankenlos und willkürlich auslebt, mit einem Individualismus ethischer Art, den RUDOLF STEINER meint, der sich in immer höhere geistige Regionen hinaufentwickelt und aus dem etwas Objektives spricht. So ist es für den ethischen Individualismus keine Frage, daß eine Kritik, daß eine Ästhetik um so wertvoller ist, je bedeutender die Persönlichkeit ist, von der sie ausgehen. Wir lesen diese also nicht, weil wir erfahren wollen, ob ein Kunstwerk so ist, wie es eigentlich sein soll, sondern weil uns der Widerhall der Kunst in einer sensiblen, geistempfänglichen Seele interessiert, die diesen Widerhall gedanklich klar und in einer schönen, zugänglichen Sprache ausdrücken kann.

Deshalb kann auch die moderne Kritik eigentlich überhaupt keine Ästhetik mehr anerkennen, jedenfalls keine solche im traditionellen,

126

normativen Sinne: «Ihr ist jedes Kunstwerk eine neue Offenbarung; sie urteilt in jeder Kritik nach neuen Regeln, wie das wahre Genie bei jedem Werke nach neuen Regeln schafft.» Die erkenntnistheoretischen Grundlagen für eine solch moderne individuelle Ästhetik hat RUDOLF STEINER im aristotelischen Sinne schon neun Jahre früher, nämlich 1888 gelegt.

Der Künstler als Homo Creator und Verwandler der Welt

RUDOLF STEINER kam zu Beginn seines Wirkens zu der Überzeugung, daß die philosophische Grablegung der Kunst und Ästhetik des 19. Jahrhunderts nur eine Auferstehung erfahren könne durch die verjüngende und erneuernde Kraft des Goetheschen Metamorphosendenkens, das allerdings aus modernstem naturwissenschaftlichen Geist interpretiert werden müsse, sollte ihm wirklich die Zukunft gehören. So war es notwendig, daß sich RUDOLF STEINER in *Goethe als Vater einer neuen Ästhetik*[181] gegen zwei Extreme wandte: Einmal wandte er sich gegen den ästhetischen Idealismus «von oben», gegen den einseitigen Platonismus HEGELS und SCHELLINGS, der in luziferischer Weise das Wesen der Kunst verliert, weil er dieses nur im Ewigen und Geistigen begründet sieht. Für diesen normativen Platonismus verläuft alles künstlerische Schaffen im Geistigen, das nur wie traumhaft erfaßt wird, und das Schöne erscheint als ein bloßes Sinnlichwerden der Idee. Dabei wird das Äußere zum Symbol «degradiert», das sich, bei mangelnder künstlerischer Kraft, zur dürren Allegorie abstrahieren läßt, wobei sich die Kunst immer mehr in Regeln und Normen einzwängen läßt und schließlich als reine – klassizistische – Wissenschaft von der Kunst weiterlebt.

Neben diesen Vergangenheitsaspekt der Ästhetik tritt ein anderes Extrem, das die Gegenwart beherrscht und gegen das sich Steiner ebenfalls sehr entschieden wenden mußte, weil es genauso den Tod der philosophischen Ästhetik zur Folge hatte. Es ist das durch den Sinnesphysiologen GUSTAV THEODOR FECHNER vertretene und

bereits erwähnte Lustprinzip. Hier, in einem nominalistisch verfälschten Aristotelismus, in dieser materialistischen Ästhetik «von
unten» wird zwar das Wesen der Kunst angestrebt, aber niemals
erreicht, weil es im ahrimanischen Sinne nur in einem sinnlich
Erlebten, also im rein Materiellen begründet wird. So kann aus
dieser Ästhetik nur ein trostlos dürftiger Naturalismus entstehen,
der nun wiederum das Ewige vollständig verliert, weil er einzig auf
das Vergängliche und Zeitgebundene fixiert ist. Kunst geht auf diese
Weise nicht in Wissenschaft über wie beim Platonismus, sondern in
Technik, die man konstruieren kann, die machbar ist.

Der Tod und die Grablegung der Kunst findet also durch zwei
Extreme statt:

Platonismus	*Aristotelismus*
normativ verfälscht:	nominalistisch verfälscht:
Hegel, Schelling	Fechner, Scherer
Ästhetik von oben	Ästhetik von unten
das Ewige	das Vergängliche
reiner Geist	nackte Materie
Extrem:	Extrem:
Kunst als Wissenschaft	Kunst als Technik

STEINER dagegen findet nun einen dritten, gleichsam christlichen
Weg zwischen diesen beiden Vereinseitigungen, den Weg eines
aristotelischen Geistrealismus, und dieser führt in die Zukunft. Das
Sinnliche wird hier nicht geleugnet, sondern vom Künstler liebevoll
aufgenommen, jedoch in eine ganz neue Form gebracht, eben in die
Form der Idee. Doch der Schöpfer dieser neuen Form ist der mündig
gewordene Künstler, ist der individuell und frei gewordene Mensch.
Diese individuell und frei gestaltete Form ist das entscheidende
Kriterium aller Kunst des 20. Jahrhunderts, die in die Zukunft
weist. So verwirklicht dieser moderne Künstler nach MANFRED
KRÜGER eine «Ästhetik der spirituellen Erfahrung», welche das
Ewige nicht verleugnet, sondern im Alltäglichsten, ja im Vergäng-
lichsten aufschimmern sieht und es dann künstlerisch immer wieder
neu zu gestalten weiß.[182]

Mit anderen Worten: In der Kunst kommt es für RUDOLF STEINER weder auf ein platonisch verfälschtes Verkörpern des Übersinnlichen noch auf ein aristotelisch verfälschtes naturalistisches Nachahmen der Wirklichkeit an, sondern auf eine schöpferische Umgestaltung. Das Wirkliche sinkt dadurch nicht mehr zum Symbol, zum bloßen Ausdrucksmittel herab, sondern bleibt in seiner vollen Selbständigkeit erhalten; nur bekommt es eine solche Gestalt, in der es uns als künstlerisch empfindende Menschen wirklich befriedigt.

Die Natur, so STEINER, bleibt in jeder ihrer Gestaltungen hinter ihrer eigenen Schöpfung zurück, doch der Künstler wandert stets zu den Ursprüngen dessen, was ihm als die wahre Tendenz der Natur erscheint. In diese versucht er sich liebevoll zu versenken und sie in seinem Werk Gestalt werden zu lassen: «Nicht was ist, liegt also den Schöpfungen der Kunst zugrunde, sondern was sein könnte, nicht das Wirkliche, sondern das Mögliche.» So ist das Werk, das der Künstler gestaltet, zwar viel vollkommener als das Werk der Natur, aber es trägt doch keine andere als seine eigene Gesetzmäßigkeit in sich. Deshalb ist das Schöne für RUDOLF STEINER das Hinausgehen eines Dinges über sich selbst, aber nur auf der Grundlage dessen, was bereits in ihm verborgen liegt.

Der Inhalt des Schönen, der Stoff ist für STEINER stets ein Reales, ein unmittelbar Wirkliches, und nur die Form ist eine ideelle: «Das Schöne ist nicht das Göttliche in einem sinnlich-wirklichen Gewande, nein, es ist das Sinnlich-Wirkliche in einem göttlichen Gewande. Der Künstler bringt das Göttliche nicht dadurch auf die Erde, daß er es in die Welt einfließen läßt, sondern dadurch, daß er die Welt in die Sphäre der Göttlichkeit erhebt. Das Göttliche ist ein Schein, weil es eine Wirklichkeit vor unsere Sinne zaubert, die sich als solche wie eine Ideenwelt darstellt.» Nicht die Inkarnation des Göttlichen, wie sie beim Zelebrieren des Kultes immerfort geschieht, hat deshalb den modernen Künstler eigentlich zu interessieren, sondern die Transsubstantiation des Irdischen, die Verwandlung durch die Hinaufhebung in das Göttlich-Geistige.

Der Künstler erlangt aber solchermaßen als *homo creator* eine Würde, wie sie bereits bei HERDER, SCHILLER und GOETHE vorgezeichnet war, aber durch den Grundirrtum Kants zunächst allzu schnell wieder verloren ging. Der Künstler setzt die alte und natürliche Schöpfung dort fort, wo sie der Schöpfergott einst aus den Händen gelegt hat. Die Kunst in diesem geistrealistischen Sinne ist Weiterführung und krönende Vollendung des Naturprozesses durch den schöpferischen Menschen. Das Ergebnis ist das autonome Kunstwerk, das uns in ungezählter Vielfalt im 20. Jahrhundert überall entgegentritt.

Zwei Elemente sind es, die somit den Umfang und die Tiefe der zukunftsweisenden Ästhetik RUDOLF STEINERS ausmachen und die ihren aristotelischen Grundzug nicht verleugnen: Es ist zum einen der Künstler als Prometheus, als *homo creator*, der die *poiesis*, die schöpferische Fähigkeit des Herstellens, Schaffens und Gestaltens nicht statisch besitzt, sondern immer wieder auf neue und moderne Weise erringt. Dadurch wird er zum anderen fähig, die Kunst als Verwandlung, Transsubstantiation und Vergeistigung der in die Finsternis gefallenen Materie auszuüben. Diese beiden Grundelemente einer aristotelischen Ästhetik sind keimhaft schon im Mittelalter bei THOMAS VON AQUIN (um 1225–1274) veranlagt, dessen scholastisches Lehrgebäude für die katholische Kirche noch heute im wesentlichen maßgebend ist. Er empfindet alles Schöpferische als Analogie zwischen Gott und dem Menschen; deshalb ist ihm die Kunst eine Hindeutung auf das Reich Gottes. Den Künstler sieht er als Mitarbeiter an der Schöpfung Gottes an, als deren eigentlichen Vollender. Dieser ist der Vermittler zwischen Gott und den Menschen, der wahre Verklärer alles irdischen Daseins. In der Kunst wirken somit Gottes Gnade und menschliche Verantwortung zusammen in der unlöslichen Einheit eines einzigen existentiellen Vorgangs.[183]

Trotz alledem fällt es der katholischen Ästhetik der Gegenwart immer noch sehr schwer, aus dem aristotelischen Kunstdenken des Aquinaten die erforderliche moderne Konsequenz zu ziehen. Beispielsweise läßt der neuthomistische Philosoph und Ästhetiker ETIENNE GILSON der ungegenständlichen Kunst zwar volle Gerechtigkeit widerfahren. In seinem großangelegten Werk über *Malerei und Wirklichkeit* von 1965 arbeitet er ihre geistige Bedeutung sehr einfühlsam und prägnant heraus. Doch sieht auch er letzten Endes eine tiefe, unüberbrückbare Kluft zwischen aller menschlichen und göttlichen Schöpfung und empfindet alles Prometheische fast schon als Sakrileg.[184]

Noch einen Schritt weiter gehen die beiden Religionsforscher und Theologen PETER METZ und ERICH PRZYWARA; sie sprechen ein vernichtendes Urteil über die moderne Kunst, indem sie behaupten, diese habe keinerlei Raum einer «echten Transzendenz».[185] In diesem Antimodernismus, dem alles Prometheische als Vergötzung und Selbsterlösung erscheinen muß, begegnen sie sich mit dem bereits mehrfach erwähnten Kunsthistoriker HANS SEDLMAYR.[186] Aufschlußreich in diesem Zusammenhang ist auch ein Rundschreiben des Papstes PIUS XII. aus dem Jahre 1947, das besagt: Die schönen Künste stehen «erst dann im Einklang mit der Religion, wenn sie wie vornehme Mägde in den Dienst des göttlichen Kultes treten».[187] Damit aber wird die Kunst wieder auf eine unmündige Stufe herabgedrückt und eine längst anachronistisch gewordene mittelalterliche Anschauung erneuert: *ars ancilla theologiae* – die Kunst als Dienerin der Theologie.

Eine Ausnahme innerhalb der katholischen Ästhetik stellt das Werk *Homo Creator* der englischen Dramatikerin und Kriminalschriftstellerin DOROTHY L. SAYERS dar, das eine erstaunlich modern anmutende trinitarische Exegese des künstlerischen Schaffens entwickelt.[188] Dabei wird eine überraschende Übereinstimmung zwischen dem christlichen Credo und der Erfahrung des Künstlers über das Schöpfertum deutlich. Die sehr offen und völlig unbefangen denkende Autorin erkennt nämlich keinen Wesensunterschied zwischen dem Geist des Künstlers und dem Geist seines göttlichen Schöpfers, sondern immer nur einen solchen der Qualität und des Grades. Deshalb sieht sie in der Tatsache, daß ein Mensch überhaupt künstlerisch gestaltet, die Bestätigung dafür, daß er in der Gnade lebt. Weil sich im Kunstwerk Freiheit und Gnade unaufhörlich durchdringen, erscheint ihr der im übrigen Leben bestehender Widerspruch in einer höheren Synthese aufgehoben.

Am nächsten kommt den beiden aristotelischen Grundelementen von STEINERS Ästhetik die aktuelle Kunstanschauung der amerikanischen Kritikerin und Publizistin SUSAN SONTAG. Für sie bedeutet das Kunstwerk eine individuelle Neuschöpfung, welche die Welt transzendiert. In dem Kapitel *Über den Stil* ihres Buches *Kunst und Antikunst* von 1968 wendet sie sich darum schärfstens gegen alle normative Kritik, welche stets die Einzigartigkeit der Kunst verfehlen muß: «Ein Kunstwerk, dem man als Kunstwerk begegnet, ist ein Erlebnis, nicht aber eine Aussage oder die Antwort auf eine Frage. Kunst handelt nicht nur von etwas; sie *ist* etwas. Ein Kunstwerk ist *ein* Teil der Welt, nicht bloß ein Text oder Kommentar *über* die Welt.»[189] Darum führt die Kunst nicht zu bloß begrifflichem Wissen, sondern zu einem inneren Engagement, es bewirkt eine «dynamische Kontemplation». Ein Kunstwerk nimmt uns stets ganz gefangen, wenn wir uns ihm nur ganz überlassen. Aus diesem Grunde schon muß Kunst alles sein, deshalb muß die Autonomie und Freiheit des Kunstwerks gewahrt bleiben.

Ähnlich wie GOETHE und STEINER sieht auch SUSAN SONTAG in der Kunst eine wundersame und höchst lebendige dialektische Beziehung zwischen Ich und Welt. Die Kunst führt den Menschen zugleich von der Welt weg, wie sie ihn wieder zu ihr hinführt: «Die Beschäftigung mit einem Kunstwerk bringt naturgemäß die Erfahrung eines Sich-Loslösens von der Welt mit sich. Aber das Kunstwerk selbst ist ein lebenssprühendes magisches und exemplarisches Objekt, das uns der Welt offener und reicher zurückgibt.»[190] Es überwindet und transzendiert die Welt. So ist Kunst der Versuch, das Unsagbare und Unbeschreibliche auszudrücken; sie hat das Ziel, etwas Einmaliges, bisher nicht Dagewesenes zu vergegenwärtigen, das sich jedoch niemals bewerten oder gar verallgemeinern läßt. Obwohl das Kunstwerk kein Vehikel von Ideen oder moralischen Empfindungen darstellt, ist das ideelle und ethische Element untrennbar mit ihm verbunden. Und gerade aus diesem Grunde setzt nach SUSAN SONTAG jedes Kunstwerk unsere engstirnigen Urteile außer Kraft, erweitert und bereichert in oft ungeahnter Weise unser oft so begrenztes Alltagsbewußtsein.

Immer wieder sieht sich die Ästhetik vor ein zweifaches, schwieriges Dilemma gestellt, das ihr oft als nicht lösbar vorkommen mag. Auf der einen Seite lohnt es kaum der Mühe, erscheint sogar höchst überflüssig, über die Kunst große Worte zu verlieren, denn demjenigen, der gar nichts von ihr versteht, der keine Beziehung zu ihr empfindet, dem Banausen oder dem Philister, ist es trotz größter Überzeugungskraft nicht möglich, ihr Wesen zu erklären. Und demjenigen, der sich in ihr Wesen bereits eingelebt hat, weil er sensibel genug dazu ist, braucht man es eigentlich nicht noch durch Worte zu verdeutlichen; vielleicht empfindet er Worte sogar als lästig und störend: «Wenn ihr's nicht fühlt, ihr werdet's nicht erjagen», so möchte man hier mit Faust dem Famulus Wagner, dem trockenen Schleicher und Urbild des Philisters, zurufen. Denn bei jeglichem Betrachten und Genießen eines Kunstwerks ist das engagierte und ungebrochene Erlebnis das Primäre, dagegen das reflektierende Erkennen, Sprechen und Interpretieren das Sekundäre.

Auf der anderen Seite kann man, wenn man ehrlich ist, nur sagen, was Kunst alles nicht ist, niemals aber direkt das, was ihr eigentliches, wahres Wesen nun wirklich ausmacht. Von diesem Dilemma hat GOETHE natürlich schon gewußt, als er am 18. April 1827 zu ECKERMANN sagte: «Ich muß über die Ästhetiker lachen, welche sich abquälen, dasjenige Unaussprechliche, wofür wir den Ausdruck schön gebrauchen, durch einige abstrakte Worte in einen Begriff zu bringen. Das Schöne ist ein Urphänomen, das zwar nie selber in Erscheinung kommt, dessen Abglanz aber in tausend verschiedenen Äußerungen des schaffenden Geistes sichtbar wird und so mannigfaltig und so verschiedenartig ist als die Natur selber.»[191] Um die Kunst waltet eine Aura des Unaussprechlichen und Geheimnisvollen, die sich allen rein begrifflichen Definitionen konsequent entzieht. Gerade weil Kunst mit ihrer erkenntnismäßig niemals auszulotenden Mitte unserer geistigen Existenz unlösbar verbunden ist, zerrinnt einem ihr lebendiges Wesen gleichsam unter den Händen, will man es nur in ein paar dürre und abstrakte Begriffe pressen; man behält dann nur einige tote Bruchstücke zurück.

Heute kann man nur aus einer allerdings ungewohnten Erweiterung und Vertiefung des Bewußtseins über Kunst sprechen. Eine solche Vertiefung und Erweiterung tritt aber stets dann mit Notwendigkeit ein, wenn man vom Geheimnis der Kunst wahrhaft angerührt ist. Das hat zur Folge, daß ein solches Erleben weit über die Begrenztheiten des Irdisch-Alltäglichen hinausführt und hinein in kosmische Bereiche. Ein solchermaßen von der Kunst Angerührter spricht dann nicht nur andere Dinge über sie aus, sondern spricht überhaupt in qualitativ anderer Weise über sie. Es ändert sich nicht nur der Inhalt der Kunstaussage, sondern vor allem auch die Art, nicht nur das Was, sondern das Wie. Und genau dies ist nun der Fall bei dem Vortrag von 1909 über *Das Wesen der Künste*. Es hat sich in dem Duktus etwas Entscheidendes geändert.[192] RUDOLF STEINER spricht hier mit einem Mal nicht mehr gedanklich-philosophisch über die Kunst wie noch früher, im Jahre 1888. Er spricht die Sprache des Märchens mit ihrer tiefsinnigen, doch sehr einfachen und imaginativen Darstellungsweise, die dem künstlerischen Erlebnis so sehr viel näher steht, als es jeder noch so kluge Gedanke vermag. Dabei geht es um die hohe Mission der Kunst als Erlöserin.

RUDOLF STEINER schildert zunächst eine winterliche Landschaft, das schneebedeckte Gestade eines Meeres. Die Sonne ist bereits untergegangen und hat nur noch den goldenen Glanz der Abendröte zurückgelassen. Zwei Frauengestalten stehen in dieser Landschaft und sind in ihre Betrachtung versunken, doch auf völlig verschiedene Weise. Die eine erlebt nur die grimmige Kälte, sie preßt ihre Glieder an den Leib und ruft zitternd aus: «Mich friert!» Die andere dagegen ist in völliger Selbstvergessenheit der Schönheit dieses Naturschauspiels hingegeben, daß sie den physischen Frost überhaupt nicht zu spüren meint, sondern, überwältigt von dem Eindruck, in die Worte ausbricht: «Wie wunderschön ist diese Landschaft rings umher!» Nachdem die Dunkelheit vollends hereingebrochen ist, sinken beide Frauen in Schlaf. Doch der einen, die nur Frost und Kälte empfand, wird dieser Schlaf schier zum Tode, sie hat nicht die Kraft zu nächtlichen Traumerlebnissen. Die andere Frauengestalt dagegen, welche die Schönheit und Erhabenheit der winterlichen Natur erlebte, erhält durch die Seelenwärme, die durch das

Schönheitserlebnis in ihr aufstieg, die Kraft, daß ihr Schlaf erfüllt ist von lebendigen Wahrbildern.

In diesen Wahrträumen offenbaren sich ihr die geistigen Gestalten von sieben Kunstgattungen und geben ihr zu erkennen, daß sie nicht aus irdischen Bedingungen, sondern aus geistigen Bereichen stammen. Ihre Urbilder gehören verschiedenen geistigen Hierarchien an. Sie ziehen vor unserer Frauengestalt vorüber; ihre Schilderung gemahnt den Leser an die Sieben Freien Künste, die dem imaginativen Blick des mittelalterlichen Geistsuchers ebenfalls als sieben jugendliche Frauengestalten erschienen. Es erscheinen die Geistgestalten der Kunst des Tanzes, der Mimik, Plastik, Architektur, Malerei, Musik und Poesie. Sie offenbaren sich der Frauengestalt in dem Augenblick, als diese sich entschließt, ihr eigenes Wesen mit dem ihrigen zu vereinigen. Nach diesen tiefen Erlebnissen wacht sie am nächsten Morgen auf. Wiederum sieht sie die schnee- und eisbedeckte Landschaft mit dem Meere, aber diesmal liegt auf ihr der Glanz der Morgenröte. Dann erblickt sie die andere Frauengestalt, die durch den klirrenden Frost fast erstarrt ist und während der Nacht nichts erlebt hat, weil sie in die tiefe Bewußtlosigkeit des Schlafes versunken war. RUDOLF STEINER erzählt weiter, daß die Frauengestalt der nächtlichen Wahrträume die Kunst selbst ist und daß sie nun erkennen muß, daß ihre Partnerin die Wissenschaft ist. Da nimmt sie sich der halb Erfrorenen an, um ihr von ihrer eigenen Wärme etwas mitzuteilen: «Sie verstand jetzt, daß sie eine Retterin werden müsse für das, was hier eine halb erfrorene Wissenschaft war, sie verstand, daß sie es erwärmen und durchdringen müsse mit dem, was sie selber ist – zunächst mit dem, was sie als Kunst ist, und daß sie das, was sie mitbringt als Erinnerung an den nächtlichen Traum, mitteilen müsse der halb erfrorenen Wissenschaft. Und sie merkte, wie mit Windeseile das, was halb erfroren ist, wieder lebendig werden kann, wenn das Mitgeteilte von der Wissenschaft aufgenommen werden kann als Erkenntnis.» Sie blickte dann zur Morgenröte hin, die ihr zum Symbol für ihre eigenen Imaginationen wurde. RUDOLF STEINER schließt seine Betrachtung mit dem Zweizeiler SCHILLERS:

«Nur durch das Morgenrot des Schönen
dringst du in der Erkenntnis Land!»

Von der Abendröte des im materialistischen Denken erstarrten 19. Jahrhunderts bis zur Morgenröte des durch lebendige Kunst aufzuweckenden 20. Jahrhunderts – so kann man auch den Weg nennen, den RUDOLF STEINER hier in der Ästhetik gegangen ist. Die Kunst hat demnach die Möglichkeit, zur Retterin und Erlöserin einer Wissenschaft zu werden, die gerade heute nicht nur in Eiseskälte fast erstarrt ist, sondern die sich auch auf Abwege verirrt hat, aus denen sie sich selbst allein nicht mehr heraushelfen kann.

Aber die Kunst vermag ihre hohe Mission nur zu erfüllen, weil, wie RUDOLF STEINER darstellte, im künstlerischen Gestalten und Erleben dieselben Kräfte einstrahlen, die in den ersten Kindheitsjahren in jedem Menschen gewirkt haben. Während die Wissenschaft, namentlich unter dem Einfluß des Materialismus, die Welt grau in grau malt, den Menschen aber austrocknet, vereinsamen und vergreisen läßt, weckt die Kunst Kindheitskräfte in ihm, regt sie Lebensprozesse in ihm an, die ihn die Welt wiederum frisch und farbig erscheinen lassen und ihn verjüngen. Die künstlerische Phantasiekraft ist die ins Seelische metamorphosierte natürliche Wachstumskraft, die ein Kind mit fortschreitender Entwicklung zum Aufbau seiner Leibesorganisation nicht mehr braucht. Das, was davon übrig bleibt, gewissermaßen der Bodensatz, ist der Verstand, die «durchgesiebte Phantasie», welche darum der Philister für realer hält als eben die Phantasie selbst.[193] Das künstlerische Genie hat, stärker als es beim gewöhnlichen Menschen der Fall ist, diese Kindheitskräfte in sich bewahren können. Deshalb wandelt RUDOLF STEINER einen biblischen Spruch in bezeichnender Weise ab: «Ehe ihr nicht erkennen lernt die Bedeutung des ersten Kindlichen, könnt ihr nicht kommen in das Reich des künstlerischen Erlebens.»[194]

Um dieses offenbare Geheimnis der Kindheitskräfte im künstlerischen Schaffen und der Kunst selbst als Retterin und Erlöserin hat auch der spanische Philosoph ORTEGA Y GASSET (1883–1955) gewußt, als er schrieb: «Wenn das Wort zu Recht bestehen soll, daß die Kunst den Menschen rettet, so ist es nur, weil sie ihn vor dem Ernst des Lebens rettet und eine unverhoffte Kindlichkeit in ihm weckt.»[195]

Vom aristotelischen Sinn der Schönheit

Aller platonischen Ästhetik geht es wesentlich um die Schönheit, denn ihr Blick ist in die kosmischen Weiten gerichtet. Darum preist sie in oft hymnischer Begeisterung die erhabene Größe des von den Göttern geschaffenen Weltalls, in dem Harmonie und Rhythmus, Maß und Ordnung herrschen, die Grundbedingungen der Schönheit. Und alles menschliche Schöpfertum erscheint ihr wie ein göttlicher Anruf, dem der Mensch nur wie verzaubert Folge leisten kann. Das Schöne senkt sich im künstlerischen Schaffen gleichsam von oben herab, verkörpert sich im Sinnenschein, um dieses zu erleuchten. – Für dieses Schönheitserlebnis hat die aristotelische Ästhetik nicht viel übrig, sie hat von vornherein eigentlich kein Interesse an der urbildlichen Schönheit. Ihr Blick ist nicht kontemplativ in den Himmel gerichtet, sondern vielmehr zielvoll auf die Erde, die sie tatkräftig umzugestalten strebt. Es geht ihr deshalb um die Kunst und die Poiesis, um die schöpferische Verwandlung der Erdenmaterie, die aber stets nur einem individuell schaffenden Künstler gelingen kann.

Natürlich lassen sich die Bereiche von Kunst und Schönheit in Wirklichkeit nicht streng voneinander trennen, das vollzieht immer nur hypothetisch unser reflektierendes Denken. Denn die Kunst hat es zwar nicht ausschließlich, aber doch wesentlich mit Schönheit zu tun, und sei es auch nur mit ihrem dialektischen Gegenbild, eben der Häßlichkeit. Andererseits kann Schönheit selbst im Bereich des Menschlichen immer nur durch Kunst in Erscheinung treten. Wenn aber ein aristotelischer Ästhetiker über die Schönheit nachdenkt, dann hat er nicht wie ein Platoniker ihr Ewiges, Überzeitliches und Unwandelbares im Auge, sondern gerade ihr zeitbedingtes Wesen, das sich fortwährend wandelt. Ihm ist die Schönheit kein seliges Ruhen in sich selbst, keine absolute und unverrückbare Größe, die erhaben über allen menschlichen Unzulänglichkeiten thront, die man nur anbetend verehren kann, sondern sie ist ihm im doppelten Sinne frag-würdig geworden. Nicht, daß er sie leugnet, nicht, daß er sie ganz aus dem Leben verbannen möchte, aber er kann sie nicht mehr als selbstverständlich anerkennen, er zweifelt an ihr: sie ist ihm fragwürdig geworden. Aber gerade deshalb erscheint sie ihm ja auch nun in ganz neuer Weise des Fragens würdig, und er setzt sich in bewußter, ganz neuer Weise erkenntnismäßig mit ihr auseinander. Geistesgeschichtlich konnte dies erst im Zeitalter der Bewußtseinsseele, konkreter gesagt, in der Nach-Goethezeit des 19. und vor allem des 20. Jahrhunderts geschehen.

Vor dieser Situation stand auch RUDOLF STEINER, der in seinen Aussagen über die Schönheit immer ihr Gegenbild, die Häßlichkeit, mit einbezieht. So meint er in den mehrfach erwähnten Vorträgen von 1923, wenn man das Schöne in entsprechender Weise bezeichnen wolle wie das Häßliche, so müsse man vom Lieblichen sprechen, da ja das Gegenteil vom Haß die Liebe ist.[196] Das Schöne ist sprachlich auch verwandt mit dem Scheinenden, mit dem, was sein eigenes Wesen an die Oberfläche trägt. Es verbirgt sich also nicht, es bringt vielmehr sein Inneres bis in die äußere Gestaltung, es strahlt einen Schein aus. *Claritas* – das Strahlende, Leuchtende nennt es die mittelalterliche Ästhetik des THOMAS VON AQUIN.[197] Das Häßliche als sein Gegenteil ist also das Sich-Verbergende, das Nicht-Scheinende, das sein Wesen zurückhält, das sich in seinen Hüllen nicht als das offenbart, was es ist. Mit schön bezeichnen wir demnach etwas Objektives, Geistiges, das nach außen strahlt, so daß die äußere Gestaltung wahr ist. Als häßlich dagegen lehnen wir subjektiv etwas ab, wozu unsere eigenen Empfindungen nein sagen. Das Innere verbirgt sich beim Häßlichen, so daß die äußere Gestaltung eine Lüge ist, und wir hassen es eben darum, weil es sein Wesen verbirgt. Wir verhalten uns hier nicht so objektiv wie beim Schönen.

Noch einen Schritt weiter in der Darstellung der eigentlichen Dialektik, die zwischen Schönheit und Häßlichkeit waltet, ging RUDOLF STEINER schon in seinen Vorträgen von 1919 über *Die Sendung Michaels*.[198] Hier spricht er aus michaelischem Zeitgeist kompromißlos die geistige Situation der Künstler unseres Jahrhunderts an. Ihnen ist es versagt, ja muß es versagt bleiben, einseitig im alten Sinne die Schönheit wie noch im antiken Griechentum oder in der Renaissance zu gestalten. Denn das Bewußtsein des Menschen hat sich heute radikal geändert. In der Antike nämlich stand die

Menschheit noch nicht in der absteigenden Entwicklung; damals waren Inneres und Äußeres, Geistiges und Natürliches noch eine harmonische Einheit. Die Griechen konnten deshalb wie selbstverständlich Schönheit und Geist in der Natur wiederfinden. Heute dagegen, wo Inneres und Äußeres auseinandergefallen sind, wo die Menschheit vom Materialismus und der absteigenden Entwicklung ergriffen ist, kann man sich diesen Luxus nicht mehr erlauben. Würde man heute einseitig ein Schönheitsideal kultivieren, so würde dies Flucht aus der Wirklichkeit bedeuten; man käme in eine Illusion, ja in eine Verlogenheit hinein und könnte nichts anderes als Kitsch dabei erzeugen. Schönheit ist heute nur möglich in einer Auseinandersetzung mit dem Häßlichen. RUDOLF STEINER: «Wollen wir Kunst wirklich fassen, so dürfen wir niemals vergessen, daß das letzte Künstlerische in der Welt des Ineinanderspielen, das Im-Kampfe-Zeigen des Schönen mit dem Häßlichen sein muß. Denn allein dadurch, daß wir hinblicken auf den Gleichgewichtszustand zwischen dem Schönen und dem Häßlichen, stehen wir in der Wirklichkeit darinnen, nicht einseitig in einer nicht zu uns gehörigen Wirklichkeit, die aber mit uns erstrebt wird in der luziferischen, in der ahrimanischen Wirklichkeit.» Diesen Kampf zwischen Schönem und Häßlichem hat der Künstler des 20. Jahrhunderts aufzuzeigen, in ihn ist er mitten hineingestellt: Er muß sich heute «kühn und tapfer gegenüberstellen dem realen Kampfe zwischen Schönem und Häßlichem. Er muß die Dissonanzen im Kampfesspiel mit den Konsonanzen in der Welt empfinden können, mitfühlen, mitleben können.»

Zweimal noch, und zwar im Jahre 1922, hat sich RUDOLF STEINER im aristotelischen Sinne über das Spannungsverhältnis des Schönen geäußert. Wenn sich die Welt, so heißt es einmal, in ihrer Schönheit erheben soll, muß vorher seelisches Leid erfahren worden sein. Denn Schönheit kann sich im Grunde nur aus tief durchlittenem Schmerz entwickeln.[199] Aber sie kann ebenfalls niemals ohne die Grundlage von «sehr häßlichen Elementarwesen» entstehen. Überall dort, wo Schönheit erblüht, begegnen wir schauderhaften, urhäßlichen Elementarwesen spinnenartiger Natur. So erhebt sich des Menschen Begeisterung für das Schöne nur auf dem Grunde der

Häßlichkeit. Dieses ist ein Weltgeheimnis. Der Mensch braucht «die Aufstachelung durch das Häßliche, damit gerade die Schönheit zum Vorschein kommt. Und die großen künstlerischen Naturen waren solche, die durch ihre starke Leiblichkeit ertragen konnten das Durchsetztsein mit diesen Spinnen, um eine Sixtinische Madonna oder dergleichen hervorzubringen. Was in der Welt an Schönem hervorgebracht wird, wird eben durchaus so hervorgebracht, daß es sich aus einem Meere von Häßlichkeit durch den Enthusiasmus der menschlichen Seele heraushebt.»[200]

Ein drastisches Analogon für dieses Weltgesetz findet RUDOLF STEINER in der Landwirtschaft, wo das Feld mit Mist gedüngt wird, damit es Früchte hervorbringen kann. So wie die Pflanzen auf dem Acker nicht gedeihen, ohne daß man ihn düngt, «ebensowenig kann Schönheit auf der Erde erblühen, ohne daß die Götter die Erde mit Häßlichkeit düngen. Das ist die innere Notwendigkeit des Lebens.»

Das Schöne wird erst vor dem Hintergrund seines Gegenteils, des Häßlichen, Wirklichkeit, so wie das Licht erst vor dem Hintergrund der Finsternis erstrahlt. Wären diese Gegensätze im Leben nicht vorhanden, würde uns ihre Versöhnung niemals so tief beglücken können. Das Schöne in diesem aristotelischen Sinne ist immer Tat, Leben und Siegesfreude. Aber dieser Sieg ist niemals ohne harten Kampf denkbar; er setzt einen starken Feind voraus und erlangt nur dort wahre Bedeutung, wo die Möglichkeit einer Niederlage mit einbezogen ist. Schönheit kann nur dort entstehen, wo große Spannungen vorhanden sind, wo Freiheit wirkt. Deshalb beeindruckt jene Schönheit am stärksten, die aus größten Spannungen hervorgegangen ist, wo die Freiheit den höchsten Einsatz zu leisten hatte.

Damit ist wieder auf das prometheische Urbild der Kunst unseres Jahrhunderts verwiesen. PROMETHEUS, das ist der schöpferische Künstler, der *homo creator*, dessen freies und individuelles Schöpfertum gegen die Welt des Gewordenen protestiert; eine Welt, die sein Bruder EPIMETHEUS in vollkommener, harmonischer Schönheit genießen möchte. PROMETHEUS will etwas ganz anderes, etwas Neues, noch nie Dagewesenes, etwas Eigenes schaffen; und er weiß, daß dies nur durch ständigen Kampf möglich ist und daß bei diesem Kampf vielleicht auch manches zerstört werden muß.

In diesem Sinne ist PABLO PICASSO (1881–1973) ein exemplarisch prometheischer Künstler unseres Jahrhunderts, dessen Stilverlauf er wesentlich mitprägte. Er entdeckte niemals eine künstlerische Wahrheit, ohne zugleich ihren Widerspruch herauszufinden.[201] Darum blieb er künstlerisch nicht bei einem einmal Erreichten stehen, sondern war bis an sein Lebensende in ständiger Entwicklung begriffen. Er war der Überzeugung, daß alle Kunst revolutionär sein müsse, ein Aufruhr gegen die bestehende Welt: «Kunst und Freiheit», so sagte er zu seiner Gefährtin FRANÇOISE GILOT, «muß man wie das Feuer des PROMETHEUS rauben, um sie gegen die bestehende Ordnung anzuwenden. Wenn Kunst einmal offiziell und für jeden greifbar ist, dann entsteht ein neuer Akademismus.»

Was ist Schönheit? So fragte sich auch immer wieder PICASSO und meinte dann überspitzt, daß es sie eigentlich wohl gar nicht gäbe: «Ich hasse das ästhetische Spiel des Auges und der Gedanken, das Spiel dieser Kenner, dieser Mandarine, die die Schönheit goutieren.» Damit ist auf die Kunstgelehrten und Kritiker angespielt, die nach einem normativen Kanon urteilen. In seiner kubistischen Phase, so sagte er dann weiter, habe er sich schon leidenschaftlich gegen alles aufgelehnt, was man in den Museen als Schönheit bezeichnete. Denn er hatte selbst die magische Kraft der Masken Schwarzafrikas erlebt, welche von den Menschen geschaffen wurden, um ihren Schrecken zu bannen und zu überwinden: «In diesem Augenblick erkannte ich, daß dies und nichts anderes der Sinn der Malerei ist. Malerei ist kein ästhetisches Unterfangen, sie ist eine Form der Magie, dazu bestimmt, Mittler zwischen jener fremden, feindlichen Welt und uns zu sein. Sie ist ein Weg, die Macht an uns zu reißen, indem wir unseren Schrecken, wie auch unseren Sehnsüchten Gestalt geben. Als ich zu dieser Erkenntnis kam, wußte ich, daß ich meinen Weg gefunden hatte.»[202] Auch PICASSO konnte deshalb keine Schönheit anerkennen, die nicht individuell und aus Freiheit erkämpft, erlitten und der Häßlichkeit dadurch abgerungen war.

Weltpolaritäten in der Kunst

In seinen Erziehungsvorträgen zur Begründung der Waldorfschule in Stuttgart im Jahre 1919 wies RUDOLF STEINER auf die zwei wesentlichen künstlerischen Strömungen der Menschheit hin, auf die plastisch-bildnerische (oder auch die plastisch-architektonische) und die dichterisch-musikalische.[203] Beide sind polarisch einander entgegengesetzt, bilden eine echte Weltpolarität wie das Männliche und Weibliche, das Licht und die Finsternis, das Geistige und das Materielle, der Tod und das Leben. Doch beide Weltgegensätze können sich in einer höheren Synthese vereinigen. Steiner weist in diesem Zusammenhang auf HEINRICH HEINE, der in seinen historischen Betrachtungen immer wieder von einer solchen Zweiheit spricht.[204] Alles, was vom antiken Griechentum ausging oder geistig mit ihm verwandt war, hat im eminentesten Sinne die Veranlagung zur plastisch-bildnerischen Gestaltung der Welt. Alles dagegen, was aus dem alttestamentarischen, hebräischen Element herauswächst, hat die besondere Veranlagung zum dichterisch-musikalischen Gestalten.

Noch eine weitere, aufschlußreiche Charakterisierung gibt RUDOLF STEINER hier: «Die musischen, die musikalischen Künste entstehen aus den plastischen und architektonischen Künsten, indem das, was plastische und architektonische Künste nach außen sind, die musikalischen Künste nach innen sind. Die Reflexion der Welt von innen nach außen, das sind die musikalischen Künste.» Wer Empfänglichkeit und Phantasie für diese Dinge hätte, könne diese Weltpolarität in der Kunstgeschichte der Menschheit sehr gut verfolgen.

Bei dieser Charakterisierung gilt es festzuhalten, daß STEINER hier weniger die einzelnen Kunstgattungen als solche im Auge hat, wie Architektur, Plastik und Musik, als zwei urphänomenal verschiedene künstlerische Schaffens- und Erlebnisweisen. Ein Künstler verhält sich im Schaffen entweder plastisch-bildnerisch oder dichterisch musikalisch, ganz gleich, in welchem Material sich seine Gestaltung ausdrückt. So stehen sich in der Renaissance des frühen 16. Jahrhunderts die musikalische Malerei des MATTHIAS GRÜNE-

WALD und die plastisch-bildnerische («griechische») Malerei des RAFFAEL gegenüber. AUGUSTE RODIN war als Bildhauer eine eher dichterisch-musikalische Natur, ebenso wie der Maler PAUL GAUGUIN. MICHELANGELO blieb immer eine Bildhauernatur, auch wenn er malte, und PAUL CÉZANNE konnte als Maler gar nicht anders als architektonisch gestalten. Ein strenger Architektoniker blieb auch JOHANN SEBASTIAN BACH.

In seiner Betrachtung über *Die Psychologie der Künste* von 1921 konkretisiert RUDOLF STEINER diese künstlerische Weltpolarität, indem er sie an zwei Dichterpersönlichkeiten, nämlich GOETHE und NOVALIS, entwickelt und sie vom Psychologischen der Geisteswissenschaft herauszuarbeiten sucht.[205] In NOVALIS äußerte sich etwas, das «wie mit Flügeln behaftet in poetischen Sphären hinwegschwebte» über die nüchterne Prosa des Alltagslebens. In ihm, der sehr jung starb, der bei den Klängen von Musik entschlief, wirkt unmittelbar ein poetisch-musikalisches Element, das Zeit und Raum regelrecht zerschmilzt. Bei NOVALIS dringt das Seelisch-Geistige nicht voll bis an die Sinneswelt heran, es erscheint niemals ganz inkarniert, dafür aber vermag es den ganzen Menschen zu durchseelen und zu vergeistigen. Bei ihm lebt die Seele, ohne ganz den Boden der prosaischen Alltagsrealität zu berühren, in Freiheit; darum verwandelt sich ihm alles Erlebnis in Poesie und Musikalität.

Am entgegengesetzten Pol steht GOETHE, der eine tiefe Sehnsucht entwickelte, diejenige Welt der Kunst kennenzulernen, die es am weitesten gebracht hatte in der Ausgestaltung von Raum und Zeit, von Architektur, Plastik und Malerei: Italien und die Welt des Südens, der Antike und der Renaissance. In GOETHE lebte ein architektonisch-plastisches Element, bei ihm wirkt sein Geistig-Seelisches so machtvoll und souverän, daß es die Sinne viel kräftiger durchdringt und sich auf die Außenwelt erstreckt, als es beim gewöhnlichen Alltagsmenschen der Fall ist. So entsteht in ihm unwiderstehlich die Sehnsucht, das Geistig-Seelische ganz in die Raumeswelt hineinzutragen.

An beiden Polen jedoch, bei GOETHE und NOVALIS, finden wir deshalb die Befreiung von der Notwendigkeit so, wie sie nur in der Kunst realisiert werden kann. Das eine Mal, bei NOVALIS, geht die

Freiheit ins Poetisch-Musikalische, das andere Mal, bei GOETHE, ins Architektonisch-Plastische. Das eine Mal wird Kunst dadurch möglich, weil das Geistige zu wenig inkarniert ist, sich nicht ganz mit dem Physischen verbindet, weil es Novalis mit Macht in das Reich des Nachtodlichen zieht. Das andere Mal wird Kunst dadurch möglich, daß dieses Geistige zu mächtig inkarniert ist, weil es die Materie umgestalten kann, weil es, wie bei GOETHE, Impulse aus dem Vorgeburtlichen ungebrochen in Raum und Zeit tragen möchte.

RUDOLF STEINER führt aus: «Niemand kann die Psychologie der Künste verstehen, der nicht das Mehr von Seele verstehen kann, das in dem Plastiker, das in dem Architekten leben muß, als im normalen Leben. Niemand kann verstehen das Poetisch-Musikalische, der nicht hindringt zu dem Mehr, das im Geistig-Seelischen eines Menschen lebt, der dieses geistige Mehr, dieses geistige Überragen der physischen Organisation nicht hinlassen kann bis zum Physisch-Sinnlichen, sondern es in Freiheit dahinterhalten muß. Befreiung, das ist das Erlebnis, welches im wahrhaften Erfassen der Künste vorhanden ist, Erleben der Freiheit nach ihren polarischen Gegensätzen hin.»[206]

Es ist auch der Gegensatz von Klassik und Romantik, der in dieser Polarität zum Ausdruck kommt. Denn wie GOETHE selbst freimütig bekannte, war seine dauernde Sehnsucht als Klassiker ganz auf die bildende Kunst gerichtet. Er empfand es als echte Schicksalstragik, daß er nicht Bildhauer werden konnte, denn er fühlte, daß die Plastik allein die Kunst der vollkommenen und vollendeten Vergegenwärtigung ist, weil sie den Raum gestaltet. Und so bleibt auch sein klassischer Dichtungsstil stets plastisch, wie auch der SCHILLERS. Immer schwebten den beiden griechische Gestalten vor, wie es FRITZ STRICH eindrucksvoll dargestellt hat.[207]

In der gesamten europäischen Romantik dagegen, also nicht nur bei NOVALIS, will alles zur Poesie werden und zur Musik, weil es den Künstler ständig in die Unendlichkeit zieht, weil er sich ganz mit ihr verbinden, in ihr aufgehen möchte. So ist die romantische Landschaft nach FRITZ STRICH die sichtbar werdende Musik der romantischen Seele des Künstlers. Während in der Klassik das Auge das alles beherrschende Organ ist, das die klar umrissenen Formen

des hellen Tageslichtes erblickt (Plastik, GOETHES Farbenlehre), ist
es in der Romantik das Ohr, das die inneren Stimmen und die Musik
des Geistes in der unendlich tiefen Nacht erlauscht.[208]
Diese Weltpolarität der Kunst läßt sich demnach zusammenfas-
send so gliedern:

Plastisch-Architektonisches	*Poetisch-Musikalisches*
Griechentum	Hebräertum
Goethe	Novalis
Klassik	Romantik
Natur	Geschichte
vorgeburtlich	nachtodlich
von außen nach innen	von innen nach außen
Vergangenheit	Zukunft
Inkarnation	Exkarnation

Von einer ganz anderen Seite herkommend charakterisiert
RUDOLF STEINER diese Weltpolarität in einem Kunstvortrag von
1918.[209] Er geht hierbei aus von den zwei «Erbsünden» im künstlerischen Schaffen und Genießen. Die eine ist der äußerliche Naturalismus, die stumpfsinnige Abschilderung und Nachahmung der physischen Wirklichkeit. Die andere dagegen ist eine nicht leicht zu
durchschauende andere Art des Naturalismus, nämlich die des Geistigen, die danach strebt, in der Kunst unmittelbar das Geistige, das
Übersinnliche darstellen zu wollen. Beides ist künstlerisch eine
Unmöglichkeit, die nur die banausischen Philister überhaupt als
künstlerisch erstrebenswert ansehen können. Aber verkehrt wäre es
nun auch wiederum, in der Kunst einseitig alles Geistige oder
Sinnliche vollkommen ablehnen zu wollen, denn im Kunstwerk
vollzieht sich auf geheimnisvolle, ja magische Weise eine ständige
Vereinigung des Geistigen mit dem Sinnlichen. Und wir können
diese Vereinigung im rosenkreuzerischen Sinne eine «chymische
Hochzeit» nennen.
In der Kunst unseres Jahrhunderts können zwei verschiedene
Quellen und Wege der künstlerischen Phantasie erkannt werden.
Der eine Weg ist der nach innen führende, der Gang zu den Müt-

tern, wie ihn GOETHE nennen würde. Hier steigen aus den Tiefen der Menschenseele, die ja sehr viel mehr umfassen als das flache Alltagsbewußtsein, fortwährend Erlebnisse und Stimmungen auf, die sich im Wachbewußtsein entladen wollen. Sie können es aber nicht im normalen Leben und sollen es auch gar nicht, wenn der Mensch seelisch gesund bleiben will. Dieser dionysische Weg nach innen ist nach STEINER «das Streben nach der Vision», das eben beim bloßen Streben stehenbleiben soll. Aber es kann befriedigt werden, wenn der menschlichen Seele der Inhalt der Vision in Form eines Kunstwerks dargeboten wird. Damit wird der krankhafte Zug nach der Vision ausgeglichen: Die Kunst ist das große Therapeutikum für den Menschen. Viele Bestrebungen des Expressionismus gehen in diese Richtung.

Die andere Quelle ist der Weg nach außen, der apollinische Weg. Er geht von der Empfindung aus, daß überall dort in der Natur Geheimnisse verzaubert sind, wo ein Niederes durch ein Höheres überwunden ist, das Physische durch das Ätherische, das Ätherische durch das Astralische, das Astralische durch das Ichhafte – und umgekehrt. Aber wenn der Mensch die Sehnsucht entwickelt, diesen Zauber zu lösen, dann wird man zum künstlerisch Schaffenden oder Genießenden. RUDOLF STEINER nennt diesen künstlerischen Weg nach außen in die verzauberten Geheimnisse der Natur, um ihren Zauber zu lösen – um damit die Natur zu erlösen –, den der impressionistischen Kunst.

Man darf die beiden antagonistischen Kunstbegriffe, expressionistisch und impressionistisch, nicht so eng fassen, wie es die Kunstwissenschaft im allgemeinen macht und sie nur als zeitlich begrenzte Epochen-Stilbegriffe verwenden. Man muß sich ständig bewußt bleiben, daß sie eine Weltpolarität bezeichnen, die schon immer in der Kunstgeschichte vorhanden war und die erst zu Beginn unseres 20. Jahrhunderts scharf voneinander getrennt in Erscheinung tritt.

Mit dieser künstlerischen Weltpolarität halten wir einen geistigen Schlüssel zum Verständnis der oft so verwirrend vielfältigen Stilströmungen der Kunst unseres Jahrhunderts in der Hand.[210] Natürlich ist die Gesamtentwicklung im 20. Jahrhundert im Großen ein einzigartiger Weg nach innen, der ja auch bezeichnenderweise mit dem allgemein-europäischen Expressionismus um 1905 beginnt. Ein Weg nach innen, wie ihn bereits NOVALIS gefordert hatte und wie ihn dann GOTTFRIED BENN für die expressionistische Kunst literarisch beschreibt. Kubismus, Surrealismus und die verschiedenen Stilphänomene der ungegenständlichen Kunst wie Konstruktivismus oder Tachismus sind konsequent auf diesem Wege weiter vorangeschritten.

Den Weg der Entzauberung der Geheimnisse der Natur sind ebenfalls seit dem Expressionismus bedeutsame Künstler des 20. Jahrhunderts gegangen: zum Beispiel der Franzose ROBERT DELAUNAY, der den Orphismus begründete und erstmals die in den Gegenständen verzauberte Farbe befreite; aber auch die Maler des *Blauen Reiter* wie FRANZ MARC und AUGUST MACKE: der eine «befreite» malerisch das Wesen der Tiere, der andere verwandelte den Alltag in ein leuchtend helles, farbig strahlendes Paradies. Und schließlich erlöste auch PAUL KLEE durch sein lebenslanges Bemühen um das künstlerische Material die Strukturen der leblosen und lebendigen Natur.

Auch hier ergibt sich wieder eine Gliederung:

äußerer Weg	*innerer Weg*
verzauberte Natur	Streben nach der Vision
apollinisch	dionysisch
impressionistische Haltung	expressionistische Haltung
Kunst als Erlösung	Kunst als Therapeutikum
Abweg: sinnlicher Naturalismus	Abweg: geistiger Naturalismus

Die Parabel der sieben Künste

Bereits die griechischen Philosophen versuchten zu einer Gliederung der verschiedenen Kunstgattungen zu kommen. So teilten PLATON und ARISTOTELES sie ein in die lohnbringenden, aber unfreien Künste der Architektur, Plastik und Malerei, und die freien Künste Musik, Prosa und Poesie. PLOTIN sprach von den nachahmenden praktischen und den freien theoretischen Künsten.[211] Wir haben diese klassische Zweigliederung im wesentlichen heute beibehalten, indem wir die bildenden Künste, die sich im Raum vollziehen, den redenden und musikalischen Künsten gegenüberstellen, die in der Zeit ablaufen. In solcher Gliederung drückt sich eine Weltpolarität aus, wie sie das vorige Kapitel deutlich zu machen versuchte. Doch abgesehen von dieser Zweiteilung besteht ein geheimnisvoller innerer Zusammenhang zwischen den einzelnen Kunstgattungen selbst, auch eine Gesetzmäßigkeit in ihrer Aufeinanderfolge und Entwicklung.

Das kann einem immer wieder die Erfahrung im Umgang mit der Kunst und ihren geschichtlichen Prozessen bestätigen. So beginnt jeder Stil mit einer archaischen Frühphase, die hieratisch streng und architektonisch geformt ist. Sie kulminiert dann in einer klassischen Hochphase von lebendiger plastischer Form und löst sich schließlich in einer barocken Spätphase von malerischem Charakter auf oder zersprüht in einer musikalisch-tänzerischen, bewegten Form. Von der Architektur über die Plastik und Malerei bis zur Musik entwikkelt sich die bildende Kunst. Am Anfang steht die machtvolle, physische, aber unindividuelle Gestalt, die durch ihre fortschreitende materielle Reduzierung immer mehr an Durchseeltheit und Individualisierung gewinnt, bis sie stofflich ganz in der Musik verschwindet und in reinen Geist aufgelöst erscheint. Eine Umkehrung dieser Entwicklung, die überall, im Großen wie im Kleinen, in Erscheinung tritt, ist unmöglich, weil ihr ein Gesetz des Lebendigen zugrundeliegt.

Bereits HERDER hatte, ausgehend von den drei verschiedenen Sinneserlebnissen Tasten, Sehen und Hören, die drei wesensmäßig verschiedenen Kunstbereiche Plastik, Malerei und Musik gegeneinander abgegrenzt, ohne allerdings weiterzudringen und Konsequenzen aus dieser Erkenntnis zu ziehen. NOVALIS in seiner Kunstlehre, die nur in wenigen, aber um so gewichtigeren Fragmenten enthalten ist, war dem geheimnisvollen Zusammenhang schon weiter auf der Spur. So heißt es bei ihm: «Die Skulptur und die Musik sind sich, als entgegengesetzte Härten, gegenüber. Die Malerei macht schon den Übergang. Die Skulptur ist das (Gebildete) Starre. Die Musik das (Gebildete) Flüssige.»[212] Auch die romantische Ästhetik FRIED-RICH SCHLEIERMACHERS erfaßt diese Polarität von Starrem und Flüssigem, bildenden und redenden Künsten und überträgt sie auf den Gegensatz von alter und moderner Kunst: «Und hier ist offenbar, daß sich die bildende und redende Kunst der Neueren dem Musikalischen nähert, weil überall der Charakter in einer Reihe von Momenten, d. h. im wechselnden Gefühl zur Anschauung gebracht wird, wogegen sich die Musik der Alten der Objektivität der bildenden und redenden Künste nähert. Der ganze Typus der modernen Kunst ist musikalisch, subjektiv, der ganze Typus der antiken plastisch, objektiv.»[213] ERNST VON LASAULX, ein Ästhetiker aus dem «verschütteten Schrifttum» des deutschen Goetheanismus, konnte die gesamte gesetzmäßige Entwicklung in einen einzigen Satz zusammenfassen: «Die Kunst hat zuerst den Göttern ein Haus gebaut, darin ihr Standbild aufgestellt, dieses bemalt, in Musik und Poesie die Götter besungen und zuletzt über sie, die Natur und den Menschen, philosophiert.»[214]

Aber LASAULX vermochte die Entwicklung der Künste nur deshalb so eindeutig zu präzisieren, weil er auf HEGEL fußte, der die Gliederung und die Entwicklung der Gattungen erstmals in ein logisch kristallklares Gerüst brachte, das zugleich Himmel und Erde umspannte.[215]

Am Anfang steht für HEGEL die Architektur, was schon das Wort *arche* = Anfang deutlich machen kann. Sie ist als Mutter, als Leib aller anderen Künste eine Kunst des Symbolischen, eine erhabene, aber äußerliche Form für das Gotteserlebnis, die über sich selbst hinausweist. Stoff und Form sind noch nicht zur Einheit zusammengewachsen, der Stoff bleibt im Symbolischen stets eine unorganische Materie. Die Plastik dagegen ist eine Kunst des Klassischen, bei der Stoff und Form sich harmonisch durchdringen und zu einer objektiven Einheit werden. Das Unorganische, Materielle der Architektur wird dadurch überwunden, das Organische, das Leben scheint hervorzutreten. So steht die Plastik, die das Gottmenschliche in schönen Gestalten anschaulich macht, genau in der Mitte zwischen freier Seligkeit und Notwendigkeit, also zwischen Malerei und Architektur. Sie schreitet fort zur Malerei, der ersten Kunst des Romantischen, wo die Einheit von Stoff und Form von innen überwunden, ja gesprengt wird. In der Malerei erwacht erstmals das Bewußtsein zu sich selbst; dabei löst sich die äußere Realität ganz in Inneres, in Farbe auf. Von der Architektur über die Plastik zur Malerei, das ist der Weg vom Räumlichen über das Körperliche bis zur Fläche, bis dann in der Musik, der zweiten Kunst des Romantischen, die räumliche Objektivität und Sichtbarkeit ganz aufgehoben wird und in die reine Zeit verschwindet. In der Poesie, der dritten und letzten Kunst des Romantischen, individualisiert sich die Musik zum Wort. Weitere Künste gehen nicht aus HEGELS System hervor:

Architektur ——→ Plastik ——→ Malerei ——→ Musik ——→ Poesie

I. Symbolik	II. Klassik	III. Romantik
Thesis	Antithesis	Synthesis

Diese Hegelsche Fünfergliederung und das System der Künste wurde in den Stürmen des Materialismus konsequent zertrümmert, weil beide damals keiner Erkenntniswirklichkeit mehr entsprachen und in keiner konkreten Anschauung vom Menschen mehr wurzelten.

RUDOLF STEINER entwickelte eine neue, zukunftsweisende Siebenergliederung aus dem trichotomischen Menschenbild, die die materialistische Atomisierung der Künste überwindet, weil sie zwei wesentliche Voraussetzungen erfüllt: Einmal ist seine Kunsterkenntnis hervorgegangen aus einer konkreten Menschenkunde, zum anderen aber aus der spirituellen Erfahrung, daß alle Kunst nur aus der Beziehung des Menschen zum Kosmos hervorgeht und nur von dort her überhaupt verstanden werden kann.

RUDOLF STEINERS Siebenergliederung läßt sich in Form einer Parabel darstellen, die aus der Unendlichkeit, vom Kosmos, von oben sich herniedersenkt; dann aber, ganz unten angekommen, die Erde berührt, die Endlichkeit, um erneut auf der anderen Seite aufzusteigen und sich in der Unendlichkeit, mit dem Kosmos wieder

zu vereinigen. Aber das Geistige, das sich herniedergesenkt, gleichsam auf der Erde inkarniert hat, ist nicht mehr dasselbe, das sich
später wiederum exkarniert und nach oben bewegt.

Die sieben Künste markieren in der Form dieser Parabel die
einzelnen Stufen der Inkarnation und Exkarnation des Geistigen,
wobei sich sechs von ihnen jeweils auf den beiden Ästen der Parabel
gegenüberstehen, während die vierte unten ganz allein für sich
steht. Diese stellt die Mitte der Parabel dar, den Dreh- und Angel-
punkt, bei dem der eine Ast endet und der andere beginnt. Aber es
läßt sich nicht nur eine einzige Parabel der sieben Künste aus
RUDOLF STEINERS Ästhetik entwickeln, sondern deren zwei: eine
mikrokosmische, die auf den Menschen bezogen ist, eine makrokosmische, welche die Weltentwicklung zum Ausdruck bringt. Beide
sind nicht voneinander zu trennen und gehen ständig ineinander
über. Sie lassen sich herauslesen aus RUDOLF STEINERS Vorträgen
an der Jahreswende 1914/15 in Dornach über ‹Kunst im Lichte der
Mysterienweisheit›.[216]

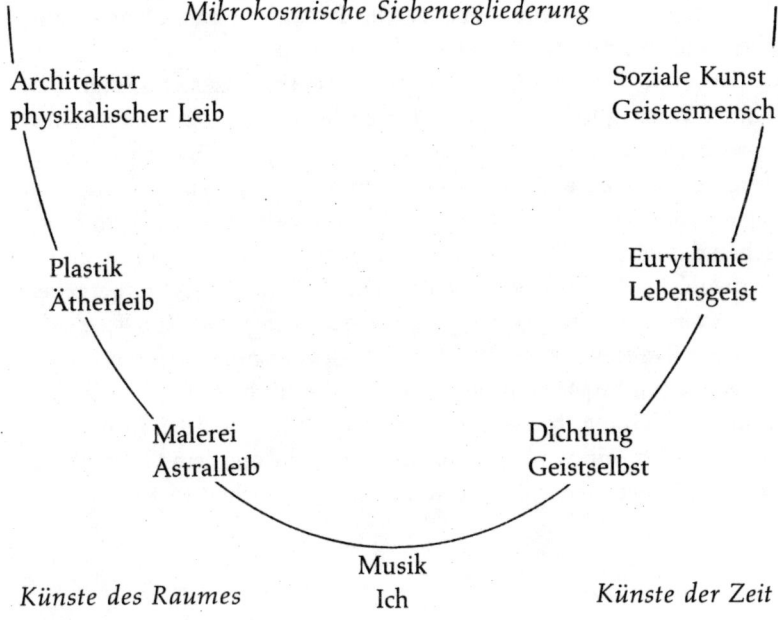

Mikrokosmische Siebenergliederung

Architektur
physikalischer Leib

Soziale Kunst
Geistesmensch

Plastik
Ätherleib

Eurythmie
Lebensgeist

Malerei
Astralleib

Dichtung
Geistselbst

Musik
Ich

Künste des Raumes

Künste der Zeit

151

Bei der mikrokosmischen Siebenergliederung ist die Architektur die am meisten von der menschlichen Wesenheit losgelöste Kunst, die auf den physischen Leib verweist. Dieser stellt als Raumesleib das Äußerlichste am Menschen dar, aber er ist immer durchzogen von den lebendigen und rhythmischen Kräften des Ätherleibes. So bezeichnet die Baukunst ein Hinausprojizieren der eigenen Gesetzmäßigkeiten des physischen Leibes, aber durchpulst von den Kräften des Gleichgewichts, des Stützens und Lastens, in den Raum. Wenn nun aber diese ätherischen Kräfte nicht nach außen, sondern in die Gestalt des Menschen selbst hineingeschoben werden, so entsteht die Plastik mit ihrem Schein von Leben, ihrem Rhythmus und ihrer inneren Bewegung.

Wenn das Astralische, das Seelische hinuntergeschoben wird, dann kann überhaupt nichts Räumliches mehr entstehen, sondern «nur» ein Bild, das in Farben erstrahlt – und es beginnt die Malerei. Noch eine Stufe näher am Menschen gebiert sich die Musik, nämlich dann, wenn er mit seinem Ich in das Seelische untertaucht, aber nicht, wie es gewöhnlich im Alltag geschieht, sondern tiefer in das Unterbewußte hinuntersinkend. Die Parabel ist im Ich angekommen und wendet sich rechts wieder nach oben.

Die erste Kunst, die hier entsteht, enthält Gesetzmäßigkeiten eines Wesensgliedes, das der Mensch heute noch gar nicht in sich entwickelt hat und das zu realisieren ihm erst in Zukunft aufgegeben ist: Dies ist das Geistselbst, nämlich das gereinigte, vom Ich verwandelte Astralische. Und noch ferner steht dem heutigen Menschen das nächsthöhere Glied, der Lebensgeist, welcher das vom Ich verwandelte Ätherische darstellt. Seine Gesetzmäßigkeiten ergeben die Kunst der Eurythmie. Von einer siebenten Kunst spricht RUDOLF STEINER hier nicht, aber er spricht auch an anderen Stellen hierüber nur in Andeutungen. Es ist die höchste Kunst, die dem Menschen einmal in äonenferner Zukunft zu schaffen aufgegeben und möglich sein wird: die soziale Kunst, die auf dem Geistesmenschen gründet, den völlig verwandelten physischen Leib.[217]

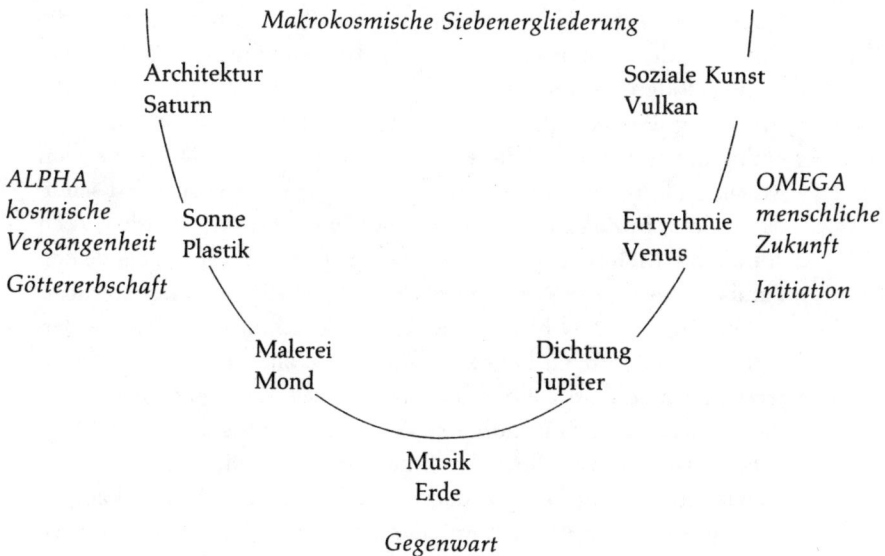

Makrokosmische Siebenergliederung

Architektur
Saturn

Soziale Kunst
Vulkan

ALPHA
kosmische　Sonne
Vergangenheit　Plastik
Göttererbschaft

Eurythmie　*menschliche*
Venus　*Zukunft*

OMEGA

Initiation

Malerei
Mond

Dichtung
Jupiter

Musik
Erde

Gegenwart

Die makrokosmische Siebenergliederung ergibt sich dann, wenn wir mit RUDOLF STEINER die Künste in Beziehung setzen zu den großen kosmischen Zuständen und Verwandlungsstadien der Erde, wie sie in der *Geheimwissenschaft im Umriß* geschildert werden und zwar von der Vergangenheit über die Gegenwart bis in die fernste Zukunft.[218] Da ist alle Architektur sichtbar gewordenes Saturngeheimnis in seiner Herbheit, Keuschheit und Schweigsamkeit, das aber doch demjenigen wiederum so beredt erscheint, der auf ihre Sprache zu lauschen versteht. Die alte Sonne leuchtet uns an in der Marmorkälte und Marmorglätte der Skulptur, vor allem bei den Griechen, wo sie in ihrer pflanzenhaften Keuschheit noch ganz Göttererbschaft, aber nicht Menschenwerk war. Die Trauer und die Freude, alle Seelenstimmungen, die astralische Innerlichkeit des alten Mondes kommen uns entgegen in der Malerei.

Auf der Erde, in der Gegenwart, vollziehen sich die Anfänge zu wichtigen Umgestaltungen des menschlichen Erdenlebens, sagt

Rudolf Steiner. Hier wendet sich die Parabel um. Es sind die Anfänge der Initiation mit ihren Überwindungen, Prüfungen, Widerständen, Befreiungen und Erlösungen, deren Urbild eben die Musik ist. Für philiströse Ohren mag es paradox, wenn nicht gar völlig unverständlich klingen, wenn Rudolf Steiner meint, daß Musik und Poesie heute eigentlich noch gar nicht vorhanden seien, daß sie erst in Zukunft ihre wahre Sendung entfalten würden, auch stünde die Malerei gegenwärtig noch ganz am Anfang. Aus beiden Parabeln der sieben Künste wird deutlich, warum dies so sein muß.

Aber auch das Hoffnungselement leuchtet uns aus den beiden Siebenergliederungen heraus. Beide zeigen an, wie sehr alle Kunst jetzt und in Zukunft ein Schulungsweg des Menschen sowohl für die Entwicklung seiner höheren Wesensglieder als auch eine Möglichkeit zur Verwandlung der Erde selbst darstellt. Sie zeigen an, wieviel zu tun ihm obliegt, daß es auf ihn entscheidend ankommt, denn wahre Zukunft wird nur dann entstehen, wenn der Mensch schöpferisch tätig wird, wenn er erst sich selbst und dann die Erde umgestaltet. Der linke Ast der Parabel deutet auf die Urvergangenheit, auf die Göttererbschaft und das himmlische Paradies des Gartens Eden. Der rechte Ast weist in fernste Zukunft, wo der Mensch in schöpferischer Freiheit die gesamte Göttererbschaft umgewandelt haben wird, um das Neue Paradies, das Himmlische Jerusalem zu schaffen. Die Zukunft wird nicht mehr ein Garten, sondern eine Stadt sein, erbaut nicht aus toten Bausteinen, sondern aus lebendigen und individuellen Menschen, die frei sind. Architektur und soziale Kunst sind darum das Alpha und das Omega dieser spirituellen Ästhetik Rudolf Steiners.

Cézanne, der aristotelische Baumeister des neuen Bildes

Ein im aristotelischen Sinne schaffender moderner Künstler wird durch zwei Voraussetzungen gekennzeichnet: Er ist ein *homo creator* und er ist deshalb der Verwandler der Welt. Er beherrscht die *Poiesis*, die Kunst, das schöpferische Können. Darum vermag er die sinnlich-materielle Welt bewußt, aus Freiheit zu gestalten und wie ein Alchimist umzuformen. Ein solcher Künstler wird darum mit Vorliebe den Weg nach außen wählen, in die verzauberte Natur hinein, um sie zu erlösen. Ihm geht es ja nicht um ein naturalistisches Nachschaffen, sondern er strebt mit ganzer Seele danach, das lebendige Werk der Natur dort wieder aufzugreifen, wo es die Schöpfermächte beendet haben, um es fortzusetzen und wenn möglich zu vollenden. Aber er ist sich stets darüber im klaren, daß die Poiesis nicht nur ein äußeres Können, eine bloß technische Handfertigkeit bedeutet, sondern begleitet werden muß durch eine innere Tätigkeit, nämlich die geistige und moralische Umwandlung der eigenen Persönlichkeit. Erst wenn sich beides, Äußeres und Inneres, harmonisch ergänzen, wird ein Künstler fähig zur Schöpfung einer neuen Welt.

PAUL CÉZANNE (1839–1906) war ein im eminentesten Sinne aristotelisch schaffender Künstler, der unter diesem Aspekt betrachtet werden soll und als Beispiel für viele andere stehen mag. Denn kaum ein anderer Maler hat einen derart ungeheuren Einfluß auf die gesamte Kunst des 20. Jahrhunderts ausgeübt wie er.[219] Die Fauves und die Kubisten, die Künstler des *Blauen Reiter* und die der Neuen Sachlichkeit, selbst viele Maler des Ungegenständlichen beriefen sich, ob zu Recht oder Unrecht, auf ihn. JULIUS MEIER-GRAEFE nennt ihn einen Baumeister, der für eine Zeit ohne Tempel baute; auf seinen Bildern ersteht die Natur wie ein mächtig gebautes Gehäuse, systematisch und organisch zugleich wie das Knochengerüst eines Körpers. Mathematik und Geometrie machen die erstaunliche Geschlossenheit seiner Bilder aus, die zudem durch die Farbe zu reiner Musik gesteigert wird.[220] Für den Dichter PETER HANDKE ist CÉZANNE ein solch welthistorisches, in die Zukunft weisendes Phänomen des Geistes, ist er der schöpferische Künstler schlechthin, der ihm, HANDKE, «als der Menschheitslehrer der Jetztzeit» erscheint.[221]

In CÉZANNES Bildern der Spätphase, wo die barock anmutende Unruhe seiner frühen romantischen Werke einer klassischen Stille gewichen ist, erscheint die denkerische Vernunft und die sinnliche Anschauung auf das Glücklichste vereint. Darum mußte er konsequent danach streben, den Impressionismus mit seiner bloßen Oberflächenanschauung der Dinge zu überwinden: «Aus dem Impressionismus wollte ich etwas machen, das so solide und dauerhaft wäre wie die Kunst der Museen.»[222] Ihm ging es darum, im ganz modernen Sinne wieder klassisch zu werden, eine malerische Welt zu schaffen, die die Natur nicht sklavisch kopiert, sondern ihr ebenbürtig ist, weil sie mit denselben schöpferischen Kräften wie diese auch, nur eben bewußt, arbeitet: «Alles in der Natur modelliert sich gemäß Kugel, Kegel und Zylinder. Man muß auf Grund dieser einfachen Formen malen lernen, dann wird man alles machen können, was man will.» Das war sein künstlerisches Glaubensbekenntnis, das den klaren Geist einer mathematischen Vernunft atmet.

CÉZANNE ging den Weg nach außen, deshalb blieb ihm die Natur stets Ausgangspunkt und Ziel seines Schaffens. Er erkannte dabei immer konsequenter, daß die Augen diese Wirklichkeit der Natur nur höchst unvollkommen erfassen können. Er wollte diese verborgene, verzauberte Wirklichkeit auf seinen Bildern vollständig realisieren, um ihren Zauber zu lösen. HEINRICH LÜTZELER hat dies so beschrieben: CÉZANNE hob aus der wahrgenommenen Natur das Bild einer neuen Natur heraus, «die die Erfüllung all dessen sein sollte, was in der wahrgenommenen Natur angelegt war. Er machte die Natur dazu frei, sich selbst zu übersteigen und im Überstieg ganz sie selbst zu werden.» Er vollzog in seiner Begegnung mit der provenzalischen Landschaft einen dreifachen geistigen Akt: «Er versenkte sich in das, was er vor sich sah; er entformte das Gesehene, indem er von der Perspektive und der Körperhaftigkeit der Erscheinungen absah; aus dem so Entformten formte er die ‹Modulation› heraus: Farbtöne schwingen und erwirken über die gesamte Bildfläche ein leuchtendes, bewegtes Netz der Beziehungen.»[223] Dadurch aber kehrte er auf einer höheren Stufe zur Natur zurück, sie war durch ihn, den schaffenden Künstler hindurchgegangen, sie hatte sich damit gleichsam vermenschlicht.

CÉZANNE vermochte das malerische Bewußtsein über das verengte mentale und perspektivische Erlebnis hinaus zu einem umfassenderen ganzheitlichen und aperspektivischen zu steigern, wodurch das Sinnliche dann durchsichtig wird für die sonst verborgen bleibenden Strukturen der Welt. Die Unendlichkeit des Raumes, die Gleichzeitigkeit aller Dinge mit ihrem universalen Rhythmus wird auf seinen Bildern anschaubar; die Tiefe der Welt, nicht mehr die Oberfläche wie bei den Impressionisten.[224] Die Farben schienen CÉZANNE Ausdruck dieser Tiefe zu sein, die von den Wurzeln der Welt herauf an ihre Oberfläche steigen. Er erkannte die Farben als «große Nouomena, leibhaftige Ideen, Wesen reiner Vernunft» und erweist sich somit als ein aristotelischer Realist, der von der Wirklichkeit der Ideen überzeugt ist und sie nicht als bloße Schattenbilder, wesenlosen Schein, als Namen erkennt, mit denen der Nominalist die Dinge versieht.

Aus den Gesprächen mit JOAQUIN GASQUET, einem jugendlichen Verehrer CÉZANNES, tönt immer wieder das große künstlerische Glaubensbekenntnis dieses baumeisterlichen Malers heraus. Er betonte, wie sehr das Erscheinungsbild der Natur etwas Flüchtiges, Unbeständiges an sich hat, das vergänglich ist. Die Kunst dagegen habe der Natur «das Erhabene der Dauer» zu verleihen, sie kann und muß ihre Ewigkeit sichtbar machen. Das aber gelingt einem Maler nur dann, wenn er sich ganz an die Natur hingibt, wenn er konzentriert und vor allen Dingen selbstlos arbeitet: «Ich sagte Ihnen vorhin, daß das unvoreingenommene Gehirn des Künstlers wie eine lichtempfindliche Platte sein soll, einfach wie ein Registrierapparat, in dem Augenblick, wo er schafft. Aber durch Bäder wurde diese lichtempfindliche Platte weise und planmäßig bis zu dem Grade von Empfindlichkeit gebracht, wo sie sich gewissenhaft mit dem Bilde der Dinge sättigen kann. Lange Arbeit, Meditation, Studium, Leiden und Freuden, das Leben haben sie zubereitet. Diese Sonne, hören Sie zu, das Spiel der Strahlen, ihr Weg, ihr Eindringen, die Allgegenwart der Sonne über die Welt hin, wer wird das jemals malen, wer wird das berichten? Das wäre die Seelengeschichte, die Psychologie der Erde. Wesen und Dinge, wir alle sind nichts als ein bißchen aufgespeicherte, organisierte Sonnenwärme . . . Ich möchte diese Essenz herausfiltern. Die über die Welt verteilte moralische Kraft, das ist vielleicht nur das Streben, wieder Sonne zu werden . . . Überall trifft ein Strahl auf eine dunkle Pforte. Eine Linie umschließt überall einen Ton und hält ihn gefangen. Ich will sie erlösen. Die großen klassischen Länder, unsere Provence, Griechenland und Italien, wie ich mir sie vorstelle, das sind diejenigen, in denen die Helligkeit sich vergeistigt, wo eine Landschaft das schwebende Lächeln einer scharfen Intelligenz ist.»[225]

Aufgrund einer solchen Äußerung können wir CÉZANNE als einen Künstler bezeichnen, in dem auf schöpferische Weise die Seelenverfassung des Michael-Zeitalters lebt, das 1879 begann. RUDOLF STEINER verwendet in seinen späten Ausführungen für das Michaelische 1924 folgendes Bild: «Das Sonnenhafte, das der Mensch durch lange Zeiten nur aus dem Kosmos in sich aufnahm, wird im Innern der Seele leuchtend werden. Der Mensch wird von einer ‹inneren Sonne› sprechen lernen. Er wird sich deshalb in seinem Leben zwischen Geburt und Tod nicht weniger als Erdenwesen wissen; aber er wird das auf der Erde wandelnde eigene Wesen als *sonnengeführt* erkennen. Er wird als Wahrheit empfinden lernen, daß ihn im Innern eine Wesenheit in ein Licht stellt, das zwar auf das Erdendasein leuchtet, aber nicht in diesem entzündet wird.»[226]

Der wahre Künstler, davon war CÉZANNE überzeugt, muß alle egoistischen Wünsche in sich zum Schweigen bringen, alle Vorurteile, jegliche Kritik vergessen können. Er muß in sich selbst eine große, kontemplative Stille herstellen, damit die Seele der Natur draußen mit der Seele des Künstlers kommunizieren kann, so daß beide eins werden und ineinanderschwingen: «Unter diesem feinen Regen atme ich die Jungfräulichkeit der Welt. Eine scharfe Empfindung für Nuancen arbeitet in mir. Ich fühle mich farbig von all diesen Abtönungen des Unendlichen. In diesem Augenblick bin ich vollkommen eins mit meinem Bild. Wir sind ein schillerndes Chaos. Ich komme vor mein Motiv, ich verliere mich darin. Ich hänge unbestimmten Träumen nach. Die Sonne durchdringt mich ganz leise wie ein ferner Freund, der meine Trägheit erwärmt und sie befruchtet. Wir keimen.»[227]

Daraus mag noch einmal deutlich werden, daß CÉZANNE als Maler einen Weg beschreitet, den der Geistesforscher als den «Pfad der Erkenntnis» beschreibt: «Wenn er (der Geistesschüler, d. V.) aus sich heraus handelt, so ist er sich bewußt, aus dem ewigen Wesen der Dinge heraus zu handeln. Denn die Dinge sprechen in *ihm* dieses ihr Wesen aus. Er handelt also im Sinne der ewigen Weltordnung, wenn er aus dem in ihm lebenden Ewigen diesem seinem Handeln die Richtung gibt. Er weiß sich dadurch nicht mehr bloß von den Dingen getrieben, er weiß, daß er sie nach den ihnen selbst eingepflanzten Gesetzen treibt, welche die Gesetze seines eigenen Wesens geworden sind.»[228]

CÉZANNE wollte in seiner Kunst Mensch und Welt «realisieren», denn er war wie PAULUS (im Römerbrief 8,22) der Überzeugung, daß bis jetzt die gesamte Schöpfung noch überall seufzt und mit Schmerzen einer Neugeburt harrt. Nach LÜTZELER ist er ein moderner Apokalyptiker, der einen neuen Himmel und eine neue Erde sah, denn er suchte den vollkommenen Zusammenhang der Dinge darzustellen, eine Harmonie und Schönheit zu verwirklichen, die in der Welt zwar angelegt, aber nie realisiert ist. Er ging über die alte Sichtbarkeit hinaus, weil er eine Sichtbarkeit höherer Art suchte. Deshalb konnte er die Erde im Zustand der Erlösung und Vollendung malen, die Erde als Himmlisches Jerusalem.[229]

Noch eindringlicher, weil zu eigener schöpferischer Nachfolge auffordernd, erlebt den weisen Alten in Aix der Dichter PETER HANDKE. CÉZANNE ist für ihn ein moderner Alchimist: «CÉZANNE schafft fast immer die Hochzeit – die Vermählung – von allem: der Baum wird Regen, die Luft wird Stein, ein Ding strebt zum anderen: das Lächeln in der Erdlandschaft.»[230] Während die anderen Maler, seine Zeitgenossen, die Impressionisten, den Dingen zu früh Ausdruck geben, wartet er als Alchimist auf die Zeit eines jeden Dinges. Er schafft ein «Paradies der Farben und Formen» in seinen Bildern, die die Erde in den Himmel verwandeln.

Freiheit und Liebe als Krönung der Kunst

> Die Kunst ist die Frucht der *freien*
> Menschennatur. Man muß die Kunst
> lieben, wenn man ihre Notwendigkeit für
> das volle Menschenwesen einsehen will.
> Zur Liebe zwingt das Leben nicht. Es
> gedeiht aber nur in der Liebe. Es will sein
> Dasein in dem zwanglosen Element.
>
> *Rudolf Steiner*[231]

Grundelemente einer zukunftsweisenden Ästhetik

Jegliche Kunsterkenntnis, das dürfte aus den vorausgegangenen Betrachtungen deutlich geworden sein, kann man, wie auch die Menschenkenntnis, sich niemals auf abstrakt-begriffliche Weise aneignen; sie ist weder lehr- noch lernbar. Es bedarf hierzu eines immerwährenden, ja lebenslangen Umgangs mit den Werken der Kunst, es bedarf der geduldig erworbenen Erfahrung des wirklichen Sehens, auch der tieferen Erlebniskraft und der schöpferischen Geistesgegenwart. Es bedarf sowohl der inneren Reife wie einer umfassenden Bildung. Es bedarf aber nicht zuletzt der Fähigkeit der Unbefangenheit, die sich immer wieder neu und frisch den Eindrükken hinzugeben vermag, ohne sich den Blick durch ideologisch oder anders fixierte Vorurteile verstellen und einengen zu lassen.

Zur Kunsterkenntnis bedarf es der harmonischen Vereinigung von aristotelischer und platonischer Geistigkeit im Menschen, von Freiheit und Liebe, von Wissenschaft und Kunst, die GOETHE bereits in seiner *Geschichte der Farbenlehre* andeutet, wo er die Forderung nach einer Ganzheit der Wissenschaft erhebt, der er selber in seinem eigenen Schaffen Genüge geleistet hat: «Um aber einer solchen Forderung sich zu nähern, so müßte man keine der menschlichen Kräfte bei wissenschaftlicher Tätigkeit ausschließen. Die Abgründe der Ahndung, ein sicheres Anschauen der Gegenwart, mathematische Tiefe, physische Genauigkeit, Höhe der Vernunft, Schärfe des Verstandes, bewegliche, sehnsuchtsvolle Phantasie, liebevolle

Freude am Sinnlichen, nichts kann entbehrt werden zum lebhaften, fruchtbaren Ergreifen des Augenblicks, wodurch allein ein Kunstwerk, von welchem Gehalt es auch sei, entstehen kann.»[232]

GOETHE beschreibt hier zwar eine wissenschaftliche Haltung und zählt genau auf, was im aristotelischen Sinne zu ihr gehört. Es ergibt sich hieraus eine Fülle von Eigenschaften, die einen heutigen Schulwissenschaftler in Erstaunen setzen, wenn nicht gar in Verlegenheit bringen müßte, kann er doch gar nicht anders, als die meisten als höchst überflüssig für sein eigenes Schaffen anzusehen. Weil GOETHE jedoch so selbstverständlich umfassend und lebendig denkt, wandelt sich ihm unversehens und bruchlos die wissenschaftlich-aristotelische Haltung in die künstlerisch-platonische um. Das ist die Voraussetzung einer modernen Kunsterkenntnis, die sich nicht wie von selbst ergibt, die sich auch niemals endgültig fixieren und als geistigen Besitz nach Hause tragen läßt; sie muß immer neu erobert und liebevoll gepflegt werden.

Aus dieser Vereinigung von modernem Aristotelismus und modernem Platonismus ergeben sich neue Kriterien als Grundelemente für eine zukunftsweisende Ästhetik. Sie sind nicht in schematische, engmaschige Regeln zu fassen, die etwa im Sinne der alten normativen Ästhetik von außen an das jeweilige Kunstwerk herangetragen werden können, um es wie mit einer Meßlatte mathematisch exakt beurteilen zu können. Vielmehr müssen diese Kriterien immer wieder neu und individuell an jedem modernen Kunstwerk erfahren, geprüft, erlebt und erkannt werden. Denn eine universale Kunsterkenntnis steigt in anagogischer Weise[233] auf vom Sehen über das Erleben bis zum Erkennen. Sie vermag diese Grundelemente letzten Endes aus jedem Kunstwerk individuell herauszulesen. Denn die Kunstwerke gleichen auch hierin dem Menschen, indem jedes von ihnen sein eigenes Wesen unverwechselbar besitzt und doch alle gemeinsam dem universalen Reich der Kunst angehören, so wie jeder einzelne Mensch sein individuelles Ich besitzt und doch alle Menschen wiederum zur universalen Menschheit zählen.

Aristotelisch charakterisiert würde dies heißen: Jeder Mensch hat seine Tugend, welche die Mitte seines Wesens ist. Aber diese Mitte ist bei jedem Menschen eine andere; deshalb kann die Mitte des einen nicht ohne weiteres auf die des anderen Menschen übertragen werden. Für die Kunst gilt das Gleiche. So wie es unmöglich ist, GRÜNEWALD und EL GRECO an RAFFAEL, CÉZANNE an VAN GOGH zu messen, weil jeder dieser Künstler aus einer unverwechselbaren eigenen Mitte heraus schafft und lebt, so mutet es geradezu absurd an, die Kunst des 20. Jahrhunderts an ästhetischen Kriterien der Renaissance oder gar der Gotik zu messen. Tut man es trotzdem, so muß man konsequenterweise wie HANS SEDLMAYER vom *Verlust der Mitte* in der Kunst des 19. und 20. Jahrhunderts sprechen.[234]

Sieben Kriterien ergeben sich als Grundelemente einer zukunftsweisenden Ästhetik:

1. Die Liebefähigkeit oder -unfähigkeit des Künstlers ist das erste und entscheidende Kriterium für ein (modernes) Kunstwerk. Mit ihr steht oder fällt alles. Dasselbe gilt auch für den Betrachter, für den Erlebenden und Erkennenden von Kunst, der nur dann in das Wesen eines Werkes einzudringen vermag, wenn er die Liebe besitzt. Was ein Mensch liebt, vermag er auch zu erkennen. Nur eine Kunstkritik, die zur Grundlage die Liebe hat, erwirbt sich damit auch das moralische Recht, kritisch zu sein oder gar etwas abzulehnen – eben aus Liebe. Kunst und Liebe gehören unmittelbar zusammen, und die letztere ist nur platonisch zu erfassen. Kunst und Liebe sind so umfassend, daß sie keine von den zehn aristotelischen Kategorien bilden können, sondern weit über sie hinauszielen, denn beide können nur in der Sphäre von Absichtslosigkeit und Freiheit existieren. Gewollte Liebe ist genauso ein Widerspruch in sich selbst wie gewollte Kunst. Ein Werk, das ein liebefähiger Künstler schuf, besitzt jene geistige Ausstrahlung, die THOMAS VON AQUIN *claritas* nennt.[235] Aber der Betrachter muß natürlich aufgeschlossen für dieses Strahlen sein.

2. Nur dasjenige kann künstlerisch gestaltet werden, was die eigenen künstlerischen Mittel hergeben. Nur die Lauterkeit, Ehrlichkeit und Wahrhaftigkeit eines Künstlers, der sparsam und behutsam, zugleich aber souverän und meisterlich mit seinen Mitteln umgeht, bringt jene Werke hervor, die wir bewundern, von denen wir verzaubert, beunruhigt, aber auch wieder beruhigt werden. Es ist jene Fähigkeit in ihnen, die THOMAS VON AQUIN *integritas* – Unversehrtheit nennt.

162

3. Daraus ergibt sich mit Notwendigkeit der Maßstab der Qualität und des Stils. Dieser Maßstab ist immer nur individuell zu begründen, namentlich im 20. Jahrhundert. Der Stil ist der Mensch selbst, er ist etwas ganz und gar Persönliches; es ist die Art, wie ein Künstler sich auf seine eigene und unverwechselbare Weise auszudrücken vermag. RUDOLF STEINER: «Kunst muß der Mensch aus seinem innersten, individuellen Quell, aus dem Quell seiner Persönlichkeit hervorbringen.»[236] Der Stil wird von drei Elementen geprägt. Das eine ist, inwieweit Inneres und Äußeres im Werk zusammenstimmen. Der Stil wird also nicht aus einer äußeren Wirklichkeit erfaßt, sondern nur durch die Beziehung zur inneren Wirklichkeit des schöpferischen Künstlers. THOMAS VON AQUIN spricht hier von der *proportio* und der *consonantia*, also davon, ob die inneren Proportionen mit den äußeren Formen «stimmig» sind. Es ist die Einheit von Ich und Welt, welche einzig Schönheit hervorzubringen vermag.

Diese harmonische, nahtlose Einheit macht gewiß die unverwechselbare Größe wahrer Künstler aus, die im Einklang stehen mit den lebendigen Rhythmen der Welt. Die beiden anderen Elemente der Stilbildung sind räumlicher und zeitlicher Natur. Denn es ist nicht gleichgültig, in welchem Volk ein Künstler geboren, in welchem kulturellen Raum er schafft. Hier gibt es gewisse formale künstlerische Konstanten eines Volkes, die sich über Jahrhunderte gleichbleiben und die durch eine geisteswissenschaftlich fundierte Völkerpsychologie in ihrem lebendigen Wirken exakt erfaßt werden können.[237] Daß schließlich jede Epoche sich ihren eigenen Zeitstil über alle individuellen und nationalen Unterschiede hinweg schafft, ist eine Binsenwahrheit, die die Kunstgeschichte seit WINCKELMANN immer deutlicher herausgearbeitet hat. Die sich wandelnden Zeitstile jedoch sind Ausdruck des fortschreitend sich entwickelnden menschlichen Bewußtseins. Das hat bereits HEINRICH WÖLFFLIN, der Nestor der modernen Kunstwissenschaft, erkannt: «Immer werden die Persönlichkeiten das Wertvollste bleiben und das größte Interesse auf sich sammeln müssen, aber es ist allerdings meine Meinung, daß man die Leistung einer Persönlichkeit gar nicht fassen kann, wenn man nicht die Gestaltungsmöglichkeiten ihrer Zeit im allgemeinen kennt, jenen untersten Grund (darum sind es Grundbegriffe), in dem die schöpferische Phantasie eines zeitlich gebundenen Menschen verankert ist.»[238]

4. Die Kunst ist nach JEAN PAUL eine «Brotverwandlung ins Göttliche»[239]; in ihr drückt sich nach NOVALIS «die Allfähigkeit alles Irdischen, Wein und Brot des ewigen Lebens zu sein» aus.[240] Es ist die Liebe zur Materie, die ein Künstler besitzen muß, um durch sein Schaffen diese Materie zu verwandeln und damit zu erlösen. Es ist eine sehr zärtliche, eine franziskanische Liebe, die hier vom Künstler erwartet wird, die sich auch darauf erstreckt, die oft so gequälte, geschundene und mißhandelte Materie im Werk überhaupt erst einmal zu zeigen, als Menetekel dessen, was die «aufgeklärte» Menschheit im Zeichen des «Fortschritts» im 20. Jahrhundert ihr angetan hat. Dies beispielsweise ist ein wesentlicher Impuls im Schaffen von JOSEPH BEUYS und ANTONI TÀPIES.

5. Das Kunstwerk muß kommunikationsfähig sein, das heißt in eine lebendige Zwiesprache mit dem Betrachter treten können. Wenn es dies nicht vermag, ist es durchaus noch die Frage, ob dies an der Stummheit und Unbeweglichkeit des Werkes selbst, oder aber an der des Betrachters liegt. Auf die Ausstrahlung des Werkes vermag der seelisch sensible und geistig wache Betrachter zu antworten. Der Künstler muß die Fähigkeit entwickeln, sich mit der Schönheit der Welt zu vermählen. Nur dann vermag diese Ausstrahlungskraft zu wirken, wenn der Betrachter so sehr davon ergriffen wird, daß er den moralischen Appell hört und innerlich darauf antwortet, wie es RAINER MARIA RILKE 1909 im Louvre zu Paris tat, als er sich von einer nur als Torso vorhandenen archaischen Apollstatue so durchdringend angeschaut fühlte, als ob ihm jede einzelne Stelle der Plastik zu sagen schien: Du mußt dein Leben ändern![241]

6. Kein Kunstwerk kann sich aus seiner eigenen Zeit herausnehmen, und sei es noch so sehr von den Geistgesetzen der Ewigkeit geprägt. Hier gilt stets das Wort von SCHILLER aus dem neunten seiner ästhetischen Briefe: «Der Künstler ist zwar der Sohn seiner Zeit, aber schlimm für ihn, wenn er zugleich ihr Zögling oder gar noch ihr Günstling ist.»[242] Ein Kunstwerk, das dem wahren und

fortschreitenden Zeitgeist des 20. Jahrhunderts verbunden ist, wird Ausdruck einer michaelischen Bewußtseinshaltung sein können. RUDOLF STEINER hat diese Seelenverfassung aus den Grundlagen seiner anthroposophischen Geisteswissenschaft immer wieder von den verschiedenen Seiten aus beleuchtet. Es mögen hier ein paar Bemerkungen genügen, welche Konsequenzen sie sowohl für den Künstler selbst als auch für das künstlerische Schaffen im 20. Jahrhundert haben kann. Das Michael-Zeitalter ist eine Epoche des Schwellenübergangs der gesamten Menschheit, die sich äußerlich in apokalyptischen Prüfungen, ja Katastrophen kundgibt. Der Künstler kann nun nicht mehr naiv und unbewußt im alten Sinne schaffen. Michaelisch ist eine vollständige Revolutionierung des Daseins und des Bewußtseins, die Überwindung des Materialismus und des Naturalismus. Der Blick des Künstlers ist nicht mehr in die Vergangenheit, sondern nach vorn, in die Zukunft gerichtet. Es gibt keine Grenze mehr zwischen Kunst und Leben, der Künstler sucht im Sinnlichen das Geistige, im Toten das Lebendige zu finden. Auch trägt er gleichermaßen neue Verantwortung für die Erde wie für den Himmel. Schließlich aber wird er zum Kämpfer gegen das Böse, gegen eine falsche, verlogene, unwahrhaftige Schönheit, die sich überall ausbreitet. Das jedoch erfordert unbestechliche Ehrlichkeit, Mut und höchste Wachheit.

Dieser michaelische Zeitgeist spricht sich konkret in sieben Tugenden im Kunstwerk selbst aus, die der Gestalter – und der Betrachter! – ständig üben müssen: 1. Alle Kunst unseres Jahrhunderts beschreitet konsequent den bereits von NOVALIS geforderten «geheimnisvollen Weg nach innen», das heißt, sie überwindet den Naturalismus der alten Kunst. 2. Sie strebt keinesfalls mehr wie früher Schönheit um ihrer selbst willen an, sondern entdeckt immer stärker die verborgene Schönheit des Alltäglichen, Belanglosen, ja des Häßlichen. 3. Weil der Inhalt, das Motiv unwichtig erscheint, namentlich in der gegenstandslosen Kunst, wird die Autonomie des Bildes als eines eigenen, in sich selbst bestehenden geistigen Mikrokosmos geboren. 4. Nicht das vollendete, vom Künstler abgelöste Werk wird nun das Wesentliche, sondern der Prozeß des Entstehens. 5. Die Kunst hat die Grenzen ihres Gebietes immer weiter hinausgeschoben und schließlich völlig aufgehoben. Eine Umwertung aller ästhetischen Werte hat damit stattgefunden. 6. Die geistige Aktivität des Betrachters von Kunst wird heute in einem Maße wie nie zuvor herausgefordert. Dieser muß das unfertige Werk überhaupt erst vollenden. 7. Schließlich ist die Kunst des 20. Jahrhunderts Ausdruck einer gewaltigen Bewußtseinsrevolution. Sie steht im Zeichen der Freiheit und des individuellen Schöpfertums des Menschen und kann dadurch zur Schöpfung aus dem Nichts werden. Gelingt es jedoch dem Schaffenden wie dem Genießenden nicht, mit dem michaelischen Zeitgeist zu kommunizieren, dann verwandeln sich die sieben Tugenden in ihr Gegenteil, in die sieben Laster: die Werke bleiben dann unzeitgemäß oder können nicht als zeitgemäße erkannt werden. [243]

7. Die Kunst, die im 20. Jahrhundert keine endgültigen Lösungen formuliert und dies auch gar nicht kann oder will, stellt im Gegenteil alles in Frage. Sie baut nichts wie für die Ewigkeit, sondern sucht vielmehr im Vergänglichsten das Zeitüberdauernde. Sie bildet Wirklichkeit nicht nach, sondern erfragt sie unerbittlich, versucht sie überhaupt erst herzustellen. Sie lebt immer aus Spannungen, ja Widersprüchen, die sie nicht vorschnell harmonisieren möchte. Sie erfährt ständig das Nichts und erleidet schmerzlich die Leere. Sie stellt alles, was sie gestaltet, ins Offene und Unbetretene, darum ist sie ein moderner michaelischer Schulungsweg – ein Einweihungsweg sowohl für den Künstler selbst als auch für den Betrachter. Deshalb gilt das, was FRANZ KAFKA als Mission des Buches bezeichnete, im weiteren Sinne für die gesamte Kunst des 20. Jahrhunderts: «Ein Buch muß uns die Axt sein für das gefrorene Meer in uns.» [244]

Das moderne Werk muß also eine bewußtseinsweckende Kraft ausstrahlen, es muß aber auch prometheisch sein, das heißt Hoffnung für die Zukunft wecken und nicht wehmütig nostalgisch den Blick nur zurücklenken in eine schöne und angeblich so heile Vergangenheit. Es muß den Betrachter in Freiheit dazu aufrufen, sich auf den michaelischen Weg zu begeben. Nach diesem siebenten Kriterium wird die Kunst des 20. Jahrhunderts vor allem beurteilt werden müssen.

Die Vereinigung von Aristotelismus und Platonismus

Die Dreigliederung des menschlichen Seelenvermögens ist die unabdingbare Voraussetzung dafür, die Weltbedeutung von Schönheit und Kunst überhaupt erkennen zu können. Diese Dreigliederung war bereits bei PLATON vorhanden, wurde aber durch ARISTOTELES begrifflich viel schärfer ins Auge gefaßt: in dem Begriff der Mitte, der Tugend, der Seele, des Fühlens und der Poiesis. So war die Kunst als Weltmitte und als existentielle ontologische Qualität noch ganz naiv bei PLATON, aus den Mysterienhintergründen heraus, erkenntnismäßig vorhanden, gedanklich exakt aber erst bei ARISTOTELES. Doch sie ging dann in der Folgezeit zunächst wieder für die Kunsterkenntnis verloren, oder war für sie einfach gar nicht existent. Dem künstlerischen Schaffen tat dies jedoch keineswegs Abbruch, wie die Blüte der Kunst in der Antike und im Mittelalter beweist.

Der Wesensunterschied in der Ästhetik aber besteht darin, daß der alte Platonismus nicht so sehr die Kunst als die Schönheit betrachtet. Er weiß sie im Ewigen, im unverrückbaren Sein der Urbilder, in den Ideen selbst verwurzelt. Deshalb ist sein Blick in die Vergangenheit, in das verlorene Paradies der himmlischen Urheimat voller Wehmut gerichtet. Darum nahm sich auch PLATON die altägyptische Kunst zum absoluten Vorbild und pries ihre Formen als eine für alle Zeiten gültige Norm. Alles künstlerische Schaffen war für PLATON ein göttlicher Anruf, ein Aussprechen himmlischer Geheimnisse, die der Künstler als gottrunkener Mensch auf die Erde zu tragen hatte: Kunst als Inkarnation der Idee.

Der Aristotelismus ist viel erdennäher und individueller. Ihm geht es ästhetisch weniger um die Schönheit als um die Kunst. Aber diese Kunst ist ein menschliches Werk, nicht eine himmlische Inspiration; dieses Werk gewinnt erst Gestalt durch die schöpferische Fähigkeit eines individuellen Künstlers. Die Kunst ist darum nicht so sehr auf das unverrückbare, ideelle und ewige Sein ausgerichtet, sondern auf das Werdende in der Zeit, auf die Gegenwart vor allem und auf die Zukunft. Die aristotelische Ästhetik kann deshalb niemals eine Norm des künstlerischen Schaffens anerkennen, auch wenn sie das fälschlicherweise im französischen Klassizismus des 18. Jahrhunderts getan hat. Denn die echte aristotelische Kunst lebt sich in immer neuen Stilformen dar als Ausdruck für das sich ständig wandelnde menschliche Bewußtsein. Sie ist deshalb auch stets kraftvolle Verwandlung der dunklen, in die Finsternis gefallenen Materie: Kunst als Transsubstantiation des Irdischen.

Die Ästhetik als wissenschaftlicher Zweig der Philosophie entstand um 1750 in Mitteleuropa in dem geschichtlichen Augenblick, als die Kunst selbst keine das Leben bestimmende Realität mehr war. Erkenntnis und Reflexion über Kunst traten an die Stelle von naiver Lebendigkeit der Kunst. Doch die Kunst konnte als die Mitte des Menschen und der Welt in dem Augenblick erkannt werden, als auch die Dreigliederung des menschlichen Seelenvermögens erstmals in der Neuzeit wieder ins Bewußtsein trat. Das war bei HERDER, SCHILLER und GOETHE der Fall. Erst diese Mitte, so wußten die Goetheanisten, macht den Menschen eigentlich erst zum Menschen.

Im kritischen Idealismus KANTS ging die Kunst als Mitte der Welt und des Menschen erkenntnismäßig sofort wieder verloren, indem Kant ihr alle objektiven Qualitäten absprach und sie in sekundäre, subjektive Gebiete verwies. Der absolute Idealismus HEGELS und SCHELLINGS unternahm noch ein letztes Mal den aussichtslosen Versuch zur Rettung von Kunst und Schönheit für die Erkenntnis. Er übersteigerte aber die platonische Komponente so sehr, daß der Sturz von den schwindelnden Höhen der Idee in die Tiefen der Materie um so jäher erfolgen mußte. Dem alten und normativen Platonismus stand um die Mitte des 19. Jahrhunderts unversöhnlich ein nominalistisch verfälschter, ebenso alter Aristotelismus gegenüber, der Ästhetik «von oben» (HEGEL, SCHELLING) die Ästhetik «von unten» (SCHERER, FECHNER).

Gegen beide Vereinseitigungen mußte sich der neue, zukunftsgerichtete Aristotelismus RUDOLF STEINERS wenden. Überall stößt er auf die Freiheit des Menschengeistes; sie ist ihm nicht nur die Grundlage der menschlichen Existenz, sondern auch der Ausgangspunkt seines Philosophierens und Schaffens, der Ausgangspunkt von Kunst und Erkenntnis. In seiner *Philosophie der Freiheit* hat er diese grundlegende Erkenntnis ausgesprochen. Doch die Freiheit wird ihm in der Kunst zur Liebe, wie er es in seinem Fragment über *Das Komische und seinen Zusammenhang mit Kunst und Leben* aus der Zeit um 1890 beschreibt, wo er die Kunst als einen fortschreitenden Befreiungsprozeß des menschlichen Geistes und als die Erzieherin des Menschen zum Handeln aus Liebe charakterisiert: «Die Schöpfungen des Künstlers sind nun (neben anderen) solche Taten aus Liebe. Denn er sucht die sinnliche Wirklichkeit zu überwinden, indem er sie vergeistigt. Er will ein solches Werk vor unsere Sinne zaubern, welches bei aller Sinnenfälligkeit nicht von Naturgesetzen, sondern von Geistesgesetzen durchzogen ist. Was an dem Objekte nur natürlich ist, soll abgestreift, überwunden und so hingestellt werden als wenn es ein Göttliches wäre. Die Kunst ist ein fortdauernder Befreiungsprozeß des menschlichen Geistes und zugleich die Erzieherin der Menschheit zu dem Handeln aus Liebe. Wer es vermag, in die volle Tiefe eines wahrhaft großen Kunstwerks hineinzuschauen, der wird ihn verspüren, jenen hehren Zug nach oben, der nur für die Dauer der Betrachtung wirklich Raum und Zeit und die eigene Persönlichkeit vergessen und uns vollständig in das angeschaute Objekt verlieren läßt. Nur wer die volle, reine und ungetrübte Liebe kennt, wird auch dieses selbstvergessene Schauen völlig verstehen. Wer die wahre Liebe nicht kennt, wird wohl auch der wahren Kunst stets fremd gegenüberstehen.»[245]

Der aristotelische Denker RUDOLF STEINER philosophiert gleichsam «von unten nach oben», er kommt vom Irdisch-Materiellen her, vom Stoff, den er im Kunstwerk transsubstantiert, vergeistigt sieht. Seine Zentralidee ist die Freiheit, die in der Kunst zur Liebe wird. Seine Ästhetik der spirituellen Erfahrung, die er auf das trichotomische Menschenbild der anthroposophischen Geisteswissenschaft gründet, bedeutet die Wiedergewinnung der Mitte und damit der Weltmission der Kunst für die Erkenntnis auf ganz moderne Weise.

Von entgegengesetzter Seite kommt WLADIMIR SOLOWJEW her, dessen eschatologische und apokalyptische Ästhetik den alten und vergangenheitsgerichteten Platonismus radikal in einen neuen umkehrt, der die Schönheit ganz von der Zukunft, vom Ende aller Zeiten im christlich-johanneischen Sinne sieht. Die Schönheit hat hier die einzigartige Aufgabe, die Rettung der Welt zu vollziehen. Der Platoniker SOLOWJEW philosophiert «von oben nach unten», er kommt vom Himmlisch-Göttlichen her, von der Idee, die er im Kunstwerk inkarniert, voll verkörpert sieht. Seine Zentralidee ist die Liebe, die in der Kunst zur Freiheit werden kann und wird.

Diese beiden Ästhetiken können, ja müssen sich in Zukunft wieder vereinigen, denn der neue Platonismus SOLOWJEWS, der in der Liebesidee kulminiert, läßt sich denkerisch nur mit den scharfen, präzisen aristotelischen Waffen begründen und fassen. Die Liebe kann dann zur Freiheit werden. Der neue Aristotelismus RUDOLF STEINERS jedoch, der in der Freiheitsidee kulminiert, ist nur durch das Feuer des platonischen Enthusiasmus im Leben selbst zu verwirklichen. Die Wissenschaft der Freiheit wandelt sich dann in die Wirklichkeit der Liebe. Damit kann sich zugleich etwas vollziehen, was RUDOLF STEINER in den knappen Worten des *Grundsteinlegungs-Spruches* nicht nur als eine geistige Begegnung, sondern als eine innige, alchimistische Vereinigung von Ost und West bezeichnet; es ist die Vereinigung von Platonismus und Aristotelismus, die sich beide seit Jahrtausenden getrennt entwickelten, entwickeln mußten:

«Lasset vom Osten befeuern,
Was durch den Westen sich formet.»[246]

Anmerkungen

Zu besonderem Dank bin ich Herrn Stefan Brotbeck aus Nidau in der Schweiz verpflichtet, der mir bei der teilweise sehr schwierigen Suche der Zitatnachweise freundschaftlich und gewissenhaft half.

1 GOETHE: *Sprüche in Prosa*. Einleitung und Anmerkungen von Rudolf Steiner. Stuttgart 1967, S. 154.
2 Zitiert nach FRIEDRICH HEER: *Europa Mutter der Revolutionen*. Stuttgart 1964, S. 177.
3 RUDOLF STEINER: *Kunst und Kunsterkenntnis. Das Sinnlich-Übersinnliche in seiner Verwirklichung durch die Kunst*. GA 271. Dornach 1961, S. 49. – Dieses Zitat ist eine ironische, um nicht zu sagen sarkastische Abwandlung des bekannten Spruches von GOETHE aus seinen *Sprüchen in Prosa*, S. 162: «Wem die Natur ihr offenbares Geheimnis zu enthüllen anfängt, der empfindet eine unwiderstehliche Sehnsucht nach ihrer würdigsten Auslegerin, der Kunst.»
4 HELMUT KUHN: Ästhetik. In: *Das Fischer-Lexikon der Literatur*. Band II, Teil 1. Herausgegeben von Wolf-Hartmut Friedrich und Walther Killy. Frankfurt a. M., 1965, S. 48 ff.
5 RUDOLF STEINER: *Goethe als Vater einer neuen Ästhetik*. In: Rudolf Steiner: *Kunst und Kunsterkenntnis*, a.a.O., S. 13.
6 RUDOLF STEINER: *Die spirituellen Hintergründe der äußeren Welt. Der Sturz der Geister der Finsternis*. GA 177. Dornach 1977. – Über den kulturgeschichtlichen Aspekt dieses geistigen Phänomens habe ich gehandelt in meiner Schrift: *Von Gabriel zu Michael. Zur kulturellen Signatur des 19. Jahrhunderts als der Grundlage unserer Gegenwart*. Freiburg i. Br. 1982.
7 ERNST BERGMANN: *Geschichte der Ästhetik und Kunstphilosophie. Ein Forschungsbericht*. Leipzig 1914. – Diese Untersuchung ist höchst aufschlußreich, gerade auch im Hinblick darauf, wie sich Rudolf Steiner – der natürlich wieder einmal nicht genannt wird – mit seinen ästhetischen Forschungen im Anschluß an seine Goethe-Studien in den Strom der allgemeinen Entwicklung der Ästhetik in den Jahren nach 1880 hineinstellt, aber auch, wie sehr er sich von diesen Bemühungen doch abhebt.
8 ERNST BERGMANN: *Geschichte der Ästhetik und Kunstphilosophie*, a.a.O., S. 15.
9 ARNOLD GEHLEN: *Zeit-Bilder. Zur Soziologie und Ästhetik der modernen Malerei*. Frankfurt a. M.-Bonn [2]1965.

10 HELMUT KUHN: *Schriften zur Ästhetik.* München 1966, S. 218 ff., insbesondere S. 220.

11 Nach UTE DIEHL: *Münchhausens Zopf. Neue Kopfstände in der italienischen Kunstkritik.* In: *Frankfurter Allgemeine Zeitung* vom 8. April 1983, S. 25.

12 PETER HANDKE: *Die Geschichte des Bleistifts.* Salzburg 1982.

13 *Ästhetik.* Herausgegeben von WOLFHART HENCKMANN. Darmstadt 1979, S. 6 f.

14 JOST HERMAND: *Synthetisches Interpretieren. Zur Methodik der Literaturwissenschaft.* München ^{6}1978, S. 177.

15 HELMUT KUHN: *Ästhetik*, a.a.O., S. 52.

16 JEAN GEBSER: *Vorlesungen und Reden zu «Ursprung und Gegenwart».* Gesamtausgabe Band V/II. Verfall und Teilhabe. Schaffhausen 1977, S. 11 ff.

17 ERNESTO GRASSI: *Die Theorie des Schönen in der Antike.* Köln ^{2}1980.

18 Siehe dazu z. B. die Vorträge RUDOLF STEINERS vom 11. 2. 1911 (in GA 127), vom 6. 5. 1919 (in GA 277) und vom 24. 8. 1923 (in GA 284.

19 GOTTHOLD EPHRAIM LESSINGS sämtliche Schriften. Herausgegeben von Karl Lachmann. 3. aufs neue durchgesehene und vermehrte Auflage, besorgt durch Franz Munckas. 23 Bände. Band 14: Gedanken über die Herrnhuter. Leipzig 1898, S. 156.

20 Bereits der Biograph der Künstler der italienischen Renaissance, der Florentiner GIORGIO VASARI (1511–1574) hat in den beiden Zentralgestalten der Philosophenversammlung unter dem hohen Mittelbogen der ‹Schule von Athen› (dem 1509–1511 von RAFFAEL gemalten Fresko in den Stanzen des Vatikan) PLATON und ARISTOTELES erkennen wollen. Die Titel der Bücher, die sie tragen, mögen wohl dafür sprechen, jedoch sollen diese erst später dazugemalt worden sein. Ob die Gestalten PLATON und ARISTOTELES oder PAULUS und PETRUS darstellen, wird sich schlüssig nie beweisen lassen; auf jeden Fall aber charakterisiert sie RAFFAEL deutlich als eine Weltpolarität, indem er sie bis in die Einzelheiten hinein gegensätzlich gestaltet. Um diese beiden Weisen gruppiert sich eine Vielzahl von Greisen, älteren und jüngeren Männern, die führenden Vertreter der gesamten antiken Philosophie. – Siehe dazu auch: HERMAN GRIMM: *Leben Raphaels.* Wien o. J., S. 73 ff. – WILHELM KELBER: *Raphael von Urbino.* Stuttgart 1979, S. 261. – Beide Autoren lassen die Frage nach den zwei Mittelgestalten offen. – RUDOLF STEINER: *Kunstgeschichte als Abbild innerer geistiger Impulse.* GA 292, Dornach 1981, meint S. 266 f., «Man braucht nicht die unkünstlerische Torheit zu begehen und PLATON in dieser Figur zu sehen . . .» Und auch S. 83 f.

streitet STEINER ab, daß es sich hier um PLATON und ARISTOTELES handelt. Nach seiner Interpretation verhält es sich vielmehr so, «daß wir in der einen Gestalt den noch jüngeren Mann haben, der die geringere Lebenserfahrung hat und daher mehr redet wie jemand, der auf den Umkreis der Erde schaut, um aus diesem Umkreis zu ersehen, welches die Ursachen der Dinge sind, neben dem greisenhaften alten Mann, der in sich schon viel verarbeitet hat und der schon das im irdischen Geschaute auf das Himmlische anzuwenden versteht . . .»

21 Zitiert nach FRIEDRICH HIEBEL: *Die Botschaft von Hellas. Von der griechischen Seele zum christlichen Geist.* Bern 1953, S. 193.

22 LESSING: siehe Anm. 19.

23 GOETHE: *Geschichte der Farbenlehre.* I. Teil, 3. Abteilung. Zitiert nach der Gesamtausgabe dtv Band 41. München 1963, S. 88.

24 HEINRICH HEINE: *Zur Geschichte der Religion und Philosophie in Deutschland.* 1835. 2. Buch. In: Sämtliche Werke Band IX. München 1964, S. 208.

25 RUDOLF STEINER: *Die Rätsel der Philosophie in ihrer Geschichte als Umriß dargestellt.* GA 18. Stuttgart 1955, S. 73 f.

26 RUDOLF STEINER: *Westliche und östliche Weltgegensätzlichkeit.* Dornach 1950, S. 72 ff.

27 Nach FRIEDRICH HIEBEL: *Die Botschaft von Hellas,* a.a.O., S. 185 ff. – HANS ERHARD LAUER: *Die Wiedergeburt der Erkenntnis in der Entwicklungsgeschichte des menschlichen Erkenntnisstrebens.* Freiburg i. Br. 1946, S. 22 ff.

28 RUDOLF STEINER: *Das Christentum als mystische Tatsache und die Mysterien des Altertums.* GA 8. Stuttgart 1961, S. 50.

29 RUDOLF STEINER: *Die spirituellen Hintergründe der äußeren Welt,* a.a.O., S. 75 ff.

30 RUDOLF STEINER: *Die Rätsel der Philosophie,* a.a.O., S. 32.

31 ALFRED BAEUMLER: *Ästhetik.* Darmstadt 1972, S. 3 ff. – ERNESTO GRASSI: *Die Theorie des Schönen in der Antike,* a.a.O., S. 108 ff. – WLADYSLAW TATARKIEWICZ: *Geschichte der Ästhetik.* Band I. Basel-Stuttgart 1979, S. 139 ff. – Ich habe bereits in meiner Schrift: *Himmelskunst – Erdenkunst. Der Wandel des Schönen von der Antike bis zum Mittelalter.* Gundelfingen 1983, S. 41 ff. und S. 57 ff. ausführlich über den Kunstbegriff von PLATON und ARISTOTELES gehandelt und zwar im Hinblick auf die Kunst der griechischen Archaik (PLATON) und Klassik (ARISTOTELES). So können sich beide Darstellungen gut ergänzen und gegenseitig beleuchten.

32 Diese Zusammenfassung stützt sich auf die Interpretation von WLADYSLAW TATARKIEWICZ: *Geschichte der Ästhetik,* a.a.O., S. 159. Die Zitate aus PLATONS Werken sind ebenfalls aus diesem Buch S. 162 ff. entnommen.

33 Nach OTTO VON SIMSON: *Die gotische Kathedrale. Beiträge zu ihrer Entstehung und Bedeutung.* Darmstadt 1968, S. 163.

34 ERNST BLOCH: *Ästhetik des Vor-Scheins.* 2 Bände. Herausgegeben von Gert Ueding. Frankfurt a. M. 1974.

35 RUDOLF STEINER: *Die Philosophie des Thomas von Aquin.* GA 74. Dornach 1967, S. 21.

36 ALFRED BAEUMLER: *Ästhetik,* a.a.O., S. 43 ff. – ERNESTO GRASSI: *Die Theorie des Schönen in der Antike,* a.a.O., S. 167 ff. Das folgende Zitat von ARISTOTELES entstammt diesem Werk.

37 *Der kleine Pauly: Lexikon der Antike.* Band I. München 1979, S. 582 ff.

38 Dieses und das folgende nach HELMUT KUHN: *Ästhetik,* a.a.O., S. 55 ff.

39 MARTIN HEIDEGGER: *Der Ursprung des Kunstwerks.* In: Holzwege. Frankfurt a. M. ⁴1963, S. 50.

40 PETER HANDKE: *Das Ende des Flanierens.* Frankfurt a. M. 1980, S. 119.

41 PETER HANDKE: *Der Rand der Wörter.* Stuttgart 1975, S. 85.

42 Zitiert nach MORIZ CARRIERE: *Ästhetik. Die Idee des Schönen und ihre Verwirklichung im Leben und in der Kunst.* I. Teil. Leipzig ²1873, S. 273.

43 Dieses und das folgende nach LEO BALET, E. GERHARD: *Die Verbürgerlichung der deutschen Kunst. Literatur und Musik im 18. Jahrhundert.* Herausgegeben und eingeleitet von Gert Mattenklott. Frankfurt a. M.-Berlin-Wien 1972, S. 302 ff. – WILHELM PERPEET: *Das Sein der Kunst und die kunstphilosophische Methode.* Frankfurt-München 1970, S. 34 ff.

44 Nach WERNER KOHLSCHMIDT: *Geschichte der deutschen Literatur.* Band II. Vom Barock zur Klassik. Stuttgart ²1981, S. 429 ff.

45 FRITZ STRICH: *Deutsche Klassik und Romantik oder Vollendung und Unendlichkeit. Ein Vergleich.* Bern ⁵1962, S. 279.

46 Über KANTS Verhältnis zur Kunst und Ästhetik siehe ERNST BERGMANN: *Geschichte der Ästhetik und Kunstphilosophie. Ein Forschungsbericht.* Leipzig 1914, S. 13 ff. – LORENZ DITTMANN: *Die Idee des Gottesreiches und die Philosophie der Kunst.* In: Hermann Bauer: Wandlungen des Paradiesischen und Utopischen. Studien zum Bild eines Ideals. Berlin 1966, S. 283 ff. – FRIEDRICH OSTERMANN: *Die Idee des Schöpferischen in Herders Kalligone.* Bern-München 1968, an vielen Stellen, besonders S. 90 ff.

47 HANS-GEORG GADAMER: *Wahrheit und Methode. Grundzüge einer philosophischen Hermeneutik.* Tübingen 1960, S. 38.

48 RUDOLF STEINER: *Die Rätsel der Philosophie in ihrer Geschichte als Umriß dargestellt.* GA 18. Stuttgart 1955, S. 160.

174

49 Zitiert nach MORIZ CARRIERE: *Ästhetik*, a.a.O., S. 273.
50 Nach KARL MUHS: *Geschichte des abendländischen Geistes. Grund-züge einer Kultursynthese.* Band II. Berlin 1954, S. 74 ff.
51 JOHANN GOTTFRIED HERDER: *Kalligone.* Herausgegeben von Heinz Begenau. Weimar 1955. – FRIEDRICH OSTERMANN: *Die Idee des Schöpferischen in Herders Kalligone,* a.a.O.
52 JOHANN GOTTFRIED HERDER: *Kalligone,* a.a.O., S. 13.
53 JOHANN GOTTFRIED HERDER: *Schriften.* Auswahl und Einleitung von Walter Flemmer. München 1960, S. 223 f.
54 Bei Goethe führt das zu der Einsicht: «Die Sinne trügen nicht, das Urteil trügt.» GOETHE *Maximen und Reflexionen* Nr. 1193. Zitiert nach der dtv-Gesamtausgabe Band 21. München 1963, S. 133.
55 JOHANN GOTTFRIED HERDER: *Schriften,* a.a.O., S. 178.
56 JOHANN GOTTFRIED HERDER: *Von deutscher Art und Kunst. Einige fliegende Blätter.* 1773. Nachwort von Hans Dietrich Irmscher. Stuttgart 1968. – Unsere Gedanken stützen sich vor allem auf das Nachwort, S. 163 ff.
57 JOHANN GOTTFRIED HERDER: *Kalligone,* a.a.O., S. 95.
58 RUDOLF STEINER: *Die Rätsel der Philosophie,* a.a.O., S. 137 ff. Daß in unserer symptomatischen Betrachtung der Ästhetik die einzigartige Gestalt GOETHES fehlt, hat seinen Grund nur darin, daß ihre Universalität den Rahmen dieser Schrift sprengen würde. Außerdem hat RUDOLF STEINER selbst Grundlegendes und Gültiges darüber ausgesagt in seinem Büchlein: *Goethe als Vater einer neuen Ästhetik.* Sonderdruck aus der Gesamtausgabe. Dornach 1963.
59 Nach WERNER KOHLSCHMIDT: *Geschichte der deutschen Literatur.* Band III. Von der Romantik bis zum späten Goethe. Stuttgart 1979, S. 257.
60 FRIEDRICH SCHILLER: *Theoretische Schriften in drei Teilen.* Aus der dtv-Gesamtausgabe Band 17–19. München 1966. – FRIEDRICH SCHILLER: *Über die ästhetische Erziehung des Menschen in einer Reihe von Briefen.* Stuttgart 1961. Hierin als Nachwort Ausführungen RUDOLF STEINERS über Wesen und Bedeutung von SCHILLERS ästhetischen Briefen. – LORENZ DITTMANN: *Die Idee des Gottesreiches und die Philosophie der Kunst,* a.a.O., S. 290 ff.
61 Siehe dazu RUDOLF STEINER, in: *Das Karma des Berufes in Anknüpfung an Goethes Leben.* GA 172. Dornach 1964. S. 31 ff.
62 Vorwort *Über den Gebrauch des Chors in der Tragödie* zum Trauerspiel *Die Braut von Messina.*
63 Zum christologischen Aspekt des Schillerschen Denkens siehe BERTHOLD WULF: *Christentum und Sakrament.* Band V. Von der christlichen Kirche. Zürich o. J., S. 25.

64 FRIEDRICH SCHILLER: *Theoretische Schriften*. III. Teil, a.a.O., S. 118 ff.

65 Siehe hierüber WERNER KOHLSCHMIDT: *Geschichte der deutschen Literatur*. Band II, a.a.O., S. 797 ff.

66 LORENZ DITTMANN: *Die Idee des Gottesreiches und die Philosophie der Kunst*, a.a.O., S. 290 ff.

67 FRIEDRICH SCHILLER: *Theoretische Schriften*. III. Teil, a.a.O., S. 138 f.

68 RUDOLF STEINER: *Goethe als Vater einer neuen Ästhetik*, a.a.O., S. 21.

69 FRIEDRICH HEER: *Europa Mutter der Revolutionen*. Stuttgart 1964, S. 194 ff.

70 GEORG WILHELM FRIEDRICH HEGEL: Theorie-Werkausgabe. Frankfurt/M. 1969–1971. Band VII: *Grundlinien der Philosophie des Rechts*, S. 28.

71 Dieses und das folgende vor allem nach HELMUT KUHN: *Schriften zur Ästhetik*. München 1966, S. 115 ff.

72 Siehe hierzu die Kapitel: «Der Januskopf des Historismus» und: «Die Geburt der Kunstgeschichte aus dem Geist des Historismus» in meiner Schrift: *Von Gabriel zu Michael. Zur kulturellen Signatur des 19. Jahrhunderts als der Grundlage unserer Gegenwart*. Freiburg i. Br. 1982, S. 53 ff.

73 Dieses und das folgende Hegel-Zitat nach GEORG WILHELM FRIEDRICH HEGEL: *Ästhetik*. Herausgegeben von Friedrich Bassenge. Mit einem einführenden Aufsatz von Georg Lukács. Berlin 1955, S. 57 f.

74 In meiner Schrift: *Himmelskunst – Erdenkunst. Der Wandel des Schönen von der Antike bis zum Mittelalter*. Gundelfingen 1983, bin ich ausführlich auf diesen Dreierschritt eingegangen. S. 57 f. und vor allem S. 130 ff.

75 GOLO MANN: *Deutsche Geschichte des XIX. Jahrhunderts*. Frankfurt/M.-Wien 1962, S. 101.

76 LORENZ DITTMANN: *Die Idee des Gottesreiches und die Philosophie der Kunst*, a.a.O., S. 290 ff.

77 HELMUT KUHN: *Schriften zur Ästhetik*, a.a.O., S. 218 f.

78 GEORG WILHELM FRIEDRICH HEGEL: *Philosophie der Geschichte*. Mit einer Einführung von Theodor Litt. Stuttgart 1961, S. 18 ff.

79 Zitiert nach RUDOLF STEINER: *Goethe als Vater einer neuen Ästhetik*, a.a.O., S. 21; das vollständige Zitat lautet: «Das Schöne ist die Idee als unmittelbare Einheit des Begriffs und seiner Realität, jedoch die Idee, insofern diese ihre Einheit unmittelbar in sinnlichem und realem Scheinen da ist.» HEGEL: *Ästhetik*, a.a.O., S. 150.

80 Dieses vor allem nach WERNER KOHLSCHMIDT: *Geschichte der deutschen Literatur*. Band IV. Stuttgart ²1982, S. 56 ff.

81 Da es den Rahmen dieser Schrift sprengen würde, und da, wie bereits einleitend bemerkt, eine Vollständigkeit nicht angestrebt war, weil es sich um eine symptomatische Darstellung handelt, seien wenigstens die Namen der wichtigsten Goetheanisten angeführt, die sich entweder aphoristisch oder systematisch um die Grundlagen einer spirituellen Ästhetik bemühten. NOVALIS, die Gebrüder SCHLEGEL, JEAN PAUL, K. F. E. THRANDORFF, FRIEDRICH SCHLEIERMACHER, SCHELLING, ERNST VON LASAULX und MORIZ CARRIERE. Es wäre durchaus ergiebig, der Ästhetik eines jeden von ihnen eine besondere Betrachtung zu widmen. Denn sie enthalten eine Fülle von originellen und zukunftsweisenden Ideen, die sich wohltuend von vielem unterscheiden, was heute im allgemeinen gedacht wird, und die Zusammenhänge von einer Tiefe aufdecken, die heute gar nicht für möglich gehalten wird.

82 Zitiert nach HANS-JOACHIM STÖRIG: *Kleine Weltgeschichte der Philosophie.* Stuttgart o. J., S. 521.

83 Wir halten uns hier an die Darstellung, die HANS-ECKEHARD BAHR: *Theologische Untersuchung der Kunst.* Poiesis. München-Hamburg 1965, S. 190 ff., von der Ästhetik KIERKEGAARDS gegeben hat.

84 HANS-ECKEHARD BAHR: *Theologische Untersuchung der Kunst,* a.a.O., S. 192.

85 HANS SEDLMAYR: *Verlust der Mitte. Die bildende Kunst des 19. und 20. Jahrhunderts als Symptom und Symbol der Zeit.* Salzburg [7]1956.

86 Siehe dazu HANS-ECKEHARD BAHR: *Theologische Untersuchung der Kunst,* a.a.O., S. 40.

87 Siehe dazu auch BERTHOLD WULF: *Christentum und Sakrament.* Band V. a.a.O., S. 7.

88 ERNST BERGMANN: *Geschichte der Ästhetik und Kunstphilosophie,* a.a.O., S. 7.

89 WILHELM WAETZOLD: *Deutsche Kunsthistoriker.* Band II. Leipzig 1924, S. 119.

90 HANS GEORG GADAMER: *Wahrheit und Methode,* a.a.O., S. 1 ff.

91 HEINRICH RITTER VON SRBIK: *Geist und Geschichte vom deutschen Humanismus bis zur Gegenwart.* II. Band. München-Salzburg 1950, S. 216 f.

92 EGON FRIEDELL: *Kulturgeschichte der Neuzeit. Die Krisis der europäischen Seele von der Schwarzen Pest bis zum Ersten Weltkrieg.* München o. J., S. 1351.

93 Zitiert nach JOST HERMAND: *Synthetisches Interpretieren. Zur Methodik der Literaturwissenschaft.* München [6]1978, S. 25.

94 Zitiert nach RICHARD HAMANN, JOST HERMAND: *Naturalismus. Epochen deutscher Kultur und 1870 bis zur Gegenwart.* Band 2. München 1972, S. 51 f. und S. 176.

95 WILHELM SCHERER: *Vorträge und Aufsätze zur Geschichte des geistigen Lebens.* Berlin 1874, S. 411.

96 WILHELM SCHERER: *Poetik,* o. J. 1888, S. 121.

97 ALBERT CAMUS: *Fragen der Zeit.* Reinbek 1977, S. 208.

98 RUDOLF STEINER: *Goethe als Vater einer neuen Ästhetik,* a.a.O., S. 23.

99 Über GEHLEN und SKINNER und ihre Ansichten zur Ästhetik siehe vor allem DIETER WELLERSHOFF: *Die Auflösung des Kunstbegriffs.* Frankfurt a. M. 1976, S. 93.

100 RUDOLF STEINER: *Goethe als Vater einer neuen Ästhetik,* a.a.O., S. 23.

101 Zitiert nach FEDOR STEPUN: *Mystische Weltschau.* Fünf Gestalten des russischen Symbolismus. München 1964, S. 28.

102 Dazu vor allem FEDOR STEPUN: *Mystische Weltschau,* a.a.O., S. 3 ff. Die Zitate, soweit nicht anders angegeben, entstammen für dieses Kapitel dem genannten Buch. – Leider fiel mir erst nach Abschluß meines Manuskriptes eine aufschlußreiche anthroposophische Studie in die Hände, die mir sehr wertvoll erscheint. Aber ich kann sie nicht mehr auswerten, sondern nur noch auf sie hinweisen. Es ist HEINZ MOSMANN: *Wladimir Solowjoff und «die werdende Vernunft der Wahrheit».* Keime zu einer Philosophie des Geistselbst. Stuttgart 1984. Der Autor stellt SOLOWJEWS Philosophie, ausgehend von Hinweisen RUDOLF STEINERS, als eine zukünftige dar, deren michaelischer Grundcharakter in die kommende sechste nachatlantische Kulturepoche weist. Dabei werden einleuchtend die Parallelen mit den erkenntnistheoretischen Grundlagen der Anthroposophie herausgearbeitet. Auch betont MOSMANN den geistigen Stellenwert, den die Kunst bei SOLOWJEW besitzt. Denn sie «verwirklicht das Gute durch die Wahrheit in der Schönheit», das heißt, sie ist Vorwegnahme von Zukunft, eine Art inspirierter Prophetie, die unser gesamtes Leben verwandelt.

103 Die anthroposophische Interpretation der Sophia vor allem bei RENÉ MAIKOWSKI: *Auf der Suche nach dem lebendigen Geist.* Freiburg i. Br. 1971, S. 47, 93, 121.

104 Nach HANS URS VON BALTHASAR: *Herrlichkeit. Eine theologische Ästhetik.* Band II: Fächer der Stile. Teil 2: Laikale Stile. Einsiedeln ²1969, S. 661 f.

105 A. D. LINDSAY, *The Two Moralities:* zitiert nach DOROTHY L. SAYERS: *Homo Creator. Eine trinitarische Exegese des künstlerischen Schaffens.* Düsseldorf 1953, S. 213.

106 Hierüber näheres in meiner Schrift: *Von Gabriel zu Michael. Zur kulturellen Signatur des 19. Jahrhunderts als der Grundlage unserer Gegenwart.* Freiburg i. Br. 1982, S. 11 ff.

107 So vor allem RUDOLF STEINER: *Die Mission einzelner Volksseelen im Zusammenhang mit der germanisch-nordischen Mythologie.* GA 121. Taschenbuchausgabe Dornach 1974, S. 186 ff.

108 HANS URS VON BALTHASAR: *Herrlichkeit*, a.a.O., S. 649.

109 WLADIMIR SOLOWJEW: *Drei Gespräche.* Bonn 1954, S. 252.

110 Dieser Gedanke nach der Einleitung WLADIMIR SZYLKARSKIS zu WLADIMIR SOLOWJEW: *Erkenntnislehre. Ästhetik. Philosophie der Liebe.* Band 7 der Gesamtausgabe. Freiburg i. Br. 1953, S. 139 ff.

111 WLADIMIR SOLOWJEW: *Erkenntnislehre*, a.a.O., S. 117 ff.

112 Siehe S. 55 ff. – Zum Verhältnis der modernen Kunst unseres Jahrhunderts zu GOETHE und SCHILLER siehe die aufschlußreichen Bemerkungen von WERNER HOFMANN: *Grundlagen der modernen Kunst. Eine Einführung in ihre symbolischen Formen.* Stuttgart 1966, S. 13 f.

113 Zitiert nach: *Handarbeit und Kunstgewerbe. Angaben von Rudolf Steiner.* Herausgegeben von HEDWIG HAUCK. Stuttgart ³1969, S. 343.

114 WLADIMIR SOLOWJEW: *Erkenntnislehre*, a.a.O., S. 188 f.

115 WLADIMIR SOLOWJEW: *Erkenntnislehre*, a.a.O., S. 122.

116 WLADIMIR SOLOWJEW: *Erkenntnislehre*, a.a.O., S. 122.

117 WLADIMIR SOLOWJEW: *Erkenntnislehre*, a.a.O., S. 124.

118 WLADIMIR SOLOWJEW: *Erkenntnislehre*, a.a.O., S. 127.

119 WLADIMIR SOLOWJEW: *Erkenntnislehre*, a.a.O., S. 128.

120 Zitiert nach WALTER HESS: *Dokumente zum Verständnis der modernen Malerei.* Reinbek 1956, S. 79.

121 RUDOLF STEINER: *Das Wesen der Farben*, GA 291. Dornach 1973, S. 205.

122 WLADIMIR SOLOWJEW: *Erkenntnislehre*, a.a.O., S. 132.

123 WLADIMIR SOLOWJEW: *Erkenntnislehre*, a.a.O., S. 132.

124 JOHANN WOLFGANG GOETHE nach RUDOLF STEINER: *Goethe als Vater einer neuen Ästhetik – über das Kosmische und seinen Zusammenhang mit Kunst und Leben.* Zwei Aufsätze. Sonderdruck aus der Gesamtausgabe. Dornach 1963, S. 14 f.

125 WLADIMIR SOLOWJEW: *Erkenntnislehre*, a.a.O., S. 172.

126 WLADIMIR SOLOWJEW: *Erkenntnislehre*, a.a.O., S. 172.

127 WLADIMIR SOLOWJEW: *Erkenntnislehre*, a.a.O., S. 174.

128 WLADIMIR SOLOWJEW: *Erkenntnislehre*, a.a.O., S. 174.

129 WLADIMIR SOLOWJEW: *Erkenntnislehre*, a.a.O., S. 176.

130 WLADIMIR SOLOWJEW: *Erkenntnislehre*, a.a.O., S. 178.

131 WLADIMIR SOLOWJEW: *Erkenntnislehre*, a.a.O., S. 179.

132 ERNESTO GRASSI: *Die Theorie des Schönen in der Antike.* Köln 1962, S. 88.

133 WLADIMIR SOLOWJEW: *Erkenntnislehre*, a.a.O., S. 181 f.

134 Wladimir Solowjew: *Erkenntnislehre*, a.a.O., S. 182.

135 Wladimir Solowjew: *Erkenntnislehre*, a.a.O., S. 183.

136 In abgewandelter Form greift unsere Darstellung die sehr einfühlsame Interpretation der Ästhetik Solowjews auf, die Hans Urs von Balthasar in: *Herrlichkeit*, a.a.O., S. 647 ff. gegeben hat.

137 So Wladimir Szylkarski in der Einleitung zu Wladimir Solowjew: *Erkenntnislehre*, a.a.O., S. 193 ff.

138 Berthold Wulf: *Christentum und Sakrament*. Band V. Von der christlichen Kirche. Zürich o. J., S. 7 ff. und 11.

139 Gerardus van Leeuw: *Vom Heiligen in der Kunst*. Gütersloh 1957, S. 294.

140 Franz Kafka: Brief an Oskar Pollack vom 27. 1. 1904; in: Franz Kafka: *Briefe 1902–1904*. Frankfurt a. M. 1958, S. 27 f.

141 Nach Hans-Eckehard Bahr: *Theologische Untersuchung der Kunst*, a.a.O., S. 40 f. und 280.

142 Hans-Eckehard Bahr: *Theologische Untersuchung der Kunst*, a.a.O., S. 96, 118 und 133.

143 Vincent van Gogh: *Briefe über die Kunst*. Ausgewählt und übersetzt von Friedrich Bayl. Köln 1963, S. 53 ff.

144 Nach Hans Urs von Balthasar: *Herrlichkeit*, a.a.O., S. 709.

145 Jean Gebser: *Vorlesungen und Reden zu «Ursprung und Gegenwart»*. Band V/1 der Gesamtausgabe. Schaffhausen 1976, S. 142 f.

146 Peter Handke: *Die Geschichte des Bleistifts*. Salzburg-Wien 1982, S. 215.

147 Zu Jawlensky sind vor allem zu nennen die Werke seines Biographen Clemens Weiler: *Alexej Jawlensky. Köpfe. Gesichte. Meditationen*. Hanau 1970. – Derselbe: *Alexej Jawlensky*. Köln 1959. Dazu noch Jürgen Schultze: *Alexej Jawlensky*. Köln 1970. – Schultze korrigiert in einigen wesentlichen Punkten die Weilersche Darstellung, die den archetypischen und damit übergeschichtlichen Aspekt herausarbeitet. Schultze dagegen betont den historischen Zusammenhang des Werkes von Jawlensky mit der europäischen Avantgarde. – Der Katalog der Ausstellung Alexej Jawlensky, München und Baden-Baden 1983 verarbeitet den neuesten Stand der Forschung.

148 Diese und alle hier genannten Jawlensky-Zitate entstammen, wenn nicht anders angegeben, dem Jawlenksy-Ausstellungskatalog von 1983.

149 Zitiert nach dem Jawlensky-Ausstellungskatalog 1983, S. 44.

150 Rudolf Steiner: Einleitung und Anmerkungen zu Goethe: *Sprüche in Prosa*. Stuttgart 1967, S. 164.

151 Leopold von Ranke: *Geschichte und Politik*. Ausgewählte Aufsätze. Stuttgart 1940, S. 140.

152 HELMUT KUHN: *Schriften zur Ästhetik*. München 1966. Siehe hier
insbesondere das Nachwort von Wolfhart Henckmann, S. 435 ff.

153 WILHELM PERPEET: *Das Sein der Kunst und die kunstphilosophische
Methode*. Freiburg-München 1970.

154 JOST HERMAN: *Synthetisches Interpretieren*. Zur Methodik der Literaturwissenschaft. München ^{6}1978, S. 177.

155 MANFRED KRÜGER: *Bilder und Gegenbilder*. Stuttgart 1978. Diese
Darstellung berührt sich ganz außerordentlich nahe mit der unsrigen
und dies nicht nur wegen der geisteswissenschaftlichen Grundhal-
tung. KRÜGER entwickelt den Dreierschritt der Ästhetik vom normativen Platonismus «vor dem Sündenfall» über den nominalistisch
verfälschten Aristotelismus «des Sündenfalls» nach 1850 bis zu
einem geistrealistischen Aristotelismus der Ästhetik der spirituellen
Erfahrung, dem die Zukunft gehört. KRÜGER geht aus von dem
Begriff der Moderne bei BAUDELAIRE und entwickelt seine These
anhand von ausgewählten Beispielen aus der Literatur (NERVAL,
BAUDELAIRE, CLAUDEL, UNAMUNO, IONESCO, MORGENSTERN,
ARRABAL usw.).

156 Über diesen offenen Kunstbegriff, der einzig und allein den Werken
unseres Jahrhunderts gerecht werden kann, habe ich im letzten Kapitel meines Buches: *Unvollendete Schöpfung. Künstler im 20. Jahrhundert*. Stuttgart 1982, S. 140, gehandelt. Es zeigt sich hierbei, daß
jener offene Kunstbegriff nichts unverbindlich Nominalistisches zu
bleiben braucht, wie er heute zumeist interpretiert wird, sondern
durch eine goetheanistische und geisteswissenschaftliche Begründung mit Substanz erfüllt werden kann. Zur gegenwärtigen Interpretation dieses Begriffes siehe vor allem DIETER WELLERSHOFF: *Die
Auflösung des Kunstbegriffs*. Frankfurt a. M. 1976. – UMBERTO
ECO: *Das offene Kunstwerk*. Frankfurt a. M. 1977.

157 GOETHE: *Der Sammler und die Seinigen*. In: dtv-Gesamtausgabe
Band 33. München 1962, S. 154 ff.

158 GOETHE: *Sprüche in Prosa*, a.a.O., S. 19.

159 Das ist gerade der schwerwiegende Irrtum von HANS SEDLMAYR:
*Verlust der Mitte. Die bildende Kunst des 19. und 20. Jahrhun-
derts als Symptom und Symbol der Zeit*. Salzburg ^{7}1956, daß hier
eine ewige Mitte der Kunst behauptet wird, die sich in der Gegen-
ständlichkeit und im traditionell Religiösen manifestiert. Natürlich
ist dann von 1850 an ein immer stärker werdender Verlust dieser
Mitte zu beklagen. Doch scheint SEDLMAYR dabei völlig zu überse-
hen, daß anstelle Gottes im 20. Jahrhundert immer mehr der
schöpferische Mensch selber als die Mitte der Kunst aufzutreten
beginnt.

160 Ausführlicher über die Ästhetik des THOMAS VON AQUIN habe ich

181

gehandelt in meiner Schrift: *Himmelskunst – Erdenkunst. Der Wandel des Schönen von der Antike bis zum Mittelalter.* Gundelfingen 1983, S. 119 ff.

161 RUDOLF STEINER: *Das Künstlerische in seiner Weltmission. Der Genius der Sprache. Die Welt des sich offenbarenden strahlenden Scheines. Anthroposophie und Kunst. Anthroposophie und Dichtung.* 1923. GA 27. Dornach 1961, S. 116.

162 RUDOLF STEINER: *Kunst und Kunsterkenntnis. Das Sinnlich-Übersinnliche in seiner Verwirklichung durch die Kunst.* GA 271. Dornach 1961, S. 172.

163 Siehe S. 29.

164 RUDOLF STEINER: *Kunst und Kunsterkenntnis,* a.a.O., S. 75.

165 RUDOLF STEINER: Die Psychologie der Künste. In: *Kunst und Kunsterkenntnis,* a.a.O., S. 172 ff.

166 RUDOLF STEINER: Goethe als Vater einer neuen Ästhetik. In: *Kunst und Kunsterkenntnis,* a.a.O., S. 7–30.

167 RUDOLF STEINER: *Goethe als Vater einer neuen Ästhetik. – Über das Komische und seinen Zusammenhang mit Kunst und Leben.* Zwei Aufsätze. Sonderdruck aus der Gesamtausgabe. Dornach 1963.

168 RUDOLF STEINER: Das Wesen der Künste. In: *Kunst und Kunsterkenntnis,* a.a.O., S. 31–48.

169 RUDOLF STEINER: Die Psychologie der Künste. In: *Kunst und Kunsterkenntnis,* a.a.O., S. 172–187.

170 RUDOLF STEINER: *Wege zu einem neuen Baustil.* 1914. GA 286. Dornach 1976.

171 RUDOLF STEINER: *Kunst im Lichte der Mysterienweisheit.* 1914/15. GA 275. Dornach 1966.

172 RUDOLF STEINER: *Das Wesen der Farben.* 1914–24. GA 291. Dornach 197. Der verstorbene Maler FELIX GOLL hat sich Zeit seines Lebens bemüht, die von STEINER nur fragmentarisch entwickelte Farbenlehre weiter auszuarbeiten. Es ergeben sich daraus aufschlußreiche Konsequenzen für eine Malerei der Zukunft. Zu bedauern ist nur, daß diese so wichtigen farbtheoretischen Forschungen von FELIX GOLL nicht veröffentlicht wurden.

173 RUDOLF STEINER: *Das Rätsel des Menschen. Die geistigen Hintergründe der menschlichen Geschichte.* 1916. GA 170. Dornach 1966.

174 RUDOLF STEINER: *Kunst und Kunsterkenntnis,* a.a.O., S. 137.

175 RUDOLF STEINER: *Das Künstlerische in seiner Weltmission,* a.a.O.

176 RUDOLF STEINER: *Die Philosophie der Freiheit. Grundzüge einer modernen Weltanschauung. Seelische Beobachtungsresultate nach naturwissenschaftlicher Methode.* GA 4. Dornach 1978.

177 RUDOLF STEINER: *Geisteswissenschaft als Erkenntnis der Grundimpulse sozialer Gestaltung.* GA 199. Dornach 1967, S. 265 f.

178 RUDOLF STEINER: *Die Frage nach einer Schule der Regie.* Veröffent-lichungen aus dem literarischen Frühwerk. Heft V. Dornach 1939, S. 15.

179 Wiederabgedruckt in RUDOLF STEINER: *Methodische Grundlagen der Anthroposophie 1884–1901. Gesammelte Aufsätze zur Philosophie, Naturwissenschaft, Ästhetik und Seelenkunde.* GA 30. Dornach 1961, S. 539–542. Hieraus auch die folgenden Zitate dieses Kapitels.

180 Um möglichen Mißverständnissen vorzubeugen, sei hier eine Be-merkung eingeschaltet. Es gibt zwei grundsätzlich verschiedene Arten von Traditionen. Die eine überliefert nur das Beschränkte und Zeitgebundene, den bloßen Wortsinn einer Philosophie oder Weltan-schauung. Diese Tradition ist höchst unfruchtbar und kann leicht dogmatisiert werden. Die andere dagegen sucht den lebendigen Kern herauszuarbeiten, der sich für jede Zeit neu interpretieren läßt. Sie ist deshalb eine lebendige Überlieferung, die nicht stehenbleibt, son-dern sich stets weiterentwickelt. Was STEINER hier mit Recht an LESSING kritisiert, ist die erste Haltung, die unkritische und unfruchtbare Aristoteles-Tradition. Worum sich diese Schrift bemüht, ist die zweite Haltung, die den lebendigen ARISTOTELES in der Ästhetik darstellen möchte, der dann ganz anders erscheint als derjenige LESSINGS. – Aufschlußreich ist ebenfalls, daß PETER HANDKE einen entscheidenden Unterschied macht zwischen der unfruchtbaren Tradition und der lebendigen Geschichte. So nennt er das österreichische «Gerede von Tradition» ein «Gestammel von Geschichtslosen», Geschichte aber «das selbstverständliche Hinein-wirken eines Bewußtseins von früher in meines jetzt». Er brand-markt die bloße Tradition als «das Abstauben eines Museumsgegen-stands durch einen stumpfsinnigen Museumsdiener». Nach PETER HANDKE: *Das Ende des Flanierens.* Frankfurt a. M. 1980, S. 19 ff.

181 RUDOLF STEINER: *Goethe als Vater einer neuen Ästhetik,* a.a.O. Hieraus, wenn nicht anders angegeben, auch die Steiner-Zitate dieses Kapitels.

182 Siehe Anmerkung 155.

183 HANS-ECKEHARD BAHR: *Theologische Untersuchung der Kunst. Poiesis.* München-Hamburg 1965, S. 50 ff.

184 ETIENNE GILSON: *Malerei und Wirklichkeit.* Salzburg 1965. Hier insbesondere das Kapitel: Sinn und Bedeutung der modernen Male-rei, S. 266 ff.

185 HANS-ECKEHARD BAHR: *Theologische Untersuchung der Kunst,* a.a.O., S. 74.

186 HANS SEDLMAYR: *Verlust der Mitte,* a.a.O.

187 HANS-ECKEHARD BAHR: *Theologische Untersuchung der Kunst,* a.a.O., S. 72.

188 DOROTHY L. SAYERS: *Homo Creator. Eine trinitarische Exegese des künstlerischen Schaffens.* Düsseldorf 1953.

189 SUSAN SONTAG: *Kunst und Antikunst.* Reinbek 1968, S. 24.

190 SUSAN SONTAG: *Kunst und Antikunst,* a.a.O., S. 31.

191 JOHANN PETER ECKERMANN: *Gespräche mit Goethe in den letzten Jahren seines Lebens.* Zürich 1948, S. 617.

192 RUDOLF STEINER: Das Wesen der Künste. In: *Kunst und Kunsterkenntnis,* a.a.O., S. 31–48.

193 RUDOLF STEINER: *Das Künstlerische in seiner Weltmission,* a.a.O., S. 142 f.

194 *Handarbeit und Kunstgewerbe. Angaben von Rudolf Steiner.* Herausgegeben von HEDWIG HAUCK. Stuttgart ³1969, S. 337.

195 JOSÉ ORTEGA Y GASSET: *Die Vertreibung des Menschen aus der Kunst.* München 1964, S. 36.

196 RUDOLF STEINER: *Das Künstlerische in seiner Weltmission,* a.a.O., S. 91 ff.

197 Dazu siehe Näheres in meiner Schrift: *Himmelskunst – Erdenkunst,* a.a.O., S. 119 und 121 f.

198 RUDOLF STEINER: *Die Sendung Michaels. Die Offenbarung der eigentlichen Geheimnisse des Menschenwesens.* GA 194. Dornach 1962, S. 50.

199 Oxforder Vortrag über «Spirituelle Erkenntnis» vom 20. August 1922 zitiert in: *Handarbeit und Kunstgewerbe,* a.a.O., S. 343.

200 RUDOLF STEINER: Die Elementarwesen, die mit dem Guten, Schönen und Wahren verbunden sind. Vortrag vom 16. Dezember 1922 in Dornach, zitiert in: *Handarbeit und Kunstgewerbe,* a.a.O., S. 343.

201 Über PICASSO siehe mein Buch: *Unvollendete Schöpfung. Künstler im 20. Jahrhundert.* Stuttgart 1982, S. 84 ff.

202 FRANCOISE GILOT, CARLTON LAKE: *Leben mit Picasso.* München 1965, S. 190, 251 f.

203 RUDOLF STEINER: *Allgemeine Menschenkunde als Grundlage der Pädagogik.* GA 293. Dornach 1973 (10. Vortrag vom 1. September 1919), und: *Erziehungskunst. Methodisch-Didaktisches.* GA 294. Dornach 1974 (Vortrag vom 23. August 1919).

204 Siehe S. 29 f.

205 RUDOLF STEINER in: *Kunst und Kunsterkenntnis,* a.a.O., S. 172–187.

206 RUDOLF STEINER in: *Kunst und Kunsterkenntnis,* a.a.O., S. 185. Symptomatisch erscheint mir, daß, ohne diesen spirituellen Zusammenhang zu kennen, auch PETER HANDKE von dem «Mehr» spricht, das den Dichter eben zum Künstler macht. Er schreibt: «Das Poetische war das Mehr, das er selber mitbrachte.» Aus PETER HANDKE: *Die Geschichte des Bleistifts.* Salzburg-Wien 1982, S. 69.

207 FRITZ STRICH: *Deutsche Klassik und Romantik oder Vollendung und Unendlichkeit. Ein Vergleich.* Bern ⁵1969, S. 51 und 166.

208 Typisch ist für SÖREN KIERKEGAARDS Verwurzelung in der Romantik sein unmittelbares Verhältnis zur Musik und seine verblüffende Fremdheit aller plastisch-bildnerischen Darstellung gegenüber. Bestimmendes Element seiner Abwertung alles Plastischen ist die Tatsache des Leids, das unräumlicher, innerer Natur ist und deshalb plastisch nicht angemessen dargestellt werden kann, wie er meint. Siehe HANS-ECKEHARD BAHR: *Theologische Untersuchung der Kunst*, a.a.O., S. 273 f.

209 RUDOLF STEINER: Das Sinnlich-Übersinnliche in seiner Verwirklichung durch die Kunst. In: *Kunst und Kunsterkenntnis*, a.a.O., S. 49 ff.

210 Eine erstaunliche Parallele zu STEINERS Darstellung der zwei Quellen der künstlerischen Phantasie stellt der Aufsatz *Über die Formfrage* dar, den WASSILY KANDINSKY 1912 veröffentlichte. Über ihn habe ich ausführlich gehandelt in meiner Schrift. *Die Zerstückelung des Dionysos. Vom Sinn der Stillosigkeit des 20. Jahrhunderts.* Gundelfingen 1978, S. 89 ff. KANDINSKY schreibt hier über die Polarität des «Großen Realen» und der «Großen Abstraktion». Daß sich seine Ausführungen sehr eng mit den Gedanken STEINERS berühren, kann eigentlich nicht verwundern, hat sich doch KANDINSKY gerade in diesen Jahren intensiv mit der Anthroposophie auseinandergesetzt, was gerade die neuesten Forschungen, z. B. von SIXTEN RINGBOM mit erstaunlichen Fakten belegt haben. Siehe auch den Ausstellungskatalog: *Kandinsky und München. Begegnungen und Wandlungen 1896–1914.* München 1982, besonders S. 102 ff.

211 Über diese klassische Zweiteilung der Kunstgattungen siehe ERNST VON LASAULX: *Philosophie der schönen Künste. Architektur, Skulptur, Malerei, Musik, Poesie, Prosa.* München 1860, S. 5 ff.

212 NOVALIS: *Werke, Briefe, Dokumente.* 2. Band. Heidelberg 1957, S. 394.

213 FRIEDRICH SCHLEIERMACHER: *Ästhetik.* Herausgegeben von Rudolf Odebrecht. Berlin-Leipzig 1931, S. 145.

214 ERNST VON LASAULX: *Philosophie der schönen Künste*, a.a.O., S. 28.

215 GEORG WILHELM FRIEDRICH HEGEL: *Ästhetik.* Herausgegeben von Friedrich Bassenge. Mit einem einführenden Aufsatz von Georg Lukács. Berlin 1955.

216 RUDOLF STEINER: *Kunst im Lichte der Mysterienweisheit*, a.a.O. Hier insbesondere die beiden Betrachtungen über «Umwandlungsimpulse für die künstlerische Evolution der Menschheit», S. 39 ff.

217 Über die sieben Wesensglieder des Menschen siehe RUDOLF STEINER: *Theosophie. Einführung in übersinnliche Welterkenntnis und Men-*

schenbestimmung. GA 9. Dornach 1978. Hier besonders das Kapitel «Das Wesen des Menschen». Über die soziale Kunst siehe RUDOLF STEINER: *Soziale Zukunft.* GA 332 a. Dornach 1977.

218   RUDOLF STEINER: *Die Geheimwissenschaft im Umriß.* GA 13. Dornach 1977.

219   Über CÉZANNE habe ich ein Kapitel meines Buches: *Unvollendete Schöpfung,* a.a.O., S. 15 ff. geschrieben. Hier auch die gesamte weiterführende Literatur.

220   JULIUS MEIER-GRAEFE: *Entwicklungsgeschichte der modernen Kunst.* München 1966.

221   PETER HANDKE: *Die Lehre der Sainte-Victoire.* Frankfurt a. M. 1980, S. 74.

222   Die Cézanne-Zitate, wenn nicht anders angegeben, nach WALTER HESS: *Dokumente zum Verständnis der modernen Malerei.* Reinbek 1956, S. 16 ff.

223   HEINRICH LÜTZELER: *Abstrakte Malerei.* Bedeutung und Grenze. Gütersloh 1961, S. 45.

224   JEAN GEBSER: *Ursprung und Gegenwart.* II. Teil. Gesamtausgabe Band III. Schaffhausen 1978, S. 625 ff.

225   *Gespräche mit Cézanne.* Herausgegeben von MICHAEL DORAN. Zürich 1982, S. 139 f.

226   RUDOLF STEINER: *Anthroposophische Leitsätze. Das Michael-Mysterium.* GA 26. Dornach 1954, S. 134. Weitere Bemerkungen über die Seelenverfassung des Künstlers und das Kunstbewußtsein im Michael-Zeitalter siehe unser letztes Kapitel.

227   *Gespräche mit Cézanne,* a.a.O., S. 140.

228   RUDOLF STEINER: *Theosophie. Einführung in übersinnliche Welterkenntnis und Menschenbestimmung.* GA 9. Hier das Kapitel: Der Pfad der Erkenntnis.

229   HEINRICH LÜTZELER: *Kunsterfahrung und Kunstwissenschaft. Systematische und entwicklungsgeschichtliche Darstellung und Dokumentation des Umgangs mit der bildenden Kunst.* Freiburg i. Br.-München 1975, S. 1442.

230   PETER HANDKE: *Die Geschichte des Bleistifts.* Salzburg-Wien 1982, S. 156.

231   RUDOLF STEINER: Pädagogik und Kunst. In RUDOLF STEINER: *Die Erziehung des Kindes vom Gesichtspunkte der Geisteswissenschaft.* Einzelausgabe Dornach 1969, S. 53.

232   JOHANN WOLFGANG GOETHE: *Geschichte der Farbenlehre.* I. Teil. 2. Abteilung. Zitiert nach der dtv-Gesamtausgabe Band 41. München 1963, S. 76.

233   Die Anagogia, die Heraufführung, ist die höchste Form der vierstufigen mittelalterlichen Erkenntnismethode, wie sie schon HRABANUS

MAURUS (780–856) entwickelte. Die Anagogia vereint die menschliche Erkenntnis mit dem göttlichen Weltengrund, nachdem die Stufen der Historia, Allegoria und Tropologia, erfolgreich erklommen worden sind. Siehe hierüber DIETHER RUDLOFF: *Magisches Dunkel und beredtes Schweigen. Die Epoche der romanischen Kunst von 1000 bis 1250.* Gundelfingen 1981, S. 48 ff.

234 HANS SEDLMAYR: *Verlust der Mitte. Die Kunst des 19. und 20. Jahrhunderts als Symptom und Symbol der Zeit.* Salzburg ⁶1956.

235 Über die drei Kriterien der Schönheit und Kunst in der Scholastik des THOMAS VON AQUIN habe ich gehandelt in meiner Schrift: *Himmelskunst – Erdenkunst. Der Wandel des Schönen von der Antike bis zum Mittelalter.* Gundelfingen 1983, S. 119 ff.

236 RUDOLF STEINER: *Geisteswissenschaft als Erkenntnis der Grundimpulse sozialer Gestaltung.* GA 199. Dornach 1967, S. 212.

237 HERBERT HAHN: *Vom Genius Europas. Wesensbilder von zwölf europäischen Völkern, Ländern, Sprachen. Skizze einer anthroposophischen Völkerpsychologie.* 2 Bände. Stuttgart 1964–66.

238 HEINRICH WÖLFFLIN: Über das Erklären von Kunstwerken. 1921. In: HEINRICH WÖLFFLIN: *Kleine Schriften.* Basel. 1946, S. 175.

239 JEAN PAUL: *Vorschule der Ästhetik.* Herausgegeben und kommentiert von Norbert Müller. Nachwort von Walter Höllerer. München 1963, S. 43.

240 NOVALIS: Die Christenheit oder Europa. In NOVALIS: *Werke. Briefe. Dokumente.* I. Band. Heidelberg 1953, S. 302.

241 RAINER MARIA RILKE: Sonett «Archaischer Torso Apolls», aus: Der Neuen Gedichte anderer Teil. In: *Sämtliche Werke.* Band 1. Frankfurt a. M. 1955, S. 557.

242 FRIEDRICH SCHILLER: *Briefe zur ästhetischen Erziehung des Menschen.* 9. Brief. Zitiert nach der dtv-Gesamtausgabe, Band 19. München 1966, S. 27.

243 Diese sieben Tugenden der modernen Kunst habe ich erstmals erwähnt und kurz skizziert in meinem Buch: *Unvollendete Schöpfung. Künstler im 20. Jahrhundert.* Stuttgart 1982, S. 138 ff. Sie gründlich herauszuarbeiten und mit allen Konsequenzen zu beschreiben, wäre eine Aufgabe einer geisteswissenschaftlichen Ästhetik.

244 Zitiert nach HANS-ECKEHARD BAHR: *Theologische Untersuchung der Kunst. Poiesis.* München-Hamburg 1965, S. 132.

245 RUDOLF STEINER: *Goethe als Vater einer neuen Ästhetik. Über das Komische und seinen Zusammenhang mit Kunst und Leben.* Zwei Aufsätze. Sonderdruck aus der Gesamtausgabe. Dornach 1963, S. 34 f.

246 RUDOLF STEINER: *Wahrspruchworte.* GA 40. Dornach 1969, S. 182.

Namensregister

190

Kunstbildbände aus dem Verlag Freies Geistesleben

Hermann Kirchner

Leben und Werk. Eine Monographie mit Beiträgen von Ernst Bühler und Heimo Rau. Ca. 160 Seiten mit 40 Farbtafeln und ca. 40 Schwarzweiß-Abbildungen, gebunden.

Hermann Kirchner zählt, wie Margarita Woloschin, zu den Klassikern der anthroposophischen Malerei. Er besuchte schon als Kind Abendklassen der Kunstakademie Breslau und erhielt dann eine Ausbildung für künstlerischen Bucheinband, ein Beruf, in dem er bis 1928 tätig war. Dann begegnete er der Anthroposophie und war bis zu seinem Tode, 50 Jahre lang, als Heilpädagoge tätig – ein vorbildlicher Lehrer und Künstler.

Künstlerisch stand er dem Bauhaus nahe, die Bestrebungen etwa von Feiningers Flächenkunst griff er mit einem starken Sinn für das Farbige auf, das er in einer unverkennbaren Art mit dem Linearen verband. So zeigen auch seine graphischen Arbeiten («Oma ratlos», 1973) eine erstaunliche Ausdrucks- und Charakterisierungsfähigkeit der Linie.

Margarita Woloschin

Leben und Werk. Mit Beiträgen von Rosemarie Wermbter, Ruth Moering und Dorothea Rapp. 179 Seiten mit 24 farbigen und 20 Schwarzweiß-Abbildungen, gebunden.

Margarita Woloschin (1882–1973) ist in der Öffentlichkeit durch ihre Autobiographie ‹Die grüne Schlange› bekannt geworden. Ihre früh begonnene Karriere (Ankäufe durch die großen Museen in Moskau und Leningrad) hat sie abgebrochen, als sie Schülerin Rudolf Steiners wurde und an der Verwirklichung seiner künstlerischen Intentionen mitarbeitete, z. B. bei der Kuppelmalerei im ersten Goetheanum. Dazu gehörte besonders die Schulung eines neuen Farbempfindens, anknüpfend an die Farbenlehre Goethes und Steiners.

Das malerische Werk wird hier zum erstenmal zusammengefaßt.

Karo Bergmann

Leben und Werk. Einführender Text von Dorothea Rapp, autobiographische Beiträge von Karo Bergmann. 176 Seiten mit 32 Farbtafeln und 26 Schwarzweiß-Abbildungen, gebunden.

Ein einleitender Essay von Dorothea Rapp führt zum Werk der Künstlerin hin, ein zweiter beschäftigt sich mit den ästhetischen Grundlagen des Werkes. Von besonderem Reiz sind auch die autobiographischen Skizzen Karo Bergmanns, in denen sie auf eine erfrischend direkte und sachliche Art zu künstlerischen Fragen Stellung bezieht.

Kunstbildbände aus dem Verlag Freies Geistesleben

Beppe Assenza

Einführung in sein Leben und Werk von Herbert Witzenmann. 2. Auflage, 160 Seiten mit 40 farbigen Reproduktionen und zahlreiche Schwarzweiß-Abbildungen, gebunden.

Beppe Assenza wurde am 19. März 1905 in Modica auf Sizilien geboren. Nach anfänglichen Studien in seiner sizilianischen Heimat verbrachte er zwei lebensentscheidende Jahrzehnte in Rom. Innerhalb dieser Jahre, vom 32. bis zum 52. Lebensjahr, mitten im krisenreichen Schwellenübertritt der Lebensmitte, fiel seine Schicksalsbegegnung mit der Anthroposophie. Assenza war ausersehen, als Repräsentant des Erbes der südeuropäischen Kunstentwicklung in den Kreis der Künstler am Goetheanum zu treten. Er hat durch seinen eigensten Einschlag die neue Malkunst vielfach bereichert.

Gerard Wagner

Eine Monographie mit Beiträgen von Kurt Theodor Willmann und Elisabeth Koch. 184 Seiten mit 48 farbigen Reproduktionen, gebunden.

Gerard Wagner wurde 1906 in Wiesbaden geboren, seine Jugend verbrachte er in England. Von dort kam er 1926 nach Dornach. Ihn faszinierte Steiners Aufforderung, in das Eigenleben der Farbe einzutauchen, den schöpferischen Willen der Farbe selbst zu finden.

Gerard Wagner hat sich in seiner Arbeit als Künstler und Pädagoge das schöpferische Prinzip der Metamorphose immer wieder zunutze gemacht, denn hier kann sich die bildschaffende Kraft, die in den Farben lebt, am deutlichsten entfalten und in ihren Gesetzen studiert werden.

Richard Hohly

Leben und Werk. Einführung von Dorothea Rapp, mit einer Autobiographie des Malers. 48 Farbtafeln, 30 Schwarzweiß-Abbildungen, 208 Seiten, Format 24×30 cm, Leinen.

Die erste Monographie Hohlys gibt ein vollständiges Bild der künstlerischen Entwicklung dieses vielseitigen Malers. Die verschiedensten Stilepochen, die Hohly durchlief, um immer wieder neu aus den Quellen der Kunst zu schöpfen, werden an repräsentativen Beispielen sichtbar. – Seine eigenen autobiographischen Ausführungen erzählen in einer unmittelbaren und bildhaften Sprache von einem außerordentlichen, spontanen Leben.

Nora Ruhtenberg

Gestalten aus innerem Schauen. Einführung von Manfred Krüger, autobiographische Beiträge von N. Ruhtenberg. Mit 48 Abbildungen, davon 25 in Farbe, 149 Seiten, Leinen.

Die Baltin Nora Ruhtenberg (1890–1974) begann als Expressionistin und stieß 1919, als die Stuttgarter Waldorfschule begründet wurde, zum Kreis um Rudolf Steiner, dessen Wirken dann ihre künstlerische wie ihre kunstpädagogische Arbeit bestimmt hat.